先哲

章太炎传

金宏达 著

广西师范大学出版社
·桂林·

章太炎

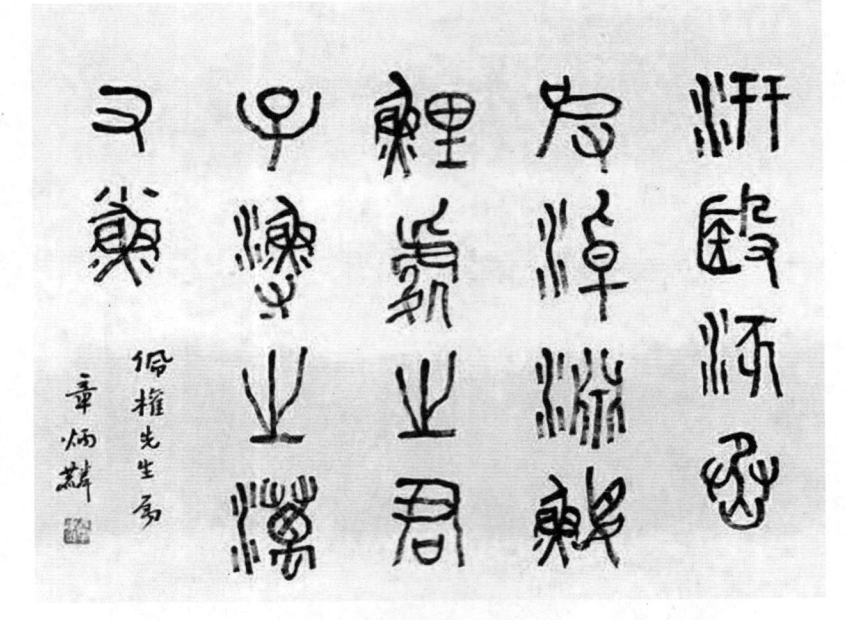

章太炎书法

目 录

引　言　　　　　　　　　　　　　001

第一章　苦读经籍的岁月　　　　　011

第二章　风云初征　　　　　　　　049

第三章　一个斗士的孤影　　　　　083

第四章　追捕声急　　　　　　　　111

第五章　《苏报》案与三年西牢　　147

第六章　东京《民报》笔政　　　　177

第七章　纵横民初政坛　　　　　　223

第八章　"在贼中"　　　　　　　 279

第九章　"护法"——行走的旗帜　 305

第十章　抗战强音　　　　　　　　337

外一章　鲁迅与章太炎　　　　　　349

后　记　　　　　　　　　　　　　375

引　言

20世纪初，正处于历史交替期的中国，涌现了一批巨人，章太炎是其中之一，他有两个非常显赫的称号："革命先驱"和"国学泰斗"。这两项，一个人能做到其中一项，已经非同小可，他竟同时兼有两项。

作为"革命先驱"，章太炎对推翻清朝、缔建"中华民国"是立了大功的。他自年轻时起即不遗余力鼓吹反清革命，解发辫，斥清帝，涉入震惊中外的《苏报》案，坐了三年上海的"西牢"。出狱后，又远赴日本，加入同盟会，出任《民报》主编，宣传革命派主张，与改良派进行斗争，影响播于海内外。他参与重建光复会，一度担任会长。辛亥革命一声枪响，各地志士风起云从，清王朝迅即坍塌，与有章太炎在其中起着重要作用的思想启蒙和鼓动，关系极大，这一点为历史家们一致首肯。

而这位先驱者的革命生涯，也绝未止于清朝被推翻。袁世凯窃国称帝，他又与之苦斗，"时危挺剑入长安"，并被羁囚京城三年之久。袁世凯死后，袁系北洋军阀继续主政，他一直视之为非法，与之势不两立，在张勋复辟闹剧上演之时，他毅然与孙中山会合，南下并肩战斗，受命担任护法军政府秘书长，不辞艰辛，奔走于云贵山原丛林，力图集结北伐讨逆的力量，为国立功。再而后，盘踞于京城的北洋军阀势力奉行武力统一主义，贪狠好战，荼毒生灵，他又呼号奔走，倡议"联省自治"，力抗"北廷"。后期虽有所消沉，而面对日寇侵入，国难当头，他又一次奋袂而起，函电飙发，怒斥当局"勇于私斗，怯于公战"，给予抗日民众与将士热烈鼓舞和坚定支持。终其一生，虽然有曲折，有瑕疵，却是大节不夺，气骨渊然，这一条和前前后后许多人比，实属难能可贵，也为众人共仰。毕竟，那个时代风云莫测，变数太多，人们不知何处就会失足，被汹涌而来的激流裹挟而下，不知所终。他在其革命生涯中砥节砺行，所表现出的精神风范，已有鲁迅先生作精湛概括，至今传颂不绝："考其生平，以大勋章作扇坠，临总统府之门，大诟袁世凯的包藏祸心者，并世无第二人；七被追捕，三入牢狱，而革命之志，终不屈挠者，并世亦无第二人：这才是先哲的精神，后生的楷范。"(《关于太炎先生二三事》，《且介亭杂文末编》)这种精神，是他的同时代人，也是后人一笔良可受用的财富。

在另一面，他又是一位大学问家、大国学家。大到什么程度？大到真正可以称为"泰斗"的程度，这不是时下一些自称或他称的所谓"大师"可以望其项背的：他的学问囊括了中国政治、经济、思想、哲学、史学、文学、教育、法律等等，而且涉及西方哲学、古印度哲学以及佛学，在一般人眼里，他的专长或就是"小学"，亦即现在的训诂学，实际上当然不止于此。梁启超说："在此清学蜕分与衰落期中，有一人焉能为正统派大张其军者，曰余杭章炳麟。"(《清代学术概论》)这个看法是有一定片面性的。

和世上无数学问家不同，章太炎做学问不是"为学问而学问"，而是念念不忘要和为民族、为社会的宏旨深愿结合起来，他要用这些学问"激励种性"，"增进爱国的热肠"，所以，他既是一位"有学问的革命家"，又是一位"讲革命的学问家"。这里，首先要特别提到他作为中国近代民主革命中思想家的地位，他在一生中各个时期，尤其是反清革命中，写过许多具有战斗性、令人神旺的雄文，在当时拥有大量读者，起到"摩荡人心"、推动革命的作用。

其次，还要看到，从他三十多岁着手写作的《訄书》开始，他的治学范围就已突破了所谓"清学"的范围。这部书后来几经增删、修订，始终包含一个宏大企图——他要融合中、西学识，全面、深入、历史地认识、探讨中国社会各个层面（政治、经济、民族、宗教、法律、教育等等）的问题，为未来中国的设计提供参考，虽然这本书后来在重订时刊落一些时论文章，却无损其基本精神与指向。后期缘于"感事既多"，在《訄书》基础上修订、续作而成的《检论》更对中华学术文化进行了全面、系统性的审视，几乎相当于一部中华学术文化史，它既研究了中华思想文化的主要特征、发展历程和趋向，也试图提出民族文化的新范式，这也是前无古人的。

再次，我们还要提出，章太炎具有浓厚的哲学兴趣和思辨力，也是中国近代少有的一位哲学家、思想家。他早年即在经学、诸子学、史学打下了极好的根基，后来又接受西方哲学、古代印度哲学和佛学的浸染，致力于哲学本体论和认识论的深入思考，试图构建适应中国社会革命需要的世界观体系，写出《齐物论释》这样"千六百年未有等匹"的哲学著作，因他在这些方面的努力与贡献而被人称作"新中国之卢骚""近代民族文化的开拓者"，实是当之无愧。

应该看到，章太炎不是一开始就准备当革命家的，在青少年时期，其志向毋宁是当一个学问家，更具体地说，当一个经学家。只是后来国家和民族面临的危急情势，涛飞浪涌的维新和革命风潮，将他召唤到了革命道路上，而且，愈行愈健，愈行愈远。这使得他与许多职业革命家不同，他在从事革命活动之前就已完成了成为一个大学者的准备。尤为重要的是，他有自己宏大的学术抱负和计划，始终不弃。学术研究也成为他的一种持久的兴趣和习惯，在漫长的风云征途中，一直伴随着他，每当一有余暇和条件，学术活动（读书、写作和讲学）便又接续起来，特别是当他向自己的学术活动注入与革命相关的价值和意义后,他更有一种强大使命感和旺盛热情,于"烽火之中,尚能弦歌不辍"。这一点,也使他与有些曾有过学术经历的职业革命家不同,他比他们幸运,一直将学术生涯坚持到最后,而且卓有成就。

在章太炎参与创造历史的那个时代,他的名气很大,很难说是因为他的学问而名气大,还是因为他的革命经历与资格而名气大,这两方面肯定都货真价实,没有哪一方面靠另一方面炒作的意思。人们敬重他,或因其学问上的造诣和成就,或因他的革命勋绩和节操,各取其重,而更多的人,更多时候,还是因为他同时都是那样杰出。

今天,我们谈论章太炎,还必须指出,他是一位坚定的不屈不挠的爱国主义者。他起初投身的是排满、反清的革命事业,高举的是民族主义大旗,但正如他当时所认识到的,清朝统治者以"宁赠外邦,不予家奴"的态度对待中国的江山,要使中国摆脱殖民地、半殖民地命运,走上独立、自由、民主的康庄大道,必须推翻清朝统治,在这里,他的激越、高昂的民族主义,是与深沉、热烈的爱国主义融为一体的。辛亥革命胜利之后,国家命运仍然面临光明与黑暗的交战,他坚定不移地捍卫辛亥革命胜利果实,守护"约法",与一切企图恢复帝制的反动势力进行坚决斗争。他始终忠贞于自己参与缔建的"民国",将自己满腔爱国的热忱倾注其上,不畏艰难险阻,艰苦卓绝,百折不挠,体现了一个爱国主义者的高尚品质与节操，这是人们给予他崇高评价的基本面。

毋庸讳言，他也有弱点、缺点，甚至某些弱点、缺点还相当明显和严重，然而，他的一些弱点、缺点，又是与他的优点、美德是联结在一起的。他一生好做诋诃和直言，又不免激烈、严苛，甚至尖刻，为此得罪不少人。的确，他的话也并不全对，有时甚至大谬，可是，如果他不好做诋诃和直言，他的那些弱点和缺点将看不见，而他作为一位对社会和时代怀有强烈使命感的先驱人物的优点与美德也将不见。我们还可以进一步说，他的好做诋诃和直言，郁愤、激越的言谈方式，以及时而趋于极端的行为表现，显露出的一种"疯劲"，还带着他所处的时代特色，是当时某一类革命志士的个性表征——他们脱离传统轨道，对于禁锢和束缚他们的守旧思想与专制统治，表现出绝大的叛逆和对抗，这种"疯"，是应时代要求而生成的，正如他自己所说："凭他说个疯颠，我还守我疯颠的念头"（《东京留学生欢迎会演说辞》），它也构成了章太炎其人的个性特色和人格魅力。至今，在历史演义作品中，他被提起时，作者们还不忘当时一些人给他的一个称呼——"章疯子"。关于这一点，我们在以下叙述中还会做详细描述和解释，首先，要指明的是，如果这个称呼中含有轻蔑和攻讦意味的话，那完全是一些人恶意强加于他的，正如鲁迅所生动描述的，当太炎先生的话不利于他们的时候，他们便指他是"疯子"，所说的自然是"疯话"；而若说的话有利于他们，则他们又会说他"居然不疯"。

　　对于他的弱点和缺点，应该说，孙中山先生是深有了解，且颇多领教的。章太炎对孙先生一直怀有很深的、难以解除的成见，说过许多不该说的话，做过一些不该做的事，他们之间的关系一度非常对立。然而，他们总归在大方向上是一致的，在一些重要关头，他们又会站到一起来，相互扶持，并肩作战，特别是孙中山居于领导地位时，他没有因为章太炎反对过他而加以排斥。南京临时政府成立，他聘请章太炎当"枢密顾问"；广东军政府成立，他又任章太炎做"秘书长"，始终对他相当敬重——我们在一些有他俩在场的合照中都能看到章太炎被请坐在C位。孙中山不仅钦佩他的学识和气节，也深知他在他们共同事业中的地位与作用，真心诚意地向他求教与求助，这对于后人，无疑也是一种很好的身教，昭示着对章太炎应有的正确评价。孙中山去世后，章太炎率先在上海主持治丧，并撰写祭文，其辞浑灏古茂，感悼情深，绝非一些人所传的诬谤之语。据说，孙中山安葬于南京中山陵时，章太炎曾喟然叹曰："论与中山先生交谊之密，互知之深，其墓志铭唯我能胜，亦只有我有资格写，我欲为中山先生作墓志。"然而，因他平日对蒋介石所作所为时有指斥，深为蒋所忌恨，不获允准，斯时又无人有足够资格承任此事，故其墓志至今阙然，也是一个历史的遗憾。

　　章太炎年轻时很崇拜明末的大学问家、著名的民族志士顾炎武，于是，将自己名字改为"太炎"，以示崇仰追随之意。中年以后，他的心中又有一个偶像，即是明朝开国功臣、明太祖朱元璋的军师、浙东青田人刘基（刘伯温）。他在被袁世凯幽禁时，常考虑身后事，不愿死后葬于杭州，一心要"与刘公冢墓相连"，乃托人寻访到刘基后人，并与他们商妥，要将自己埋在离刘基墓地很近的地方，"以申生死慕义之志"（《诚意伯集序》）。他不但只是仰慕他，而且，觉得自己的"事业志行"，与他颇为相似。刘基向有明代的"国师"之称，由此可以看出章太炎对自己的期许和评价。

　　章太炎确曾有过他的"国师"梦，在一定意义上，在某一历史阶段，也可以说扮演过一位"国师"角色。自春秋战国时期以来，中国的读书人都曾希冀在"治国平天下"的事业中一显身手，其中杰出者，更是怀有"为君王师"的抱负。章太炎不曾透露过早年是否有这种抱负，在他被国家和民族危亡情势推上后来的地位后，他的志向和期许就越来越清晰了——他力求为国家和民族的未来发展献计献策，乃至做出完整的设计和构思，他要协助主政者处理和解决纷乱的现实问题，协调各方面关系，以使国家臻于一个"治世"的局面。他其实只做过"顾问"和"秘书长"一类的职位，这些职位也许还没有一个更显赫的高度，然而，以他在当时所做事情的性质和作用而论，以他的学识、资历和声望而论，他可谓是一位"国师"而当之无愧，环顾民国初期的中国政坛，似乎还没有谁比他更适合这个称号。

　　历史的安排有时也很有意思，章太炎除了与孙中山这位中国民主革命伟大先行者有过特殊关联外，还与另一位时代巨子鲁迅是师生关系。章太炎是清末民初国学的重镇，传统文化的守护者，而鲁迅则是新文化运动的主将，这二人在同一时空中是对峙的双峰，他们之间难免会有碰撞与摩擦。鲁迅卒于章太炎之后数月，他抱病写了纪念文章《关于太炎先生二三事》，对太炎先生做出充满敬仰之情的忆念与评价，他的评价对于后来的章太炎研究产生了久远影响。他们之间的关系，以及由此折射出的时代图景，也是令人深感兴趣的看点。他的评价中尊称章太炎为"先哲"，也非常恰如其分，所以本书援之为题，以示我们后人对他们的敬意。

　　事实上，我们任何时候回望章太炎的生平，都会为其所具有的丰厚历史内容与精神价值所吸引，正像一位西方作家所说的，许多伟大的人物酷肖他的时代，甚于酷肖他的父亲，历来被认为具有极大丰富性、复杂性的这位先驱者，就非常酷肖他所处的时代，在转入以下他的生平叙述时，中国近、现代历史的一幅幅画卷也随之迤逦展开，但愿此书不负你的期待。

第一章　苦读经籍的岁月

　　浙江余杭仓前镇章家—放弃科考—学业上的个人化指向—少年章太炎排满思想:"明亡于清,反不如亡于李闯"—读经救国:"慨然念生民之凋瘵,而思以古之道术振之"—"诂经精舍":人生道路上一个重要驿站—严谨而古板的业师俞樾—同时代的几位风云人物—八年苦读,两部书稿—交"强学会"会费

一

　　现在我就来给你们叙述这位伟人的生平。作为一部历史作品,当然最好有一定的形象性,要尽可能地鲜明、生动地展示人物的活动、语言和心理。不过,我们注意到,有关章太炎的年谱资料,他在二十多岁以前的生活情况介绍,都过于简略,甚至在许多年份,完全付之阙如,有限的一点资料,基本上是章太炎自己所提供的,其中主要陈述自己的家世,以及排满复汉思想如何在自己的阅读和前辈的教诲中萌生,或许是文字崇尚简约,不愿多做铺陈,致使我们无从接触当时生活更多感性内容。鲁迅是章太炎的学生,比他要小十多岁,他们有相近的时代背景和生活环境,而

且，绍兴与余杭，地域也很接近，或能借助鲁迅对早年生活的回忆，诸如读书的书屋和儿童的兴趣天地，来做一些悬想，但是，我想这还是留给读者来做吧，至于本书，只能凭借有限的资料尽力敷叙，不敢忤逆真实性的天条。

另外，还要说明的一点是称呼。章太炎名炳麟，取义于"炳炳麟麟"，初名是学乘，字梅叔，梅与枚同音，又写作枚叔，投入反清革命后，改名为绛，别号太炎，表明追随清初反清思想家顾炎武（起初名"绛"）的决心。通行的是署章炳麟或章太炎。为叙述的方便，这里就一径称章太炎。

一部传记就是主人公一生的故事，从他一落地，他的人生故事就开始了，所以，我们看到，许多传记的开始都会是这样的：某年、某月、某时、某分，某地、某某人家，"呱呱"一声，出生了一个宁馨儿，这就是某某某——后来的一位伟人或奇人，全家都为之感到激动、欢欣云云。我们不知道章太炎出生时，家里有何种氛围，以及有何异常反应。在他之前，家里已经有了好几位仁兄，对他的到来，如果不是有何特别灵异、祥瑞的表现，大约总不会引起较为持久的波动。所以，我们宁可避开这种不约而同的写法，把一开始的场景，移至1883年，章太炎十六岁时。

十六岁的章太炎，在这一年，遇上了什么事呢？

这是他要到县城去参加童子试的前夕，那一天，他突然发作了癫痫。

癫痫又叫"羊角风"，在人群中并不罕见。我们在一份材料中读到，美国人约有1%~2%患有癫痫。在有些家庭中，患病的百分比要比这个数字更高。通常这种病发作时，病人会突然摔倒在地，昏厥过去，不省人事，身体僵直或抽搐，往往持续几分钟。也有一种是较轻度的发作，只有几秒钟，而且，只是童年时期才有，成人后即不再有。章太炎这次发作的癫痫，可能比较严重，委实让大家为之紧张了一阵。余杭仓前镇面对运河的章家老宅，顿时笼罩在一种忧虑、沉重的气氛里。

父亲章濬（音俊）被人从外面叫来了，他颇通医道，知道这种病不甚关紧，只待他恢复过来，再给他开一方治晕厥的草药，服下就可以了。但是，他眉头紧蹙，心事重重，夫人朱氏看出来了，便道："孩子都这样了，我看，就不要去应试了吧，万一在考场再发作……"

章濬说："我也是在这样想，但这件事关系太大，他还要不要这个前程，我还真不好一下拿定主意，让我好好想一想。"

到县城应童子试就是考秀才，考上秀才而后考举人，考进士，是一条做官的道路，即所谓仕途，这是那个时代无数人梦寐以求的一条锦绣前程。县试不完全等于今日的高考，然而，对一个年轻人来说，其重要性绝不亚于高考。不应县试，就相当于不再参加高考，从此无缘于吃"皇粮"，这个决定确实非同小可。当然，这一次县试不参加，下一次也还可以去，而对于患有这种病症的孩子来说，只要去参加这样一场又一场的考试，晕厥发作的可能性总是存在的。因而，家中这个最小的男孩，或许必须放弃走这条路。

章家在余杭也是一个读书世家。章太炎的曾祖父章均，曾经是余杭县学的"增广生"。这个"增广生"，虽然有些类似于"计划外"，而实际上也有定额，都是经过考试录取的，后来，他荣任县学训导，执教于本省海盐县。太炎的母亲来自海盐县，想来与其曾祖父在海盐工作过不无关系。曾祖父不仅自己好学，而且，也热心兴学、助学。他曾拿出一大笔钱，在余杭县东门北首白塔寺前，创办了一所"苕南书院"，又兴办过家塾，对族中子弟进行义务教育。

章太炎的祖父章鉴，"入县学为附学生，援例得国子监生"的资格，不过，按当时的制度，这只是一种身份，却并不一定要去负笈就读。章鉴好学博览，收集了许多珍贵稀见的典籍图书，"蓄宋、元、明旧椠（音欠）本（刻本）至五千卷"（《先曾祖训导君先祖国子君先考知县君事略》，《太炎文录续编》卷四），这是一个颇大的数目，加上有清一代的各种出版物，真可以说坐拥一座小型书城。他就以此"日督子弟讲诵"（同上），对后代教育抓得很紧。

到章太炎的父亲章濬，也不可能不是一个读书种子，他读书的成绩应该说有胜乃祖、乃父，考试的名次颇佳，"屡试优等"，一举取得了廪生的资格，而且，"得职事官"，只是未去吏部报到。虽然章太炎的这些先辈都没有什么显赫功名，他们却都一概认同当时主流的价值观，向往和追求过科举制度的功名，即使是他的父亲章濬遭受挫折——因为受到心怀嫉恨的小人造谣中伤，曾一气之下退出考场，个中曲折究竟如何，我们已不得而知，而从他仍然创造条件让儿子们去参加科考来看，他坚持将这条路视为年轻人获得远大前程的首选。

　　章太炎兄妹加在一起有五人，长兄去世很早，第二个哥哥章籛（音件）要比章太炎大十六岁，直到光绪十四年（1888年）考上了举人。三哥章篯也要到光绪二十八年（1902年），考中举人。也就是说，他们都是在章太炎放弃县试之后考上的，这足以说明，

浙江余杭仓前镇章太炎故居　作者摄

这个家庭一直没有拒绝科考，章太炎放弃考试，全然是出于他的身体原因。当然，促使父亲章濬最后做出这个决定，也还会有其他一些因素，我们也不妨从时代背景上做一些考量——这即是社会上"洋务运动"的勃然兴起，动摇了读书人追求功名、成就的单一路向，虽然还看不出章濬有让章太炎弃科考而就洋务之类的意愿，而读书人不赶科考，也还可以选择其他以立身扬名，已成现实。章家虽经"洪杨之乱"，大伤元气，他们逃难回到家乡时，"家无余财，独田一顷在耳"（同上），只剩了一顷左右的章家，经过近二十年的生养积聚，已然又成为那一带屈指可数的资财殷实的地主家庭。这个最年幼的多病的男孩，如果确实不宜于去科考试场上"闯关"，以获取做官的前程，那么，在相当一段时间里衣食无虞，进而谋求别种发展（比如做经师，或入幕府等），应是没有问题的。章濬是一家之主，这个决定的形成，也还一定与族中其他关系密切的人交换过意见，大家咸认为这个决定并无什么悖理之处。

少年章太炎被告知这个决定，他的反应当然是相当高兴。从现今眼光来看，按八股来考试取士，也还是一种"游戏规则"，却无疑是一种极为僵硬、枯燥乏味的规则。做八股文必须从"四书五经"选题发挥，在入手议论时，要刻意编织出四段八股对偶文字，除非是生性反常的孩子，恐怕不会有谁会喜欢这种强迫性的学习和考试。更何况考试一场又一场，仅"童子试"就会有五场之多。"童子试"，顾名思义是稚气未脱的童子们参加的考试，而实际上，座中祖父辈白发苍苍的考生不乏人在，这些人以毕生精力在科考试场上拼搏，他们的青春和生命价值就这样被销蚀殆尽，这种科考的意义，怕只能以"将人变成鬼"来形容，或如康有为所言："徒令其不识不知，无才无用，盲聋老死，是比白起之坑长平赵卒四十万，尚十倍之。"（《请废八股试帖楷法试士改用策论折》）秦将白起活埋赵国兵卒四十万，是何等惨绝人寰，而这种科举杀人，比之过十倍也不止。然而，对于无数年少好胜的考生而言，冀图以中试的优异成绩证明自己的高智商，并获得赞誉和荣显，实是一种巨大的驱动力——不过，这种考试的胜出者，既不个个都是卓越的人才，而名落孙山的失意者，也并不都是低能儿。

人的一生，常常是为一个决定所完全改变的，不管如何说，如果不是这个决定，章太炎继续沿着攻习举业的道路走下去，他也许会终于获得举人、进士和进士以上的功名，运气好的话，成为风雨飘摇的大清王朝一个末代官僚，但是，近代中国将失去一个革命的呐喊者和文化巨匠。

多少年以后，章太炎在回忆这一段往事时，固然记述了自己是被动的被"决定"者，同时，也强调了他个人化的兴趣指向："年十四五，循俗为场屋之文，非所好也，喜为高论，为《史》《汉》易及，揣摩入八比，终不似。"（诸祖耿：《记本师章公自述治学之功夫及志向》，《制言》第 25 期）"场屋之文""八比"，即是科举考试之文，他明言是不喜欢的，却还是要随大流去做。有意思的是，少年章太炎并不像比他晚十来岁的鲁迅那样，喜好一些被人们称为"小传统"的东西，如《山海经》和民间传说、图像之类，即使是偏离科举文体，也还是不脱大传统的语境，这大概还是和章太炎所处的时代、社会和家庭环境有关。父亲发现他有这种倾向后，曾经谆谆告诫他："尔文思倜傥，学古非难也，以入制义，则非童子所应为。"（《自定年谱》）八股要求从"四书"获得议论的题材和思想，否则，便有离经叛道之嫌，少年章太炎喜欢《史记》和《汉书》，想将从这两部著作中获取的灵感和命题装入八股的载体之中，这是不被允许的。章濬的信念似乎是，你要不练八股就不练，可不能破坏规矩，胡来乱练。

至此，我们应将章太炎早期所受教育状况做一补叙。他生于1869年1月12日，农历生日是1868年（戊辰）十一月三十日。1873年，他五岁那年，开始接受启蒙教育。几年之后，即在1876年，他八岁时，他的外祖父朱有虔离开海盐县家乡，来到余杭章家，为他做专任教师，所授课程主要是读经。这一教就是四年，"时虽童稚，而授音必审，粗为讲解"（《自定年谱》）。课程教得极为认真，而章太炎也就由此"稍知经训"，也就是上了经学入门课。接下来，外祖父回海盐老家去了，改由其父章濬亲自执教，所教则主要是律诗和科举文字，到前面所说他应去参加"童子试"时，他接受这种教育整整十年之久。我们常讲某人的家学，这就是比较正规的家学（相比起来，鲁迅似还没有这样正规的家学渊源）。从我们现在接触到的材料看，这种家学教育中，还看不出有任何新学内容。

客观上说，这一段时间里，虽然洋务运动已经颇成气候，固有文化的势力和影响依然十分强大、深固，大多数读书人攻习举业、研读经书而不知其他（这种情况需到甲午战争后，方有较大的改变），余杭章家可以说是这种背景的一个缩影。仓前镇离浙江首府杭州不过几十里路，看来还是相当闭塞，章太炎后来谈到自己早年生活时，很少提到有关洋务的事情。事实上，这个时候，所谓洋务已不局限于与外国办理外交事务，更延及学习西方技术，兴办实业等，也开始译书、办学堂，乃至议论维新变法了。和外国人愈来愈深入内地与中国人共处同步，西学也愈来愈多渗入人们生活中。也有一些人，从中西强弱的对比和清朝政府腐败无能的现实中，产生了对清朝统治合法性的怀疑，然而，章太炎只是在多处谈到，这个时期，他还是从自己的阅读经验，以及与老师的交谈中，萌生了反清、排满的民族主义思想。例如，他谈到自己有一次和外祖父的谈话：

> 余十一二岁时，外祖朱左卿授余读经，偶读蒋氏《东华录》曾静案，外祖谓"夷夏之防，同于君臣之义"。余问："前人有谈此语否？"外祖曰："王船山、顾亭林已言之，尤

以王氏之言为甚,谓历代亡国,无足轻重,惟南宋之亡,则衣冠文物,亦与之俱亡。"余曰:"明亡于清,反不如亡于李闯。"外祖曰:"今不必作此论。若果李闯得明天下,闯虽不善,其子孙未必皆不善。惟今不必作此论耳。"余之革命思想即伏根于此。依外祖之言观之,可见种族革命思想原在汉人心中,惟隐而不显耳。(朱希祖:《本师章太炎先生口授少年事迹笔记》,《制言》第25期)

在《口授少年事迹》中也还讲到:"十九、二十岁时,得《明季稗史》十七种,排满思想始盛",可见虽然种族革命思想原就在汉人心中,对于他来说,也还是源于"夷夏之防"的古老传统和

余杭仓前章太炎故居 作者 摄

语言，并从阅读史籍和前辈教诲所获得。

少年章太炎不再去科场赶考，并不意味他摆脱了旧学教育的樊笼，还有另一条路在前面等待着他，那就是"研精学术，忝为人师"，而学术，在当时主要就是指"经学"。所谓"经"，就是那些从古代传下来的用以"修身、齐家、治国、平天下"的宏旨大义的文字，具体地说，从孔子起到宋代，由六经增加到九经、十二经，直至十三经，计含《易》《诗》《书》《仪礼》《周礼》《礼记》《左传》《公羊传》《穀梁传》《论语》《孝经》《尔雅》《孟子》，而诠释这些经典的学问即为"经学"。为了准确地疏解这些古老经典的原意，派生出训诂学、文字学、音韵学等，至有清一代形成一门显学即"小学"。章太炎在放弃了八股文的练习之后，曾有过一段小小的"解放"，即所谓"泛览典文，左右采获"，特别是"任意浏览《史》《汉》"，十多年后，章太炎在一篇文章中回忆道：

年十七，浏览周、秦、汉氏之书，于深山乔木间，冥志覃（音谈）思（深思），然后学有途径，一以荀子、太史公、刘子政为权度。持此三子以观古今中外之册籍，有旁皇周浃（意为遍及）者曰知之矣。涉是曰近之矣。吐言相戾，陈义不相应，则以为未知楚夏，不在六艺之科。会天下多故，四裔之侵，慨然念生民之凋瘵（音寨，病也），而思以古之道术振之。盖自三子以后,得四人焉。曰盖次公、诸葛孔明、羊叔子、黄太冲。之四人者,事业不同,名声异号,然大要知君民之分际,与亲仁善邻之所以长久,而不肯以残夷割剥、陵轹(音利,欺凌)元元(庶民)者,则数逾千祀(此处意为年),风期一也。(《上李鸿章书》,《章太炎政论选集》第53页,中华书局,1977)

我们由此得知,他这一时期大量阅读经籍与诸子,非常推崇和心仪的人物,依次是:荀子、司马迁、刘向、盖宽饶、诸葛亮、羊祜、黄宗羲。这个名单上,荀子是春秋战国时代思想家,他最著名的思想命题是"人定胜天"和"人性恶",主张礼治和法治相结合,韩非和李斯都是他的学生。司马迁则不用说,以刑余之身发奋写完《史记》,"究天人之际,通古今之变","是非颇缪于圣人,论大道则先黄老而后六经"(班固:《司马迁传》),其思想文采,令人称颂不绝。刘向是西汉时期的经学家,又是一位校阅群书的目录学家,流传下来的主要著作有《说苑》等。这三人的言论,章太炎是作为衡量其他书籍、言论的标准的。以下四人:盖宽饶和羊祜,我们比较陌生。盖宽饶是西汉名臣,"为人刚直高节,志在奉公",因为上书说了皇帝不爱听的话,被指为大逆不道,自刎而死。诸葛亮,一般人都很熟悉,他是一位贤相,也是一位杰出的军事家和谋略家。羊祜是西晋大臣,他一生主要事业是要为晋朝消灭吴国,曾经坐镇襄阳,开屯田,储军粮,做一举灭吴的准备。黄宗羲是明清之际的有名的思想家,其父被人陷害致死,年轻时有过激烈的复仇行动,清军南下,他又领导过抗清斗争。这个名单多少有些奇怪,在众多历代圣贤、名臣中,选定这些人作为自己的偶像,而遗落了那些更高阶位和层次、历来被崇祀的人物,就有一点"走偏锋"的意思。这些人或是思想家、学问家,或是名臣、名将,似乎很难归类,而在章太炎心目中,就是欣赏和认同他们经世的"道术",以及他们"知君民之分际,与亲仁善邻之所以长久",且绝不仗势欺压老百姓的风范。

然而,为时不久,他就经长兄章篯指点认识到,"不明训诂,不能治《史》《汉》",必须从训诂学、文字学、音韵学入手,逐字逐句地解读,才有可能准确无误地把握和宣讲古代圣贤们的原文真意。他于是"壹意治经,文必法古",取训诂学的经典著作《说文解字》《尔雅义疏》等苦读,并将清代大儒王引之的《经义述闻》以及卷帙浩繁的《学海堂经解》《南菁学院经解》也读了个遍,可以说就此打下了他做学问极好的基础。

在仓前镇运河边上的章家老宅中,人们看到章家的三公子,寡言少语,终日"读书精勤,晨夕无间",又听说他患有痫疾,心想他一定脾气乖戾,不通人情,最多就是一个"书蠹",却不知道,他的精神上还另有一片宽阔天地。他看到"天下多故,四裔之侵"的家国大势,"慨然念生民之凋瘵,而思以古之道术振之"——乡间诚然守旧、闭塞,然而,年轻人的血却是殷红、炽热的,即使是啃读已经发黄的经书,他也还是想有朝一日以赤胆忠心报效民族和祖国。

二

风光绮丽的西湖畔有一座孤山,孤山以有北宋诗人林和靖的"放鹤亭"名闻天下,"疏影横斜水清浅,暗香浮动月黄昏",引动多少高人名士的逸兴遐思。而在此山另一侧,郁郁葱葱的林木,掩映着一座著名的书院,这就是"诂经精舍"。

"诂经精舍"是章太炎人生道路上的一个重要驿站。

书院不完全同于学校,它几乎相当于现今人文学科的博士后流动站。"诂经精舍"是一个叫阮元的清朝官员兼大学者,在做浙江巡抚任上创办的,目的是重点培养一批精研古代经籍的人才,这些人须具备相当厚实的学习基础,入学后,在老师指导下读书和写作。在这里,自修、自求是最主要的学习方式,个人撰述也受到鼓励,书院会定期出版文集(《诂经精舍文集》曾每三年出版一集),刊载学员写的论文与札记。书院并不授予国家承认的学历和分配工作,因而,它纯粹就是鼓励读书人去钻研学问的教育机构。这种机构也许值得今天主办教育的人参考,而最不宜仿效的,乃是一种社会环境——如果社会唯学历是举,那么,就不会有人肯于到这种不授学历的地方埋头读书，而只要学历、学衔、学位等等成为读书人角逐的目标，真正意义上的读书就会降至次要地位，甚至堕为敲门砖式的、耍把戏式的，乃至于拆烂污式的东西。章太炎于1890年入"诂经精舍"，到1897年，不考虑学历、职称等等，一读就是八年，这种学习经历，现在是很难被人效仿了。

在章太炎意欲就读"诂经精舍"的时候，这里的掌门人是名重一时的大学者俞樾先生。

俞樾，号曲园，进士出身，先后做过翰林院庶吉士、河南学政等——这些官位都不低，中年以后不做官了，一意治学和讲学，先后任教于不少书院，而以在"诂经精舍"的时间最长，有三十八年之久。"诂经精舍"在国内引人注目的学术地位是与他分不开的，所以，今日西湖边"诂经精舍"遗址上的建筑物，还被命名为"俞曲园纪念馆"和"俞楼"。他在学术上的主攻方向是经学与诸子，这一方面的著述甚为宏博，最有名的如《诸子平议》《群经平议》《古书疑义举例》等，汇编在一起传世的《春在堂全书》，有洋洋五百卷之多。俞先生在当时名气很大，学生不但从国内四面八方来，还有从日本和海外其他地方来的，颇有国际影响。

俞樾（1821—1907）
著名学者，章太炎之师

章太炎的父亲章濬在"诂经精舍"有过一段任职监院的经历，算得上是俞樾的同事，他曾对章太炎这样讲到俞先生："曲园设教诂经精舍，吾时充监院，相处数岁，今闻其茹蔬念佛，贤士晚节，往往至此。"（章氏笔述，《制言》第43期）章太炎无疑对这位先生崇仰之至，能够受业于这样一位顶级的大学者，实乃自己莫大的幸运。章太炎在其《自述治学》（《制言》第25期）中说："二十岁，在余杭，谈论每过侪（音柴）辈。忖路径近曲园先生，乃入诂经精舍，陈说者再，先生率未许。""诂经精舍"或许奉行的是"严进宽出"之规，如前所说，章太炎有家学渊源，经学基础打得很好，其言谈要远远高出于同辈学子，治学路径也与俞先生很接近，入学之初，他数次向俞先生陈述他的学术见解，却皆未获赞许——俞先生是个相当严格乃至有些古板的老师，对这位故人之子，如果不是其学习能力和成绩得到优异的证明，他也绝不会随便点头。

在《自述治学》中，他还记述了当时与俞先生的一段答辩：

> 先生问："《礼记·明堂位》有虞氏官五十、夏后氏官百、殷二百、周三百。郑注周三百六十官，此云三百者，记时《冬官》亡也。《冬官》亡于汉初，周末尚存，何郑注谓《冬官》亡乎？"余谓："《王制》三卿五大夫，据孔疏，诸侯不立冢宰、宗伯、司寇之官，有小司徒、小司寇、小司空、小司

马、小卿而无小宗伯，故大夫之数为五而非六，依《周礼》，当减三百之数，与《冬官》存否无涉也。"先生称善。又问："《孝经》先王有至德要道，先王谁耶？郑注谓先王为禹，何以孝道始禹耶？"余谓："《经》云先王有至德要道以顺天下者，明政治上之孝道异寻常人也。夏后世袭，方有政治上之孝道，故孝道始禹。且《孝经》之制，本于夏后；五刑之属三千，语符《吕刑》。三千之刑，周承夏旧，知先王确为禹也。"先生亦以为然。

旁听这样一番讨论，现今的读者会如堕五里雾中，这里也没有必要细加解析，判断是非，只是从这里可以约略想见做这种学问的人是何种思想和言谈风貌。从乾隆、嘉庆以来，有清一代大批学者就做着这样的学问——精研故训，博考事实，无征不信，实事求是，是他们的最高理念，他们要从文字、音韵、典章制度、天文、地理、水利乃至金石等等各个维度对儒家经典中的真伪与疑难进行考辨。正像真理是很朴素的一样，这种学问也很素朴，所以，它又有个颇有亲和力的称呼——"朴学"。做这种学问的人高度强调"精审明辨"，就这种学问本身而言，训练很严格，功夫很扎实，当然，过分时也会钻牛角尖，显得迂滞、僵硬。

应该说，俞先生对章太炎这个学生还是相当欣赏的，章太炎不仅入学之前基础很好，入学之后，也十分用功，在同学中，能

"知人所不知",可谓出类拔萃。

将书院建在西子湖畔这样一个"暖风熏得游人醉"的地方,原意或只是依傍好山好水,更宜读书,不承想这绮丽无比的风光,对学子年轻的心性与定力会是多大的考验。然而,章太炎容或会和三两同学去湖畔散步,去葛岭登山,但并没有征歌逐舞,纸醉金迷。他的家境虽不富甲一方,也颇有田产,做一些适度的"高消费",也不是完全不可以,他却甘于过寂寞的书斋生活,整整八年的时光,他心无旁骛,极其专注地钻研古代典籍。他发奋读书,读了大量经学与诸子典籍,像由"诂经精舍"创始人阮元汇刻的《十三经注疏》,多达数百卷,他读到能"暗记"的程度。而清代研究经学集大成的《学海堂经解》《南菁书院经解》这样卷帙浩

今日杭州西湖"俞楼" 作者 摄

繁，多达数千卷计的书，他都一一认真读了。一部《通典》，他就通读了九遍，这就为他后来从事的学术研究打下了非常深厚、扎实的功底。我们相信，任何一种学问，哪怕看起来极其枯索乏味，一旦深入其中，并进入较高境界之后，学者自己一定会尝到一种他人无法体会的乐趣。不过，我们从门外人眼光看起来，章太炎那八年在"诂经精舍"的苦读，还真是非有绝大的毅力和韧性不足以支持的。

  在这一方面，前辈学者的榜样起了很大的作用。在"诂经精舍"，他常向一位名叫高学治的老先生求教。高先生早已年过古稀，却仍苦学不辍，"犹曰读书，朝必写百名，昼虽倦，不卧也"。老先生除了在治学上给章太炎以教诲外，还特别叮嘱他注重道德上的培养，他回忆说："先生语炳麟：'惠、戴以降，朴学之士，炳炳有行列矣；然行义无卓绝可称者，……终莫能逮。夫处陵夷之世，刻志典籍，而操行不衰，常为法式，斯所谓易直弸（音鹏）中，君子也。小子志之！'炳麟拜受教。"（《高先生传》，《太炎文录初编》卷二）高先生的意思是，从乾、嘉两朝惠栋、戴震这些大师以后，堪称"朴学之士"的人也不少了，而若在道义行为上无卓绝可称道，就还不够格，处在现在这种衰落残败的世道，要有志于研究经籍，尤须保持很好的操行，能为人们树立学习的楷模，这就是那种才德都很充实而行事正直的君子了，你要切切记在心上！青年章太炎对他的这番教诲是恭谨领受的。

虽然高老先生对当时一些经师看不上眼，而从汉代以来，经师们显然已经形成了一种传统，那就是对于经学几乎怀有宗教徒般的虔诚和献身精神，异常坚忍和刻苦，在生活上低要求，在研究上严要求。以"诂经精舍"的导师俞先生为例，他即使兴致高时，也"不好声色"，母亲去世后，一直都不吃肉，穿衣也是普通布料，喝的只是清茶而已，生活上简朴之极。诚然，这些人会示人一种不苟言笑、过于古板的面孔，为了经学研究，几乎丧失其他的生活情趣和享受，因为他们相信，非如此养就一种精神，不足以攻克治学道路上一个又一个难关。仰慕章太炎的人不能不重视这一点：他在此打下的，不仅是作为国学大师的学识功底，更值得注意的是，他接受了一种人格精神和作风的训练和培养。没有这种人格精神和作风，他成不了学术大师，也成不了革命先驱。后来，无论是在殖民者的"西牢"中，抑或是在袁世凯施于他的幽禁中；无论是奔波在东北的冰天雪地，抑或跋涉于云贵的荒山野岭，他都坚苦忍形，不避艰辛，实不是偶然致之的。

好了，趁着章太炎正在"诂经精舍"伏案苦读、钻研经籍之时，让我们把目光移开，看一看那时神州大地上，正在酝酿和发生一些什么事。

1890年到1897年间，一个大事件就是1894年中国与日本交战，中国战败。有几个在当时或在未来历史活动中发挥作用的人物，分别以自己的方式行动着：

李鸿章，这位老态龙钟的清朝重臣，背负"卖国外交"骂名，又要来到谈判桌前，和气焰万丈的战胜国日本使者签订一个新的屈辱条约，这就是历史上有名的《马关条约》。本来，朝廷是委派另外两人去的，日本方面却不予接待，日方这种"看重"，只能使李大人在耻辱柱上愈绑愈紧。经他之手签订的《马关条约》规定：承认日本对朝鲜的殖民统治，割让台湾、澎湖和辽东半岛，在中国内地加开沙市、重庆、杭州、苏州四个通商口岸，允许日本船只在中国内河自由航行，赔偿日本战费二万万两白银，按中国四万万人口计，平均每人合半两。殊不知，此时清朝政府根本还不起赔款，只能拿关税、盐税做抵押，国家命脉尽入他人掌中。而列强还纷纷要求"利益均沾"，瓜分之势已然形成。其后不久，李鸿章黯然调离直隶总督的高位。

康有为，他比章太炎大整十岁，这位维新派的领袖人物，早在1888年就赴京城上书光绪皇帝请求变法，提出"变成法，通下情，慎左右"三件事，而此次上书并未获成功，随后，他回到老家（广东）去讲学，与他并称"康梁"的梁启超，即是在这时候投到他的门下。

康有为显然是一位颇具魅力的学者，梁启超如此描述他与康有为相遇的情形：

其年秋，始交陈通甫，通甫时亦肄业学海堂，以高才生闻。既而通甫相语曰：吾闻南海先生上书请变法，不达，新从京师归，吾往谒焉。其学乃为吾与子所未梦及，吾与子今得师矣。于是乃因通甫修弟子礼事南海先生。时余以少年科第，且于时流所推重之训诂词章学，颇有所知，辄沾沾自喜。先生乃以大海潮音，作狮子吼，取其所挟持之数百年无用旧学更端驳诘，悉举而摧陷廓清之。自辰入见，及戌始退，冷水浇背，当头一棒，一旦尽失其故垒，惘惘然不知所从事。且惊且喜，且怨且艾，且疑且惧，与通甫联床，竟夕不能寐。明日再谒，请为学方针。先生乃教以陆、王心学，而并及史学、西学之梗概。自是决然舍去旧学，自退出学海堂，而间日请业南海之门，生平知有学自兹始。(《三十自述》，《饮冰室合集·文集》第十一)

梁启超年纪不大即科举及第，也是当时一等一的青年学者，然而，一旦接触到康有为，听到他批驳"数百年无用旧学"的高论，竟然如"冷水浇背，当头一棒"，一时不知做什么好了。我们今人或许会对康有为那一套老掉牙的言论不屑一顾，只有退回到梁启超们所置身的社会思想文化环境中，方能体会这种如闻"大海潮音"的极度震撼和兴奋的心情。

广州的长兴学舍和万木草堂，云集诸多如梁启超、陈通甫一类的门生和崇拜者，康有为在那里，"与诸子日夕讲业，大发求仁之义，而讲中外之故，救中国之法"［《康南海自编年谱》（外二种）第19页，中华书局，1992］。门生们听康有为的讲课，如沐春风。康师讲课的最大特点是突出经世致用，内容虽大抵还是在中国文史范围，如宋元明儒学案、二十四史、《文献通考》等，有时也讲讲佛学，关键是引入了一种时代的脉息，一种变革的冲动——"数千年来学术源流，历史政治沿革得失，取万国以比例推断之"，推断的结果是要找出救国之道，这是他们所从未听到的。康有为讲学之余，也从事著述，"旦昼讲学，夕则编书"，先后写了《新学伪经考》和《孔子改制考》等，为他日后的变法维新打造理论武器。甲午战争失败后，他联合各省在京应试举人搞了一次较大规模的"学运"，这就是历史上著名的"公车上书"，随即，又在北京、上海等地建立"强学会"，虽遭当局封禁，势头却颇为强劲。

孙中山，他只比章太炎大两三岁，甲午战争前后，他的经历大略是这样的：在章太炎就读于"诂经精舍"时，他在香港读医科。不过，除医科之外，他还"研究国际法、军事学、海军建设、各种财政学、国政、各种派别的政治学"（陈锡祺主编：《孙中山年谱长编》第59页，中华书局，1991）。选择这样一种学习范围，肯定是别有怀抱，对于青年孙中山来说，那是怎样一个"挥斥方遒"的时期啊：

数年之间，每于学课余暇，皆致力于革命之鼓吹，常往来于香港、澳门之间，大放厥辞，无所忌讳。时闻而附和者，在香港只陈少白、尤少纨、杨鹤龄三人，而上海归客则陆皓东而已。若其他之交游，闻吾言者，不以为大逆不道而避之，则以为中风病狂相视也。予与陈、尤、杨三人常住香港，昕夕往还，所谈者莫不为革命之言论，所怀者莫不为革命之思想，所研究者莫不为革命之问题。四人相依甚密，非谈革命则无以为欢，数年如一日。故港澳间之戚友交游，皆呼予等为"四大寇"。此为予革命言论之时代也。(《建国方略》，《孙中山全集》第6卷第229页，中华书局，1985)

终于，由"医人"而"医国"，成为青年孙中山的重大选择："我因此于大学毕业之后，即决计抛弃其医人生涯，而从事于医国事业。"(《在香港大学的演说》，《孙中山全集》第7卷第116页，中华书局，1985) 1894年，他到檀香山组建革命会党"兴中会"，开始了自己的职业革命家生涯。孙中山和康有为不同，他的目标是推翻清朝政权，所采取的手段则是武装斗争，他和他的同志们有共同的行动纲领，他们筹募经费，购买枪械，策划起义。然而，筹划在广州的起义不幸失败了，在朝廷的追捕下，他不得不流亡海外。朝廷决心不放过这个危险人物，一直穷追到底，在英国伦敦，他竟一度落入魔爪，面临解送回国杀头的危险。后在友人帮助下，终于获释，他又来到邻邦日本，继续从事反清革命斗争。

最后，我们还要来看一看袁世凯。这个未来的大总统和短命的"洪宪"皇帝，在当时的中国政治舞台上，实在还算不上什么重要角色，按当时官制，他不过是一个地区级官员。他不是读书人出身，在当时国际矛盾热点地区朝鲜工作了十二年，颇有一点"政绩"，被上级看好，并获得较快擢升。这个人应该说是中国社会政治结下的一个怪胎，他最大的智慧是善于以厚黑之道介入权力运作，即无所谓理想和节操，在官场上善于见风使舵，无间不入，以异常充沛的精力攀登权力高峰。甲午战败后，三十七岁的他，已外放浙江温州道，走了走路子，又换了一个靠山，就在北京这边留下了。和现今人们的眼光相似——京城毕竟会有更大的发展空间，不久，他就得到一个新的、也相当重要的职位，要他到直隶总督麾下去组建和督练一支新军。这不只在袁世凯个人历史上，在中国近、现代史上，也是非同小可的一件事——他的"小站练兵"，练出了一批后来的北洋军阀，并由他们衍生出雄厚、横强的北方军事势力，而后，竭力阻挡中国民主进程，把现代中国搅得昏天黑地。袁世凯本人也裹挟这股势力，一度攘夺权柄，断送辛亥革命成果。此时正在"诂经精舍"苦读经籍的章太炎，稍后会和他相遇，并大吃他的苦头。

法国大作家巴尔扎克说过，一个时代的历史就是几千个优秀人物同时演出的一场戏剧。出场人物各自浮游到历史潮流上层，他们代表不同的趋向，又各各发生不同的纠葛，推动历史情节的发展。上述人物中，李鸿章暂时还是一个要角，一个"大咖"，孙中山和章太炎都给他上过书，向他陈述自己的救国志向和方策，希望能获得他的重视和重用，孙中山甚至还托人想谒见他，却因为位卑人轻，被他拒而不见。然而，他毕竟是一个即将下场的人物，不待病死，晚清历史的最后几页，也将悄然抹去他的名字。

上场的锣鼓一阵紧似一阵，在未来的历史大戏中，章太炎要扮演一个什么样的角色呢？

三

前面我们已讲到，在李鸿章正代表清廷向日本国屈辱求和之时，在康有为正召集进京赶考的举人联合上书之时，在孙中山筹划反清革命行将打响第一枪之时，也是袁世凯野心勃勃走马上任去小站训练一支属于自己的武装力量时，章太炎还在杭州西子湖畔的"诂经精舍"埋头苦读经学与诸子的典籍，并用"朴学"的独家功夫做着极为精审、求实的考证与诠释。

尽管他从很早起就萌生了排满复汉的思想，此时却还无意于做一个社会活动家，一个革命家。他的最大志向或是成为像俞樾那样一个经学大师，当时，他的经学研究可以说已渐入佳境。

如前所述,"诂经精舍"对学员的要求是以自学、自求为主,也鼓励将学习心得写成札记,并在书院的专刊上发表。在这份专刊上,章太炎发表的篇数甚多,反映出他并不死读书,而是极为用心、勤于思考,进而,他更有了"著述之志"——他要把自己的研究心得系统化表述出来,著书立说。

他把自己第一部成规模的著作取名为《膏兰室札记》,"膏兰室"是他为自己的书斋所取的名字,他希望自己能借助古代典籍的滋养,成为"芝兰"一样的英才,而这部书稿就是他辛勤耕耘收获的第一个成果。这部书稿原为四册,现存三册,四百多条,蝇头小楷,写得十分工整,主要是对儒家经籍与诸子所作的考证与诠释,从文字、音韵入手,兼及典章制度及故实,质疑问难,提出自己的见解。这部书稿并未能刊行。虽然他曾表示,如果能给他几年时间,他或能改写得更好,却一直再无余裕来做此事,留下了很大遗憾。

他在"诂经精舍"完成的另一部著作是《春秋左传读》,这部书与当时学术界经古今文斗争联系更为密切,更具现实性。经古今文(即主张用汉代通行文字书写的经

章氏早年著作《春秋左传读叙录》

籍为正宗——经今文,还是用更古文字书写的经籍为正宗——经古文)两个学派的角力,一直可以上溯到一千多年前的汉代,主张经古文的学者们忠诚地捍卫他们认定的儒家前辈创立的经典,对抗来自经今文学派的怀疑和歪曲。后者特别质疑《春秋左氏传》的原创性和真实性,这部经典历来被认为是出自鲁国左丘明的手笔,而经今文学者,尤其是晚清的刘逢禄、廖平、康有为等,偏要说它是汉朝刘歆的伪作,这是经古文学者决不能首肯和容忍的事。

而康有为在这个问题上更是放言无忌,"言今世所谓汉学,皆亡新王莽之遗;古文经传,悉是伪造。其说本刘逢禄、宋翔凤诸家,然尤恣肆。又以太史公多据古文,亦谓刘歆之所羼入。时人以其言之奇谲,多称道之。"(《自定年谱》)那一年,康有为将他的新著《新学伪经考》送给俞樾去看,俞先生就对章太炎说,你说你私下以刘歆为自己的偶像,这个康有为就是专门以刘歆为敌的,你和他之间,就如同冰炭一样不可调和啊。

"立说好异前人"。进"诂经精舍"不久,章太炎就致力于写作一部《春秋左传读》,历时五六年完稿,篇幅长达五十多万字,须知它是用很古雅、简练的文言写的,真可谓是皇皇巨著。最初的动机并不一定是针对康有为的。章太炎把握经今古文的"路线之争"并站位在经古文学一边,还有一个过程,在《春秋左传读》的写作中,崇尚"无征不信"的他完成了这个过程,并显示出一个后起经古文学家的锐气。章太炎对于经今文学派怀有一股不可抑制的反感与义愤,他回忆道:"方余之有一知半解也,《公羊》之说,如日中天,学者煽其余焰,簧鼓一世,余故专明《左氏》以斥之。"(《自述治学》)当"《公羊》学"(属于经今文学)之说风头正紧时,他敢于逆流而上,将一种学术上的正义感发挥得淋漓尽致,不过,当他把自己的研究成果呈送俞先生审阅时,却未得到严师好评和鼓励。俞先生居然连连摇头说:"虽新奇,未免穿凿,后必悔之。"(俞自己就比较倾向于《公羊》学)当时,俞樾这一辈经学大师主持的书院教育,重视谨守家法更重于提出创见,因而,章太炎的研究被目为"新奇",不予采信。

章太炎当然感到有些沮丧,他稍稍收敛自己的锋芒,也没有将这部著作立即付印行世,而只是稍后将一篇批驳刘逢禄的《叙录》刊出,另一卷《刘子政左氏说》也是更晚一些时候才付梓。章太炎虽也感到此稿"仍有不惬意者",却并不认为自己的考证和论述有何重大缺憾,只要"天假以年",他完全可以做得很浑成、圆满。事实上,这种潜心多年的专注研究,已经使他拥有了相当渊博的学识,何况,还接受了十分严格的研究方法训练,在经学研究上,他已足可以大展拳脚。

大体上说,章太炎在"诂经精舍"治学生涯还是比较平稳的,对所选择的课题和研究方向抱有热忱并执着于此,是这种平稳的基本保证,平淡、清寂的书斋生活使他远离外界纷扰,虽然国事蜩螗,似乎中心与漩涡都离得很远。浙东一带,依然保持某种富庶与繁华，西子湖畔，更是朝朝暮暮，游人不断，一派太平光景。书院没有禁止婚娶的规定，家里为章太炎先娶进一房妾来，并于次年诞下一女，年轻的经学家心情很好，为她取名叫"㸚"（音利）。这个字基本可以保证她不会遇到重名者，不但今天的国人绝大多数不认识，当时的人，绝大多数也不认得。后来的一个女儿，取名为"叕"（音座），都是要让人只好面对这样的名字发呆。"诂经精舍"离余杭县（现为余杭区）仓前镇并不太远，他会隔一段时间回去享受天伦之乐，如果书院要求不是太严的话，也不排除在家多住一段，把课业带来家里做。

然而，人的心情绝对平稳也是不会有的，尽管是"一心只读圣贤书"的书斋生涯，谁又能做到完完全全与外界隔绝和封闭？尤其是发生了甲午战争，和随后签订的《马关条约》，亡国大祸，迫在眉睫，消息传来，书院上上下下，都笼罩在难以言说的压抑与沉重的气氛中，前面还会有什么样的事情要发生呢，真是不堪设想。个人的以及学界的前途和命运，不是与家国大事完全无关，黑云压城城欲摧，这个纯学术的象牙塔还能不能屹立不倒？"诂经精舍"的掌门人俞樾曾如是述说自己的焦虑：

此三年中，时局一变，风会大开，人人争言西学矣，而余与精舍君子犹硁硁（音肯，固执）焉抱遗经而究终始，此叔孙通所谓鄙儒不通时变者也。虽然，当今之世，虽孟子复生，无他说焉。为当世计，不过曰盍（音和，何不）亦反其本矣。为吾党计，不过曰守先王之道以待后之学者。战国时，有孟子，又有荀子。孟子法先王，而荀子法后王。无荀子，不能开三代以后之风气；无孟子，而先王之道几乎息矣。今将为荀氏之徒欤，西学具在，请就而学焉；将为孟子之徒欤？则此区区者，虽不足以言道，要自三代上之礼乐文章，七十子后汉唐学者之绪言，而我朝二百四十年来诸老先生所孜孜焉讲求者也。精舍向奉许、郑先师粟主（宗庙神主），家法所在，其敢违诸？风雨鸡鸣，愿与诸君子共勉之。（《诂经精舍课艺第八集序》，转引自汤志钧：《章太炎年谱长编》第34页，中华书局，1979）

　　这一段话是什么意思呢？面对现实，老先生不得不承认，自己和弟子们的这种"抱遗经而究终始"的研究，确是有些不通事变，不合时宜了，但是，他还是要为自己学术的存在价值找到合理定位，所提出的，就是"法先王"还是"法后王"的问题。有人可以去"法后王"，其当代使命即接受西学；有人则要"法先王"，他们的使命是继承前人的文化遗产——"守先王之道以待后之学者"，而他和他的弟子们正是这一类严守家法的人，"法先王"的人。写这段话的时候，章太炎已经离开"诂经精舍"到上海《时务报》去担任撰稿人去了，俞先生心中老大不高兴，可以想到的是，在此之前，他必定已察觉弥漫在书院里一种"不正常"的思想情绪，甚至于有人当面向他倾诉过自己的苦恼和怀疑，而他也极力做过"思想工作"——劝解和安抚，但是，依然有人要中途"脱轨"了。如果是别人，又另有他说，偏偏是章太炎！这个人在七八年的书院苦读中所表现出的坚忍和笃诚，在与经今文学派论争中所显露的激切与刚强，都会使人想到，即使书院中还剩下最后几个学人，也必会有他。

而激荡于章太炎心中的风浪，当然不为外人所知，毕竟，时局中充满太多危机和变动的警示，任何时代青年知识分子都会有的那种社会担当感，此时也在他身上释放出一种压力，穷年经月的经学研究的终极价值和意义受到无可逃避的质疑，原先安静的书桌正在发生剧烈的摇晃。

前面说过，章太炎还在少年时代就有反清复汉思想的萌芽，在一个遍地是汉人的国家，由少数满人实施高压统治，这当然是世世代代汉人绝不能释然的。他永不能忘怀父亲去世时的情景：病榻旁，章濬这个典型的汉族地主家庭知识分子（太平军曾剥夺了他家的一切，当清军打回来时，他立即投奔左宗棠的大营，献上地图，并为之出谋划策），含泪向章太炎和他的兄长们谆谆嘱咐，章家在清朝已经七八代了，先辈们去世，皆是穿着古代儒者居家的宽袖深色衣服下葬的。我呢，虽也有过当官的资格，却从未去吏部挂号，就不要给我穿官服了，以免违背家教。大家听了，都明白他的心思，他是不愿意把受清朝统治的屈辱再带到另一个世界去啊！

别看章太炎发愤钻研经籍几近迂痴，他的心底却是憋着一股反叛劲头，有太多历史事实昭告他，只要古老的中华文化根底在，种姓就在，国脉就在，汉族自己当家作主的国家就会有光复的一天。到后来，他进一步把这个思想阐述为"以国粹激励种姓"，实非偶然。因此，他的经学研究，表面上看来是太繁琐，太脱离现实，太"零度操作"，却又是随时都可以揭去古旧外衣，为现实斗争服务的。

晚清统治者比起他们的先辈来已经差得太多，如果说他们"乏"到了只能当皇帝做主子倒也罢了，不幸的是，他们连当皇帝做主子也弄不下去了，只会一步步将中国的河山日削月割，出卖给外人。国人反满情绪必然日趋强烈，年轻的章太炎内心，此时就像一个临近喷发的火山口。他后来回忆说："自从甲午以后，略看东西各国的书籍，才有学理收拾进来。当时对着朋友，说这逐满独立的话，总是摇头，也有说是疯颠的，也有说是叛逆的，也有说是自取杀身之祸的。但兄弟是凭他说个疯颠，我还守我疯颠的念头。"（《东京留学生欢迎会演说辞》）

章太炎之被人嘲骂，叫他"章疯子"，实自此时始。所谓"疯子"，所谓"狂人"，其实，就是说了别人不敢说的话。现在，我们可以看到"诂经精舍"时期章太炎的另一形象，这种形象，是他的师友们几乎不敢认识的了。清代有太多"文字狱"的血雨腥风,一个"恶攻"(恶毒攻击)的口误或笔误,都会引来杀身之祸,乃至满门抄斩。汉族士人们面对清廷暴政早已噤若寒蝉,许多人暗忖,对长着"反骨"的章太炎,还是远远避开为好。

章太炎由此感到少有的孤独和寂寞,一天,他有感而发,写了一篇文章,题目叫《独居记》(后又改名《明独》)。文章赞扬一个叫汪曾唯(与章太炎有亲戚关系)的人,为官廉洁,不与他人沆瀣一气,能为老百姓打抱不平,也不怕得罪人,真正超群脱俗,文后借题发挥,大讲"独"与"群"的另一层关系,抒发自己的见解和胸怀。这篇文章值得多引录一段:

今之人,则有钱塘汪翁。其性廉制,与流俗不合。自湖北罢知县归,人呼曰"独头"。自命曰"独翁",署所居曰"独居"。章炳麟入其居曰:"翁之独,抑其群也。"其为令,斡榷税(专利税收也),虽一锱(音字,古代很小的重量单位)不自私,帑臧(国库)益充,而同官以课(税也)不得比,怨之,其群于国也。罢归,遇乡里有不平,必争之,穷其氏,豪右衔悆,而寡弱者得其职性,其群于无告者也。悖礼必抨弹,由礼必善,其群于知方之士也。

大意是:现今有个钱塘人汪翁,从湖北某县知县的位子上退下来,人家都叫他"独头",自己也叫自己是"独翁",将自己所住的地方叫"独居",我到他住的地方对他说,你的"独"也是一种"群"呢。为何这么说?他当县令时,管理税收,一分钱也不进自己腰包,所以,国库就充实了,而他的同僚捞不到什么好处,就怨恨他,他和国家是合群的。罢官回来,遇到乡里有不平之事,他一定要出面去争,穷追到底,所以,那些豪绅就也恨他,弱小的老百姓得到帮助,他和他们也是合群的。谁若是违背礼法,他一定批评谴责,遵循礼法的,他就会好好对待,所以和那些懂得大道理的人也是很合群的。

故夫独者群,则群者独矣;人独翁,翁亦自独也。案以知群者之鲜也。呜呼!吾亦独夫而已!耿介好剬(音专)行,时有所是非,则人亦媢(音帽)之。眸子如豆,以自观之;心如丸卵,以自知也。踵翁之独,顾未能逮其群,故曰独而已。翁之独既耀于众,而吾之独尚莫甄襮之。悲夫!

大意是:所以说是"独"的人其实是合群的,而所谓合群的,其实是"独"的,别人认为他"独",他也安于自己的"独",由此,我们可以知道真正合群的人是如何少了。而我自己也是一个很"独"的人,平时喜欢按自己意见行事,评论是非,引得别人嫉恨。自己眼光如豆,也就自己看自己;心如丸卵那么大,也就用以自知而已。尽管学汪翁的"独",但也达不到他的真正合群的一面,所以说也就是"独"而已罢了。汪翁的"独"已经为世人理解了,而我的"独"却还远没有,这是多么可悲的事啊!

余,越之贱氓也,生又羸弱,无骥骜(良马也)之气,焦明(指凤凰)之志,犹惨凄忉怛(音刀达,哀伤之意),悲世之不淑,耻不逮重华(指虞舜),而哀非吾徒者。窃闵夫志士之合而莫之为缀游也,其任侠者又吁群而失其人也,知不独行,不足以树大旅(旅,众也)。虽然,吾又求独而不可得也。于斯时也,是天地闭、贤人隐之世也,吾不能为狂接舆(春秋时隐士)之行吟,吾不能为逢子庆之戴盆,吾流污于后世,必矣。

大意是:我只是浙江的一个地位很低的老百姓,生来身体很病弱,并没有什么不凡的气概和高贵的志向,就这样我也还心里总是凄凄惨惨的,为世道不好而悲伤,又为自己远远跟不上圣贤们而感到羞耻。我也看到了那些志士,虽然号召群众,却没有多少人追随他们,深知不独立走出自己的路,是不可能获得大众拥护的。尽管如此,我也求独还不可得,这真是社会封闭、贤人隐居的时代,我又不可能像古代的那些狂人和隐士们那样放浪形骸,我是一定不会留下什么好名声了。

由所写的对象联系到自己，他检视自己，由于生性耿介，坚持独立评价事物的标准，受到一些人的嫉恨，并尝到了被孤立的滋味。像他这样一个人，只是一个普通的平民，身体病弱，又无什么大志，都感到了一种生不逢时的痛苦，而他却仍认同和追求"独行"，虽说不能像古时候那些隐士、狂人一样行事，还是由衷向往的。

此文是章太炎当时心境的写照，我们大体上已可想见，他和他所处的环境之间已经产生了龃龉和冲突，在更深层面上，是对时局的态度和意见，他与周围人明显有分歧；另一方面，也还可能在学术问题上，也不太谈得拢。二十九岁那年，即1896年夏天，他给一位师长辈的人士写信，认为他在这里缺少"雅材好博之士相与砥砺"，在他的心目中，两湖一带，正学校大兴，人才济济，"瑰异日出"，很希望能到湖北去游学。

客观上讲，当时两湖（湖北、湖南）一带，人文学术确实较为昌盛，章太炎以之比照本地，称浙江学术"凌迟衰微"，如此贱近贵远，只能以他此时的处境和心情来解释了。

另一件颇能表明他的心迹的事，是他向"强学会"寄去了十六元入会费。

"强学会"创会人是康有为，其宗旨是求中国自强之学，带有某种政治色彩，在清朝统治者眼中，是非常可疑的，且未过多久，就遭到了封禁。无论如何说，发起者和入会者都颇有"敢为天下先"的气概，偌大上海，最初会员不过二十人。"强学会"章程也寄到了"诂经精舍"，引来了一些人好奇的注视。其中有一双目光，闪动的不只是好奇，还有一种强烈的行动愿望，那就是章太炎的。他已听说了康有为"公车上书"的事，也听说了他们在京城建立"强学会"，这是亘古以来听也没有听到过的，朝廷竟也容忍了。他对康有为其人谈不上有什么好印象，在经古今文学的斗争中，康有为是论敌之首，可是，就是这个人，在为中国的变法图强呼号奔走，他该如何对待呢？经过一番思考，他拿定主意，事情总有主有次，有重有轻，现在最重要的，不是别的，而是救国图强。康有为反对不反对经古文学，他发了什么谬论，可以不管，他搞变法维新，就跟着他走。

就这样，他给"强学会"慨然寄去了十六元入会费。后面，我们就会知道，在章太炎的人生故事中，这个举动，居然成为一条可贵的线索。

大致在他交入会费时，他还不能决定，下一步到哪里去，以及去做什么，直到次年夏天，他还盘算着能不能到湖北去游学，不过，湖北没有去成，这一年的年底，他却去了上海。

这一去，就给他漫长的书斋生涯画上了一个句号，伴随近代中国政治斗争的镗鞳鼙鼓，也揭开了他个人生命史上堪称辉煌的篇章。

第二章　风云初征

　　加盟《时务报》—"牛刀初试"的两篇文章—谭嗣同："读其文，真巨子也"—与康门弟子的一场"全武行"—"不如早离为妥"—回杭州成立"兴浙会"—上海滩上年轻的维新宣传家：《经世报》《实学报》《译书公会报》—厕身于张之洞幕府—"一阕《渔阳》未许操"

一

　　章太炎告别"诂经精舍"来到上海，走进当时维新派著名人物梁启超主持的《时务报》馆，这在中国近现代革命史上未必是一件具有多么重大意义的一件事，而在他个人生平中，分量却着实非同小可。

　　据说当时《时务报》曾派人到杭州，来延请他加盟，章太炎对此颇感意外，问来人："你们是怎么知道我的？"这句话的潜台词有可能是，我并无多大名气，你们怎么会知道我的，也有可能是，你们怎么知道我会有这种意向？来人道："是因为你曾经交过'强学会'的会费，要求入会。"

这个时期的章太炎，在社会上还说不上有名气，而维新派人士也在到处寻觅文化学术界有志之士，"诂经精舍"的这个年轻学人投交十六元会费的行动，想必给人留下颇为深刻的印象。另一方面，章太炎与《时务报》的负责人汪康年之间，确有比较密切的关系——汪比章太炎年长几岁，是他的姻亲，前述章太炎在《独居记》中赞扬的"独翁"，即汪康年的伯父。此人追随张之洞多年，倡导西学，又热心为变法维新奔走，是当时维新派阵营中一位活跃人物。他在康有为的大旗下主持上海"强学会"，该会被禁后，又用办《强学报》余款接办《时务报》。考虑到这个背景，章太炎这一时期的重大转折，应与他的影响关系甚大。二人有书信往来，抑或有机会见面。汪氏主办的《时务报》，章太炎大概也可以收到"赠阅"，仔细阅读之后，章太炎致书汪，先大表赞赏，继而，又直接表达自己"目击道存""怀欲著论"的参与愿望，并述及他对"著论"（即写文章）与办报的见解和主张。

经过一番考虑，章太炎同意加盟《时务报》，对于他而言，这不只是一份职业的选择，更是人生道路的选择。此前，他只是一个攻读经籍借以传道授业的学者，而今后，他将投身变法维新事业，成为一个社会活动家，可以想见，这个弯转得多么大。

《时务报》是一份由主张变法维新人士主办的报纸，在顽固派高压下，其办报方针究竟如何把握，汪康年一时似乎还有些拿不定。章太炎向他献策说："刍荛（割草打柴的人，自谦之辞）之见，谓宜驰骋百家，掎摭（音机制，摘取之意）子史，旁及西史。近在百年，引古鉴今，推见至隐。"（《致汪康年书一》，1896年12月29日）可以看出，章太炎并不"呆鸟"，他"怀欲著论"的"欲"，显然已不是"为学术而学术"的"欲"，而是一股要积极参与世事的写作冲动。他申言："证今则不为卮言，陈古则不触时忌"（同上），这是一种斗争策略，"卮言"是指随他人意见而变的无主见之言，"时忌"则是当时清朝统治下的种种思想舆论控制，说明白一点，就是要用学术曲折为现实斗争服务。从古以来，中国的读书人，其实并不都是书呆子，他们的重要功课之一就是做"策论"，一个个摇身一变，就能成为纵横捭阖的"策士"，或一跃龙门去做经世治国的官员，更上者，则要荣登"国师"的宝座，为最高统治者时时垂询。章太炎也是这样，只不过他现已往一条不与当权者合作的路上走。一个问题过去总是困扰着他：他所焚膏继晷、孜孜矻矻攻读的经籍以及精严的考证，究竟在现实生活中能发挥什么作用，以及究竟如何发挥作用。现在，眼前总算明朗了：借助一个宣传变法维新的媒体，面向社会，将他所学知识贡献出来，是一条可行之道。

然而，上海四马路上《时务报》报馆里的情形，也许和他所想的并不完全一样。康有为的大弟子，当时国中维新风潮领军人物之一的梁启超，正在那里担任主编，他比章太炎还要小几岁，二十出头的年纪，《时务报》每十天一期，每期三四万字，实在是

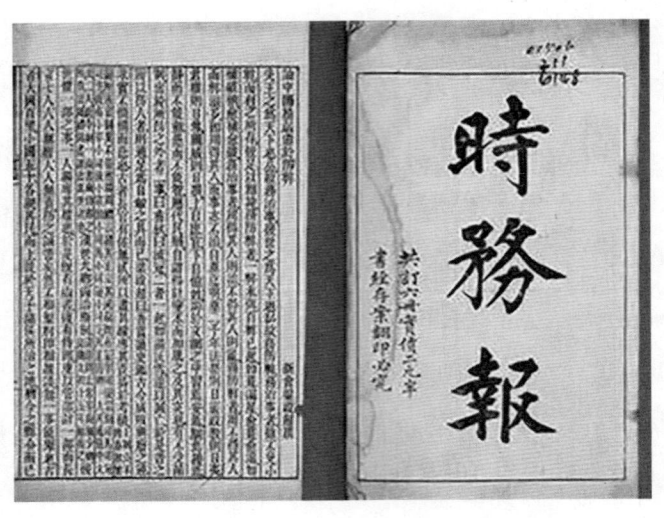

《时务报》

忙坏了这位年轻人。报社里人手少,他一人要兼好几份工作,常常是"日不遑食,夜不遑息",尤其遇上酷暑天气,他独居的小楼上,连蜡烛都热化了,他还要手不停挥写作。无论他后来的面目与行径如何,那时,正浑身带着一股初生牛犊的活力与锐气,他对迂回曲折谈经论道不感兴趣,而主张直面现实发表意见。章太炎对康门弟子闻名已久,此番才是初次领略他们的人文风采。梁启超的工作态度和精神,他的文章风格和见地,不免使他产生一种感奋。另外,这里还有使他更大开眼界的见闻,"是时上海报载广东人孙文于英国伦敦为中国公使捕获,英相为之担保释放,余因询孙于梁氏,梁曰:'孙氏主张革命,陈胜、吴广流也。'余曰:

'果主张革命，则不必论其人才之优劣也.'"(《民国光复讲演》)

来这里之前，他还不知有孙文这个人，也不知道他的革命主张，这一"新知"对他无疑是有力的推动，后来，他在该报发表的两篇时事论评——《论亚洲宜自为唇齿》和《论学会有大益于黄人亟宜保护》，应视为是这些见闻影响的积极结果。可以看到，这两篇论评的书写策略，实际上已远离他向汪康年提出的建议，以大胆、直率的文笔直接评议了时政。

《论亚洲宜自为唇齿》一文的针对性十分明显：甲午之战中国败于日本后，朝廷中就有一部分人想联俄抗日，他们看不到"北极熊"对中国所怀的野心，竟不惜以主权利益"贿赂"沙皇俄国，与之签订密约，允许俄国在黑龙江、吉林修筑铁路，使其势力范围扩展到东三省。章太炎强烈反对这种做法，在他看来，这无疑是一种卖国行为："今中国无深长虑，欲一快心日本，密约俄罗斯，以为系援，至于胶州屯军，吉林筑路，齐鲁与东三省将为异域，悲夫！"从一种地缘政治观点出发，他主张联日拒俄："为今之计，既修内政，莫若外昵日本，以御俄罗斯。"他对沙俄的领土扩张野心持有高度警惕性，直到民国初建，讨论定都北京或南京时，关注和对付来自北方特别是沙俄的威胁，仍是他考虑问题的一个基本点。这一点，想来与他痛感中国历史上受到来自北方异族入侵过于频发和惨烈有关。当然，最关键的问题，还是要修内政，"发奋图自强，综核名实，使卒越劲，使民憝（音却）愿，使吏精廉强力"。最重要的是要"发奋"——"夫发奋为天下雄，则百年而不仆，怠惰苟安，则不及十年而亦仆"。这文章写得有反有正，笔力凌厉，诸如这样的句子："饕餮于朔方，忘其欲噬，密与为盟誓，背同类而乡异族，岂不左哉？"闻之令人惊心。

想一想这篇文章的作者吧，不久之前，他还在西子湖畔"诂经精舍"里死啃经籍，钻入文字、音韵的细琐考辨中，而现在，居然能发挥如此尖锐、鲜明、具有大视野和现实性的言论，这是多么大的变化啊！固然，日趋危急的时局，已使他不能不关心，不能不思考国家大事，而能有这样的思考方式和成果，却不能不说是他来上海后，受诸多新事物、新思想的冲击，且与维新派人士朝夕相处，经常切磋、砥砺才产生的，从这个意义上说，离开"诂经精舍"到上海，实是他一生中一次具有决定意义的转折。

在《时务报》期间，他写的另一篇文章也很值得一提，这就是《论学会大有益于黄人亟宜保护》。这篇文章对清朝统治者封禁学会提出强烈抗争。眼前的事实是，各地的学会已如雨后春笋般产生，统治者本能地感到惊惧，这些学会虽并未一开始便举起造反的旗帜，而朝廷上的人深知，必须防患于未然，康有为发起的"强学会"，便被他们断然封杀了。章太炎主要从文化教育的角度，指出保护和倡导学会的必要性和重要性，他认为："人之乐群，其天性然也"，"学者之乐群，亦天性然也"。成立学会，是"上说下教，以昌吾学，以强吾类"之举，不许学者组织学会，只会阻碍文化教育的发展，其后果必然使国家更加贫弱，招致外患频仍。他拿外国的文化教育与中国做比较，如俄罗斯"介胄工匠，亦人人知书矣"，芬兰"其民好学，逮园夫红女皆识字"，而中国则明显大大落后，"中国四百兆人，识字者五分而一"（这应该说估计得过高了），这是统治者实行愚民政策的结果。他深深地感叹："呜呼！昔之愚民者，钳语烧书，坑杀学士，欲学法令，以吏为师，虽愚其黔首，犹欲智其博士，今且尽博士而愚之，使九能之士，怀宝而不获用，几何其不为秦人笑也？"在他看来，清朝统治者比历史上任何朝代的统治者都更恶劣，语气之间，充满对他们的厌恶与愤恨。他在内心深处虽然向往推翻清朝统治，恢复汉族的天下，而在当时的大势下，觉得还是只能以变法维新作为国家和民族的出路。他提出："以教卫民，以民卫国，使自为守而已。变郊号（郊祭），柴社稷，谓之革命；礼秀民，聚俊材，谓之革政。今之亟务，曰：以革政挽革命。"这里以"挽"字做"牵动"和"拉动"讲，"以革政挽革命"的意思就是以"革政"来拉动"革命"，这无异于告诉人们："革政"只是为"革命"做准备而已，应该说，这还是受到梁启超等主张变法维新一派人影响的结果。

　　章太炎这篇文章所洋溢的政治激情和气概，令一些维新派人士倾倒，谭嗣同读后即致书《时务报》负责人说："贵馆添聘章枚叔先生，读其文，真巨子也。大致卓公似贾谊，章似司马相如。"

（《谭嗣同全集》第371页，三联书店，1954）司马相如是文学史上的名家，这一比拟委实是很高的赞誉，章太炎听说后深受鼓舞。《时务报》的创办人之一、诗人黄遵宪也写信给汪康年说："馆中新聘章枚叔、麦孺博，均高材生。大张吾军，使人增气。章君《学会》，论甚雄丽，然稍嫌古雅。此文集之文，非报馆文。作文能使九品人读之而悉通，则善之善者矣。然如此既难能可贵矣。才士也夫！"（《汪康年师友手札》第2351页，上海古籍出版社，1986）说章太炎的文章"稍嫌古雅"是客气的，他的文章的一大特点是古奥难懂，而这正是他有意为之的，他并不以为是缺点，也一直不改。

章太炎的这两篇文章发表，可以说是他"牛刀初试"，并一举成功，充分展现了他的才力，使人刮目相看，然也因此遭到一些人的嫉妒，人事关系渐趋于复杂化。黄遵宪信中提到的麦孺博即麦孟华，与梁启超一起，都是康门大弟子，又是广东同乡，都在少年气盛的岁数，见谭嗣同和黄遵宪盛赞章太炎，心中自然不是滋味，平时相见，对他不免要给一些难看的脸色，甚至形之于言。

在一帮年轻的维新派人士聚集的《时务报》报馆，一场内斗正在酝酿之中。撇开个人意气之争不说，章太炎和康有为弟子们之间，也还存在颇深的门户之见，他们往往"论及学派，辄如冰炭"。前面谈到，章太炎是倾向于经古文学的，而康有为弟子们则崇尚经今文学，这两大门户，结怨既深又久，彼此视为寇雠。应该说，章太炎能加盟《时务报》，与康门弟子合作，表明他在这个问题上还是比较理性的——他的确不一概摈斥经今文学的见解，对康有为鼓吹的"公羊三世说"，他也一度服从维新变法大局的需要，部分地接受并加以宣传。他曾表明自己在学术上不妄从、能独立的态度说："余治经专尚古文，非独不主齐鲁，虽景伯、康成亦不能阿好也。"（《自述学术次第》）齐诗、鲁诗都属今文，他当然是"不主"的，而汉代经学大师们（景伯即贾逵，康成即郑玄）的意见，他也不会盲目附和。这种态度诚然很可贵，然毕竟双方"门户"背景太深，分歧终究回避不了，按章太炎自己的说法："余所持论不出《通典》《通考》《资治通鉴》诸书，归宿则在孙卿、韩非。康氏之门，又多持《明夷待访录》，余常持船山《黄书》相角，以为不去满洲，则改政变法为虚语，宗旨渐分。"（《自定年谱》）康有为及其弟子们的变法维新，是要维护和依赖清朝皇帝，而章太炎则倾向于推翻清朝的统治，他认定"不去满洲"，变法维新就不可能真正成功。此时，学术背景的不同，已经上升到政见的不同，以是之故，他和康门弟子之间的不和，以至纷争，不能简单看成只是学派之间的门户之争了。

富于戏剧性的是，不久之后，双方就动了粗，演出了一场"全武行"。

事情的导火线是"孔教"问题。当初，他考虑是否加盟《时务报》时，就曾问过梁启超一派人的政治主张如何，被告知是主张变法维新和创立孔教，他即明确表示，"变法维新为当世之急务，惟尊孔设教有煽动教祸之虞，不能轻于附和"（冯自由：《中华民国开国前革命史》第77页，广西师范大学出版社，2011）。在这个问题上，他从一开始就与梁启超他们是界限分明的。一提起"孔教"，章太炎气不打一处来。康有为搞"托古改制"，打出孔子的旗号，将孔子说成是一个伟大的改革家，这一点就令章太炎不服；他们还将儒家宗教化，将孔夫子神格化，试图设立和宣扬"孔教"，更令他不能容忍。章太炎是一个老老实实做学问的读书人，最信奉实事求是，即使是为了变法维新的需要，借助一下亡灵，也不能违背、篡改历史。还有更可气的是，康有为把自己看得比孔子还高，孔子被称为"素王"，他也自称什么"长素"，他的弟子们也一个个趾高气扬，取名为"超回""轶赐"，意思是他们都超过了孔子的那些杰出弟子，这也未免太狂妄了。现在从我们眼光看，超过孔子和他的弟子们，也不算什么，如果连这样一种志向和精神都没有，还能有什么作为，但在孔子还居于神圣地位的时代，可不就是非常放肆。康有为在他的门生中已经煽起一种个人崇拜的狂热，他们竟称康有为是"教皇""南海圣人"，说他"目光炯炯如岩下电"，"不及十年，当有符命"，谁要对康有为稍有不敬，他们就不依不饶。章太炎认为这些都是"病狂语"，就不吃这一套。

> 麟自与梁（启超）麦（孟华）诸子相遇，论及学派，辄如冰炭。仲华（麦仲华）亦假馆沪上，每有论议，常与康学抵忤，惜其才气太弱，学识未富，失据败绩，时亦有之。卓如门人梁作霖者，至斥以陋儒，诋以狗曲（原注："面斥之云狗狗"）。麟虽未遭謑诟（受辱），亦不远于辕固之于黄生。康党诸大贤，以长素为教皇，又目为南海圣人，谓不及十年，当有符命，其人目光炯炯如岩下电，此病狂语，不值一噱。而好之者乃如蛣蜣转丸（注：一种昆虫以土裹粪，弄转成丸），则不得不大声疾呼，直攻其妄。（《致谭献书三》，1897年4月20日）

从上述的情形看，在这些争斗中，康氏门人每每占据上风，他们一来人多势众，又依仗着康梁名气大，骄横放肆，不把章太炎的友人麦仲华看在眼里，竟骂他是"陋儒""狗曲"，鄙薄之至。章太炎有才气，又学识宏富，他们尚未敢当面如何，但也开始给他使"绊子"了。章太炎的《学会》一文赢得好评，按说应接着再发他的文章，黄遵宪给汪康年的信上还特别嘱咐："章君之文，亦颇惊警，一二月中，亦可录一二篇。"（《汪康年师友书札》第2358页）他也又写了一篇题为《驳〈辟韩〉》的文章，送到主编梁启超手中，梁就扣住不发，弄得他生了一肚子闷气。

生了闷气就要喝酒，喝酒之后，说话自然更无遮拦。章太炎才高，又有学问，凭什么任人欺负、忍气吞声，酒醉之后，他就大骂康有为的门徒是"教匪"，有好事之徒将这话传到康氏门人的耳朵里，他们立即炸锅了：这还得了？他是找死怎么着？这样的人，还不该教训教训吗？有个叫梁作霖的，用广东话大声喊道，去揍他们，想当初在广东的时候，不是有个孝廉骂康先生，我们不是当众给他饱以老拳的吗，对这两个家伙（章太炎和麦仲华）也绝不要放过！

于是，他们纠合起来，一帮人闹闹嚷嚷，揎臂挥拳，来到《时务报》报馆，找到了章太炎和麦仲华，质问他们为什么辱骂康先生和他的门徒，还不等对方解释，就挥拳相向。中国的文人有时也是很容易成为武人的，因为受暴力统治太厉害，自己也总带些暴力倾向。现在，我们叙述的这一场康氏门徒的武力征伐，又将暴力倾向大大发挥一番。章太炎和麦仲华虽寡不敌众，却也奋力还击，据说，梁启超还挨了章太炎的一耳光，而就当时的实力对比而言，则章太炎一方肯定吃亏不小。

发生这一件事之后，这里不可再留了，章太炎决计离开《时务报》。汪康年知道了此事，竭力从中调解：大家都是为了维新变法一个大目标，何必如此不能相容呢？然而，章太炎知道，他们之间分歧很深，绝难弥合，他给汪康年写信说："报馆一席，断难姑留。投我木桃，在他人或未忍此，况彼自谓久要乎？久要而犹不免于此，则复合之后何如也？凡事离之则双美，合之则两伤。

常以笔墨相交，则纪念自生，恐又自此开衅，不如早离为妥。"（《致汪康年书二》，1897年4月23日）这里要解释一下，"久要"的意思是旧交，章太炎说他们还自称是旧交呢，旧交尚且如此，再合到一起又能怎么样，梁启超一伙就是仗势欺人，今后保不齐还要发生这种事，大路朝天，还是各走各的吧。

后来的学者评论章太炎离开《时务报》，总带着乐观的态度说，幸而他离开了，从此得以减弱或摆脱康有为改良主义的影响，有助于他走上反清革命道路，而就当时情形而言，章太炎却是如其所言，为"避蛊毒"，带着几许伤痛和酸楚离去的。

二

章太炎是1897年4月中旬从上海回到杭州的，杭州一切依旧，依旧到令他相当丧气：

> 浙中风气未开，学堂虽设，人以儿戏视之。老儒嚄唶（音"或者"，大笑大呼，气势很盛之意），少年佻达，溺于雕虫，不可振起，前邪后许（前后呼应之意），实鲜其人。（《致谭献书三》，1897年4月20日）

章太炎再也没有回到"诂经精舍"去，他租房住了下来，关起门写作《〈新学伪经考〉驳议》。《新学伪经考》是康有为攻难经古文学的力作，在章太炎看来，康门弟子嚣张狂悖，仗势欺人，就与他们拥戴的这位康圣人，与他这一套说辞在学术文化界传播并颇占上风有关。客观地说，经古文学有些像一个步履蹒跚的老人，由于思想陈旧和方法繁琐，确已不能适应时势需要，在当时论战中处于颇为困难的地位，章太炎却并不这样看。"擒贼先擒王"，他的名气虽不如康圣人，却敢于向他开火，借以煞一煞经今文学拥趸的气焰。对经今文学步步进逼的攻势，经古文学的阵营基本上是无所作为，绝大多数学者过分专注于自己微观的考证，并十分迷恋和推崇这种考证的些许收获，以为是最具不朽价值的成就。所以，当章太炎就自己冲锋陷阵的论战行动咨询于一位年高望重的前辈学者时，他所获的答复是："荀卿有言：'狂生者，不胥时而落。'安用辩难？其以自熏劳也。"（《瑞安孙先生伤辞》）意思是"见怪不怪，其怪自败"，用不着和他们多费唇舌，大有不屑一顾之意。

有过那么一段时间，章太炎感到无所适从，感到有劲没处使，他把写成的《〈新学伪经考〉驳议》置诸箱底，默默思考自己究竟要做和能做一些什么。

朋友们来到他的身边。其中一人名叫宋恕，他们是在上海《时务报》报馆认识的，彼此觉得很投缘，从而结下一段很深的友谊。宋恕曾劝章太炎读佛经，章太炎也试着读了一些，诸如《涅槃》《维摩诘起信论》《华严》《法华》等，佛学博大渊深，他不过浅尝辄止，在《时务报》担任撰述，事情也多，无太多的时间和适宜的心境谈禅念佛。不过，后来，他还是很认真地钻研佛学，并将佛学纳入自己思想体系中，此番初涉佛学，也是一个重要开端。这时，他与宋恕在西子湖边再次相遇，家事、国事、天下事还是他们的主要话题。那一阵子，最令人忧心并窝火的事，是中俄签订密约后，其他各国纷纷提出要求利益均沾，在中国瓜分势力范围，如法国，就多次提出要修筑滇越边界铁路，朝廷顶不住，只得同意，还允许延长龙州铁路，任其开采滇、粤、贵三省矿产。德皇威廉二世与俄皇尼古拉二世居然会商胶州湾问题，尼古拉二世主张胶州湾暂由俄国使用，必要时德舰亦可停泊，中国领土已完全由他们说了算。提起这些事，总让人有扎心的疼痛和沉重的隐忧，当亡国的威胁已临头，爱国知识分子怎能安然处之？这就是为什么不但章太炎不能也不愿进入佛家的虚无幻境，即便是劝他念佛的宋恕，也未能斩断尘根，飘然出世。

章太炎与宋恕以及其他朋友一起聚议的结果，是成立"兴浙会"。既然国家已衰敝到如此地步，如果说，我们还不能担当振兴全国的责任，总是可以先从自己家乡做起吧；如果神州各处都能将自己的一方振兴起来，全国不就整体上也振兴了么。不只章太炎这一代人，一代一代中国人，乡土观念都是很强的。对于他们来说，爱国从不是抽象的，他们都极其热爱自己生长的地方。自己的乡土，对于自己乡土所具的物华天宝、人杰地灵，无不满怀自豪、感激与珍惜之情。成立"兴浙会"之议一出，大家的眼睛里，就闪出了一种熠熠的神圣之光。一种面对历史和祖先的悲壮情怀，一种面对家乡父老兄弟的责任感，充溢胸中，章太炎尤为如此。这位"诂经精舍"的前高才生，经古文学领域极具实力的学术接棒人，如今已是笔力纵横、文名远扬的时论作家。"枚叔，章程等等的起草就非你莫属了！"大家殷殷地说。

章太炎从康门弟子带给他的不快情绪中解放出来，也从写作《〈新学伪经考〉驳议》中经今古文论争的话语荆棘中挣脱出来，《兴浙会序》和《兴浙会章程》很快就写出交稿了。

对于他来说，写作这两篇文字，完全是一种新的写作体验。他下笔时，顷刻间，浮想联翩，思接千载——这块土地上，曾经出现过、驰骋过多少名垂青史的先烈、先贤，像大名鼎鼎协助朱元璋开国的军师青田人刘伯温，威名远扬的抗击外族侵略的大帅钱塘人于谦，浴血奋战，抵抗清兵，至死不降的南明英雄鄞（音欣）县人张煌言（张苍水），还有以爱国思想和风范昭示后人的超级大学者余姚人王阳明和黄宗羲，更遥远的，还有卧薪尝胆，成功复国的越王勾践，与魏蜀三分天下的吴国孙权，以及在割据局面中，打造一方繁荣的吴越王钱镠……这是一份何等鲜明、亮烈的民族记忆，又是一份何等丰厚、珍贵的精神资源！他对振兴浙江乃至振兴全中国都满怀希望——振兴之道，首在文化教育。与统治者施行愚民之道相反，一定要让人民都接受良好、健全的文化知识教育。他具体设计传统文化与新学，以至地理、体育等各方面教育内容，以后人观之，这种设计虽不甚妥当，而就当时而言，毫无疑问是有了"新声"，如强调"经世之学，曰法后王，虽当代掌故，稍远者亦刍狗也。格致诸艺，专门名家，声光电化，为用无限"。"大抵精敏者宜学格致，驱迈者宜学政法。官制、兵学、公法、商务，三年有成，无待焠（音萃）掌（苦学之意）。且急则治标，斯为当务"。对于章太炎而言，反清思想是根深蒂固的，他是真心期待民众掌握更多知识，他坚信民众一旦掌握了知识，加上民族精神发扬光大，倒行逆施的清朝统治就不能延续下去。

《兴浙会序》和《兴浙会章程》在《经世报》发表了。此报是章太炎回浙江后与友人一起创办的，然而，诸位同仁的思想并不同步，有人担心文字的出轨会招来杀身之祸，抑或章太炎的文字中，确乎流露出几许反清色彩，抑或是他们过度敏感和担忧，他们赶紧出来纠正。报馆主要负责人蒙受压力，自我检查称："叠接友人来书，谓措辞殊欠妥恰。"章太炎看到后，前来质问，究竟是怎样"欠妥恰"哪，答复者支支吾吾，不知所云。不几天，又有人撰写了一篇《续拟兴浙会章程》，还将"兴浙会"改名叫"兴浙学会"，一字之易，道破了天机，原来他们只是想做一些学术文章，并无意于干预时政，"道不同不相为谋"，他只好和这个"兴浙学会"道声"再见"。

《经世报》的报馆总部设在杭州,另有分馆在上海,章太炎再次来到上海。

这一段时间,他的社会角色就是参与维新变法宣传的自由撰稿人。他先后在《经世报》《实学报》《译书公会报》等报刊发表文章,后来收入《訄书》的《儒道》《儒兵》《儒法》《儒墨》《儒侠》等都是这时写的,对这些文章做长久性收存,表明他对其价值持肯定态度。我们不要想象章太炎会像20世纪30年代沪上一些自由撰稿人,或披头散发,落拓不羁,或西装革履,油光粉面,舞文弄墨之余,出入于歌舞场、咖啡厅,混迹于阔人豪门的沙龙、派对。其时,刚到而立之年的他,穿一身普通布料长袍,拖一根又粗又黑的长辫子,操一口余杭乡下土话,是一副真正土得掉渣的老夫子模样。他和朋友一起租住狭小、褊窄的房子里,除了写文章,就是看书,与朋友讨论问题,跑报馆,送稿子。他是那种做事很认真的人,有时认真得近于迂执,写文章一笔不苟,能用古字就用古字,他认为这样就能保存古字,对保存汉族的文化与种性有用,虽受到非议也不改,就这么一种倔脾气。

与朋友交往,他好行直道,决不曲意逢迎。宋恕(宋平子)是他的好友,此人"性狂狷,任意气",写文章也"多刺当世得失",但他不拿出来给人看,而是"常闭置竹笼中",对外发表的多是"曲谨伪言",对章太炎虽坦白得多,却也有保留,还再三叮嘱，文章中不得提他的名字。这显然是被清政府的高压统治吓住了，章太炎并不以此责难他，毕竟，各人有各人的处境和心态。然而，对他以及与他相似的一些知识分子逃避现实，谈禅念佛，追寻"华妙"的倾向，章太炎是深不以为然的。他在《经世报》发表的第一篇文章《变法箴言》中，就以"华妙"为"病"，大大地批评了一番。他指出，当时"瑰意琦行之士，则有二病焉，华妙云乎？猝暴云乎？"中国"有志之士，又稍稍娱乐于禅学以日销其骨鲠"，章太炎认为这些"遁匿于佛者"的"华妙"，应予规正。他说，当今国家形势如此危急，老百姓又那样困苦，当官的置国家和人民的命运于不顾，"务得趣死不顾之人以振之，患犹可弭"，就要有奋不顾身投入变革大业的人才能挽救，一个人真要以天下为忧，就应该"憔悴竭思，斟酌西法，则（作为法则之意）而行之，展布四体，以冀毫毛之益"，而若是一味谈禅念佛，势必"士气愈萎靡，民志愈涣散，求再亡三亡不可得，而暇变法乎哉？"他大声疾呼："变法者，非口说也，必躬自行之。躬自行之而不可济，必赴汤火冒白刃以行之。"检讨现在有志于变法的人士："今气苶（音列，倦也）矣，上焉豪杰之不任，而举宗稷之重，付之脂韦突梯（圆滑）之徒；下焉有志之士，又稍稍娱乐于禅学以日销其骨鲠，殆夫！殆夫！""脂韦突梯之徒"是指那些世故、圆滑的家伙，治理国家的重任都交给了他们，而在下面的人，还天天去"泡"什么禅学，这还不危险之极吗？要了解章太炎当时的精神风貌和人格理想，应该好好读一读这篇文章，他这个人在圈子内外的人眼里，就是有些特别。他满脑子想的不是什么哗众取宠、沽名钓誉、升官发财，而是认定搞变法就要有点精神，就要准备"赴汤火，冒白刃"，就要"面折廷诤、千人皆靡"，不"面目黧黑"，不"窍气不通"，就不算做事的样儿。这就是"天将降大任于是人也"——"往者，士大夫不思经世之业，而沾沾于簿书期会，以为大故，震荡回薄，以有今日，此上天所以哀下民，使无佚乐。故议变法者，吾党之责也。"这一条就注定会惹一些人不喜欢，注定和他们搞不到一块堆儿，因之，他从《经世报》出来，又到了《实学报》。

《实学报》由王斯源和王仁俊主编，它号称"以讲求学问，考核名实为主义，博采通论，广译各报，内以上承三圣之绪，外以周知四国之为"。在《实学报》上，章太炎也发表了不少文章，"讲求学问，考核名实"。例如，有一篇《重设海军议》，文中就加强海军建设这一国防议题大声疾呼，认为甲午战败"其咎在用人不在立法"，不能"因噎废食"，只有重设海军，增强实力，才能威慑和抵抗外国侵略者。这位热切关注国家命运的年轻学者写道：

《实学报》

> 盖行军于溟海之中，我有碰船，则可以触敌矣；我有鱼雷，则可以追敌矣；我有卷筒群子，则可以伤敌矣；我有泳气钟与空气水雷船，则可以破敌矣。即使胜负难言，而两军对仗之时，必能使踌躇踯躅，不得驰骋于内洋。与夫铁锁木桩，守株待兔者，其骁活何止百倍。

变法维新不能徒托虚言，这些意见正确与否，姑且不论，从这些文字中，我们不难看出，他是如何涉猎新领域，并下功夫"考核名实"的。然而，这家媒体毕竟是掌握在一些"似新之辈"实则顽固守旧的人手中的，反对新政的文字屡见其上，被人认为"有显与《时务报》为敌之意"。章太炎虽浸淫于旧文化，对《时务报》梁启超一伙人也憋着一肚子气，要和他们唱唱对台戏，但是，对于他来讲，要变法维新，还是硬道理。当他看到该报主持人之一王仁俊写的《实学平议》这样陈词滥调的文章后，还是很生气，像王仁俊这样站在顽固派立场上反对维新变法，是他不能接受的，他绝不能和这些人沆瀣一气。

于是，他拂袖而去，离开《实学报》，又和朋友们创办了一家《译书公会报》，这是一份译介国外书籍、文献的刊物，其宗旨是"开民智，广见闻，故以广译东西切用书籍、报章为主，辅以同人论说"，由他担纲主笔，这是他很乐意为之的。首期就推出：《五洲通志》《交涉纪事本末》《拿破仑失国记》《维多利亚载记》《威林吞大事记》《英国史略》等。采译的外国报刊也很广泛：有英国《泰晤士报》《律例报》《东方报》；法国《非轧罗报》《勒当报》《国政报》；德国《东方报》；美国《自立报》《纽约报》《铁路报》；日本《政策报》及其他著名报刊。章太炎在《译书公会叙》中说："嗟乎！五十年以往，士大夫不治国闻，而沾沾于声病分隶，戎士视简阅仅若木熙，无一卷之书以教战者，怀安饰誉，其祸遂立见于今日。"这是对当时中国知识分子的检讨和批评，他认为国家所遭受的危难是与知识分子"不治国闻"，不睁眼看世界直接有关。他真心希望，大量介绍外国的新事物、新知识，以夸父追日、精卫填海的精神，一步一个脚印去做，要"如微虫之为珊瑚，与蠃蛤之积而为巨石"，靠日积月累的功夫传播新学，借以完成维新强国的伟大工程。

戊戌变法的前夜，年轻的维新宣传家章太炎的身影，就这样活跃在上海滩上。

三

泰风号长杨，白日忽西匿。
南山不可居，啾啾鸣大特。
狂走上城隅，城隅无栖翼。
中原竟赤地，幽人求未得。

昔我行东冶，道至安溪穷。

酾酒思共和，共和在海东。

谁令颂《诗》《礼》？发冢成奇功。

今我行江汉，候骑盈山丘。

借问仗节谁？云是刘荆州。

绝甘厉朝贤，木瓜为尔酬。

至竟《盘盂》书，文采欢田侯。

去去不复顾，迷阳当我路。

《河图》日以远，枭鸱日以怒。

安得起槁骨，搀抾共驰步。

驰步不可东，驰步不可西，

驰步不可南，驰步不可北。

皇穹鉴黎庶，均平无九服。

顾我齐州产，宁能忘禹域。

击磬一微秩，志屈逃海滨。

商容冯马徒，逝将除受辛。

怀哉殷周世，大泽宁无人。

译文或大意：

西风吹得白杨像在呼号，

太阳忽地躲进西方云层，
南山是不可以居住的，
青牛发出了一声声哀鸣。
急急地往城楼走去，
那里竟也无法安身。
中原大地赤地千里，
找不到我心中的高人。
我曾经旅行到叫东冶的地方，
一条路到安溪算到了顶，
斟起酒来想想共和的事情，
共和在海东那边率先实行，
虽然一千人不读《诗》和《礼》，
却是他们建立了旷世奇功。
现而今我又来到江汉之滨，
那么多兵士骑马布满山陵，
问问谁是他们的首领，
原来是可比刘荆州的张大人。
大人将好处给众人以资激励，
酬劳大家为朝廷尽忠。
他写的书可拿《盘盂》相比，
文采直追汉代的田蚡。

唉，终于要走了，不必再回顾，
光线迷离的太阳正照耀前程，
太平清明的世界离我日益远，
鸱枭似的恶人当道更加凶狠。
怎样能将烈士们起死回生，
和我一起再踏上征程，
啊，迈步向东走不通，
迈步向西走不通，
迈步向南走不通，
迈步向北也走不通。
高高的上天俯视我们百姓，
普天之下原应都享受平等，
看一看我们这些汉族同胞，
怎能忘了神圣的祖国先人，
我虽只是一个不足道的人物，
如今还只好委屈地逃往海滨，
而世上总会有像商容那样的英雄，
誓将推翻商纣一类暴君，
我追怀着古老的殷周时代，
难道民间不会再出现揭竿而起的强人？

这是章太炎写于1898年夏的一首诗,诗的题目很费解,叫《艾如张》,后来有人对之做了两种解释:一是说"艾"(音意)通"刈",谓割除杂草,"张"是张网之意,"如"(音而)做"并且"解,割除了杂草并张网捕鸟,可是鸟已高飞,对它能有什么办法呢?另一解释是将"艾"(亦音意)做"悔恨"解释,"如"是"跟随、往"的意思,"张"则就是张之洞了,连起来说,悔不该到张之洞那里去。这两种解释,看起来都有点牵强。

张之洞(1837—1909)
清末高官,洋务派代表人物

章太炎到张之洞那里去,是1898年春天的事。张之洞时任湖广总督,位高权重,康有为创办"强学会"时,他曾慷慨拿出三千两银子做活动经费,无论他的动机如何,处在这样高位上,他对维新派的事业予以如此关注和支持,在当时很有影响力。在一个"官本位"的社会中,没有权是很难做事的,怀着维新图强的志向,刚刚步入救国政治活动的章太炎,很自然产生一种寻求强势施展抱负的愿望。那时,他也曾上书给李鸿章,企望他能"转旋逆流",并向他推介自己,寻求得到参与变革现状的机会,正和年轻时的孙中山一样,都未获这位权倾一时的清朝重臣垂青,甚至"泥牛入海无消息",令他们甚为气馁。而张之洞则不然,这位晚清著名"清流派"出身的高官,多少有些"另类"

的思路和立场，他"以宏揽自熹"，很乐意将民间有才学的知识分子网罗到自己旗下，并给予优厚待遇。他的幕僚钱恂、夏曾佑等向他推荐章太炎，说此人写过《春秋左传读》，攻难和批评经今文学，学植深厚，会是一个有用人才，张之洞不喜欢"公羊学"，不喜欢康有为所持的经今文学，章太炎这一点很对他的胃口，于是，延请他到湖北来。

前面说过，章太炎一直对湖北情有独钟，认为这地方四通八达，是"天下中枢"，而就当时来讲，它对远近才士也产生一定吸引力，学术文化稍有兴盛气象。他早就请朋友为他谋求一个到湖北发展的机会，而现在，这个机会从天而降，令他喜出望外，遂立即整装就道。

张之洞对他是给予了礼遇的，安排他住在铁政局客舍里，生活条件大概还好，所谓工作，也只是协助办《正学报》而已，如果没别的问题，章太炎的生活应该相对稳定、安逸一段了。有材料说，他初到时，张之洞对他甚为器重，"匿太炎于念老室中，午夜屏人，见太炎，谈达曙，大服之"（汪太冲：《章太炎外纪》），说是考虑到他当时已有主张革命的名声，张大帅白天不见他，让他藏在钱恂（字念劬）的内室之中，到了深夜，屏退别人，和他单独谈话，一谈就谈到天大亮，佩服得不得了。这个说法如果能够成立，也只是他们在一起讨论了一些经学上的问题，若是谈政见的话，大概不会有此结果。

果不其然，他们之间"蜜月"时期很短，问题就是出在政见上——他们其实很不了解对方。

张之洞是清朝高官，按照"屁股决定脑袋"定理，他的地位决定了他要效忠于清朝王室，之所以办洋务、兴学校，附和维新，其出发点是要保住大清朝江山，一不落入外国人之手，二不落入清朝"家奴"即本国其他人之手。他虽也支持过康有为办"强学会"，但他对康有为一伙人搞的一套并不放心，他担心"新政"弄来弄去会损及清朝统治的根本，损及专制政治的基础，其后果是颠覆性的。从另一角度讲，政治斗争非常复杂和险恶，他附和维新，甚至在某种程度上提倡维新，固然为他带来了某种声誉，却也使他处于极易受攻击的地位，朝中帝后之争已愈益趋于激烈，他必须以恰当方式表明自己的态度和立场，以免被人误解。正是出于这种动机，他写了著名的《劝学篇》。章太炎在上引的《艾如张》诗中用了一个典故："至竟《盘盂》书，文采欢田侯"，是说汉代的田蚡为讨得汉武帝母亲王皇后的欢心，炮制出《盘盂》这本书，用以影射张之洞写《劝学篇》讨好慈禧，显然含有讽意。

张之洞《劝学篇》写出后，章太炎作为张的幕僚，自然要让他看看，听一听他的意见，其实，也是一种变相考察。章太炎如果要讨好张大人，也很容易，只要连连叫好，声明必须认真学习、领会就行。然而，这个地方就表现出他的"迂直"了，他偏不如此。《劝学篇》的核心思想是"中学为体，西学为用"，分上、下或内、外两篇。上篇充斥对清王朝表忠心的语言，强调"三纲为中国神圣相传之至教"，"中学"，即专制统治的思想基础，是绝不可动摇的，"讲西学必先通中学，乃不忘其祖也"。在此前提下，才有下篇的内容：开矿山啊，修铁路啊，农、工、商等等。这种摆法也是决不可以变的。如果抽象出来，"中学为体，西学为用"作为一种思维模式，即使是章太炎自己，有时也似乎绕不出去，这里我们且不去深究，问题是在张之洞摆出的一副捍卫大清王朝的架势，章太炎看不下去。

"枚叔，且说说你的意见吧。"张大帅捻着胡须，笑盈盈地望着他。

"这个嘛，下篇还是不错的，很讲实际，也切合时势。"章太炎硬着头皮说。

"还有呢？"

"没有了。"

张大帅的脸色立马由晴转阴，这叫什么话，我这篇洋洋洒洒的大手笔之作，只得到你这等评价吗？简直是放肆！

谈话就此不欢而散。如果章太炎知趣，不再开口，没准儿张大帅还会包涵他，谁知他退下来，又对别人说了一番话："宙合皆含血，生于其洲而人偶其洲，生于其国而人偶其国，人之性然也。惟吾赤县，权舆风姜以来，近者五千祀，沐浴膏泽，沦浃精味久矣。禀性非异人，古之谟训，上思利民，忠也；朋友善道，忠也；

憔悴事君，忠也。今二者不举，徒以效忠征求氓庶。且乌桓遗裔，蹂躏吾族几三百年，齯毛饮血，视民如雉兔，今九世之仇纵不能复，乃欲责其忠爱，忠爱则易耳，其俟诸革命以后！"（《〈艾如张〉〈董逃歌〉序》）意思是说满世界都有人，身在什么地方，就和这地方的人是同类，这是人的天性。汉族从黄帝、伏羲以来，已经有五千年历史了，我们身受祖先给予的好处太深、太久，从本性上讲，我们和别人没什么两样。按古代圣贤所说，做君主的总是想替老百姓谋福利，这是忠；朋友之间，好好相处，这也是忠；辛辛苦苦为君主做事，还是忠。而如今，前两项都不说，光叫老百姓对君主忠，这叫什么事儿！满人蹂躏、欺压我们民族快三百年了，拿我们民族老百姓当野鸡和兔子一样任意宰割，我们就是不能复仇，不能出这口气，也不能还要求大家热爱他，忠于他呀，要忠和爱也行，就等革命以后看吧！

置身于张大帅的幕府，说出这样的话，岂不是疯了么？那些幕僚们听了后，一个个气得头发都竖起来了，其中一个是两湖书院院长梁鼎芬的门生叫朱克柔的，立即挺身而出，指着鼻子质问他："你的祖上不是也有在清朝做官的吗？怎么能对大清朝这样说话？"章太炎竟回答说："那是暴力统治下沾上的污点，我们后人要把它改过来。"朱克柔顿时眼都直了，他深感问题重大，立即报告了梁鼎芬，梁鼎芬也不敢拖延，几乎是"第一时间"报告了张之洞，张之洞又火速派钱恂来找章太炎谈话，核实相关情况。这时候，章太炎若是感到情况有些严重，敷衍几句，或者说自己是一时戏言之类，事情或者也可能"大事化小，小事化了"，留待观察算了，章太炎却还是不。"或椓之张之洞。之洞使钱恂问故，且曰：'足下言《春秋》主弑君，又称先皇帝讳，于经云何？'应之曰：'《春秋》称国弑君者，君恶甚。《春秋》三家所同也。清文帝名皇太极，其子孙不为隐。当复为其子孙讳耶？'"（同上）钱恂问他是不是说过那些出格的话，他说是，钱恂只好苦笑了，心想这人真是个疯子，不过，嘴上还用别的话搭讪一下："那么，你说《春秋》上是主张杀皇上的，你又开口闭口直呼先皇帝的名字，一点也不避讳，这在经书上能有什么根据吗？"谁知章太炎又来劲儿了，他说："《春秋》说，之所以杀君，是因为君太坏，太恶，这一点，《春秋》的三个版本都一样，再说，清文帝皇太极，他子孙也是直呼其名的，他子孙都不避讳，我干吗要为他避讳？"

钱恂听了，心想，看来这主儿不是劝一劝能了事的，还是据实汇报吧。

张之洞听了汇报之后，脸色铁青，挥了挥手说："叫他走吧。"

有记载说，张之洞很够意思，还叫账房给他开出五百两银子作为盘缠，我们对这个数目多少有些怀疑，张之洞可能给些路费，但不会有这么多。章太炎心情很不佳，有些遗憾，也有些悲哀，他未想到张之洞是这样一个人，原来还想以他为靠山，不料他是死心塌地地为清朝王朝卖命的。他对张之洞的看法真是坏透了，后来，他对朋友说："今日中国之反复小人阴险巧诈者，莫如两湖总督张之洞为甚。民受其殃，君受其欺，士大夫受其愚，已非一日。自新旧党相争，其人之罪状始渐败露，向之极口推重者，皆失所望。甚矣，人之难知也。"（孙宝瑄：《望山庐日记》，光绪二十四年九月二十四日所记）意思是今天要说阴险巧诈、反复无常的小人，没有超过张之洞的了，老百姓受他祸害，皇上受他欺负，士大夫们受他愚弄，已经不是一天了。自从新旧两党之间相争以后，他的罪过开始败露，过去对他极为推重的人都大失所望。唉，人也是实在太难了解了。他平生第一次近距离与当权派接触，印象如此之坏，这也深深影响了他对中国政治乃至人生的看法。他在想，为什么一件本来明明白白的事情和道理，叫他们接受起来会如此难。他不过说了几句大实话，为什么就令他们暴跳如雷，如临大敌，将他当作异类和疯子，亏得他们还是自己的同族、同胞呢。可是，环顾四周，又哪里去找和自己志同道合的人呢？在这种心境下，他写了《艾如张》这首诗，"艾如张"的意思是地上的草割了，捕鸟的网也张起来了，这已临近寒冬季节，天地之间，是一派多么荒凉、肃杀的景象啊，而这，正是他所处社会环境的真实写照，也是他此时心境的写照。

　　这个经历，说不上有多大教训，事情也可以说是由他自己引起的，他只是深深失望于这个过程中所看到的一些所谓"维新志士"的面目，比如说，那个张之洞身边的重要幕僚，担任两湖书院院长的梁鼎芬（字节庵），此人少年得志，中了进士，甲午海战后，因为弹劾李鸿章，大大出了一把风头，后被罢了官，为此深感失落，又挤进维新派的行列。他显然是个投机分子，这一次章太炎被逐，就是他落井下石的结果。戊戌变法失败后，梁鼎芬迫不及待跳出来，大骂康有为和其他维新派人士，更加证实了章太炎对他的观察和认识。章太炎曾专就此人写了一首诗，回顾他这次从张之洞处被逐之事，对其面目做了淋漓尽致的揭露。诗的最后两句是："君看鹦鹉洲边月，一阕《渔阳》未许操。"这里用的典故，是说东汉的儒者祢衡击《渔阳》鼓曲骂曹操，曹操未杀他，他跑到江夏太守黄祖那里，因为说的话不好听，连一曲《渔阳》都没有演奏，黄祖就将他的脑袋搬了家。鹦鹉洲边乃是祢衡的葬身之地，也是章太炎此次被逐之地，这种遭遇实有类似之点，所以，张之洞、梁鼎芬之流也和刘表、黄祖之流相似。后来，章太炎曾有一个称号："民国祢衡"，就表明人们颇认同他的这一看法。

第三章　一个斗士的孤影

戊戌变法淹没于血泊—章太炎上了"黑名单"—前往日本占据下的台湾—"君子意如何"：在台北的日子里—"与尊清者游"—"此处不留爷"，去也—首次踏上日本土地—初识"中山樵"（孙中山）—赋《西归留别中东诸君子》

一

章太炎又回到上海，这正是戊戌变法趋向高潮之时，光绪皇帝决意接受康有为的建议实行变法，始重用康有为等人，接连颁布"新政"上谕。梁启超主编的《时务报》，是光绪所喜欢看的，他觉得应该用来作为朝廷变法的喉舌，便下令将其收归官办。从大局看，这未尝不是一件好事。原来办《时务报》的人，另起炉灶，再办一份报，取名为《昌言报》，变法的舆论要大造特造，报刊是有力的宣传工具，多多益善，"昌言"正合此意。原《时务报》的负责人汪康年与梁启超有些不和，恰好梁离开，章太炎回来，即请他坐上主编位子。

章太炎虽不在变法的第一线，却始终关注着变法的进程，尽管他希望从根本上推翻清朝统治，光复汉人当家的国家，而在维新派和守旧派、帝党和后党之间，他无疑是与前者共情的。达成他最终心愿的时机尚未到来，在眼前的这一场角逐中，他当然期待新政取得成功，并自觉地以自己的一支笔为其造势助威。他在《昌言报》上发表的文章中，有一篇《商鞅》，很能体现他的立场。历来对商鞅变法都有许多非难，他直斥之为"淫说"。在他看来，要变法就要付出代价，即使过分一点，也是值得的。文中说："牛羊之以族蠡传者，虑其败群，牧人去之而无所靳。刑七百人，盖所以止刑也，俄而家给人足，道不拾遗矣。虽不刑措，其势将偃齐斧以攻榱桷。世徒见鞅初政之酷烈，而不考其后之成效，若鞅之为人，终日持鼎镬以宰割其民者，岂不缪哉！"意思是：牛羊同族繁殖传代，牧人担心种群衰败，将其弱者坚决除掉而毫不可惜，对七百人施刑，是为了最终能不再施刑，不要多久，人民就会富足，出现路不拾遗的太平局面了，虽然还不至于将刑法搁置起来，可那样子是要放下利斧去造椽子去了。世上的人看到商鞅刚开始变法行政的酷烈，而不考量那之后的成效，好像商鞅整天拿着酷刑刑具来宰割老百姓似的，岂不是太荒谬了吗？文后"附识"中又说："余著此篇，为世人所骇怪。……凡非议法家者，自谓近于维新，而实八百年来帖括之见也。"所谓"帖括之见"，就是做八股的人迂腐之见，章太炎对他们甚为鄙视，他从推动社会进步的角度为法家辩护，为变法辩护，这些看法还是颇有政治家见识的。

"百日维新"正在夏秋之际，连日的闷热天气常使人烦躁不安，何况朝中不断传来一些消息，朋友们见面都要急切地相互探问，谁都想多知道一些，偏偏信息来源和通路有限，每每不能满足。一种压抑着的兴奋在暗暗传播，延续几千年的中国政治轨道似乎正在发生挪移，不知道前面会发生什么。章太炎并不愿意由清朝皇帝继续统治汉族老百姓，然而，现今这个皇帝自己起来改变旧制，总还是有一点进步，他当然为之感到兴奋——决意变法的皇帝，实操变法的康有为和他的同志们，成为他和朋友们瞩目的中心，不管怎样，希望既有所系，这些日子，大家相见之下，长吁短叹少了，更多的是互相交换一种热烈的眼神，继之，又侃侃议论。

9月的一天，章太炎匆匆跑来对朋友们说："出大事了！"

"出了什么事？"从他惊惶的神色上看，大家已感到凶多吉少。

"你们过来看吧，"他指着一份报纸说，"太令人不能相信了！"

果然是出了大事——慈禧太后在一帮守旧党簇拥下又垂帘听政了，光绪皇帝被软禁在瀛台，谭嗣同、杨深秀、杨锐、刘光第、林旭、康广仁都被抓起来了，现在又到处追捕康有为……

维新变法竟落到这样一个结局，真使大家惊呆了。

顽固派毫不手软地以手中的屠刀来对付满腔爱国热肠的志士

仁人，不数日，谭嗣同等六君子就被斩首示众，百日维新变法淹没在一片血泊之中。

风声越来越紧，康有为侥幸脱身，逃到上海吴淞口，在友人协助下，乘英轮远走，梁启超也仓皇亡命，国内急下"钩党令"，要将参与维新变法的宣传和实施的人士一网打尽。

有生以来，章太炎从未经历过这样的时刻，他震惊，他愤怒，他悲伤，如果连这样一点点改革都不被允许，那么中国还有什么希望？他的眼前，时时出现京城菜市口法场那悲壮的一幕，六位推动维新救国的志士，刀起头落，鲜血喷溅，刽子手的嘴边漾起阴狠的狞笑……那个撰写《仁学》的谭嗣同，面对死亡，那样威武、豪壮，明明可以逃走，他却谢绝了朋友的劝说，誓以一死警醒世人，这是何等浩然正气，横贯天地之间！

章太炎拿起笔来，写下了《祭维新六贤文》：

……王母虎尾，孰云敢履？惟我六贤，直言以抵。宁不惧哑（音西），固忘生死！上相秉威，狼弧枉矢。以翼文母，机深结闭。大黄拟之，泰阿抵之。长星既出，烧之薙（音剃）之。系古亡徵，党人先罹。断鳌之足，实惟女娲。匪丧陈宝，丧我支那。孰不有死，天柱峨峨。上为赤熛（音标），下为大波。洞庭之涛，与君共殂（音促）。

借着这些古奥词句,他热烈颂扬烈士们的崇高气节和雄强魄力:慈禧太后的虎须、虎尾,他们硬是敢碰、敢抓,难道说他们不怕咬吗?这些人为了救国,早已将生死置之度外,虽然死了,他们却像峨峨的天之柱,上有火焰飞迸,下有大波汹涌,这是何等壮观的生命景象!而清王朝顽固派血腥镇压维新志士,乃是犯下了"丧我支那"的不可饶恕的弥天大罪。

写于白色恐怖下的这些文字,足以表明,章太炎在精神上已跻身于这些爱国志士的行列,他将踏着烈士们的鲜血英勇前行。

随着萧瑟秋风送来阵阵寒意,清王朝顽固派钩捕党人的罗网撒得更大了,章太炎也上了侦缉部门的"黑名单"。这个曾在《时务报》上发表时政文章并已有相当名气的浙江学人,也许早就被盯上了,也不排除有"内线"向他们密告,此人生了一副大大的"反骨",是一个极端危险分子。他们或许还注意到,在上海出版的这份《昌言报》,原就是《时务报》的姊妹报,而它的大笔杆子,就是这个章某人,就在维新党人死的死,逃的逃,溃不成军之时,他居然还在《昌言报》上大写什么《书汉以来革政之狱》,表面上谈历史,实际上是论现实,列举诸多历史事例,说明冤狱终归要平反,"其事虽不获平反于当时,而未尝不平反于后世",这是什么意思?不是明明白白告诉维新党人,决不放弃,要等待翻案,东山再起吗?这个家伙算是吃了豹子胆啦!

有人闻知官府要缉拿他,辗转相告,朋友们都替他着急,纷纷来劝他：赶紧离开吧，本朝的文字狱，你听说的难道还少吗？一旦落入虎口，身家性命就难保了。章太炎深深感激朋友们对自己的关切，决定立即远走，经过一番筹划，先行悄悄回到家乡，将内人王氏带出来，大女儿留给大哥抚养，而后，承友人协助，到厦门拿到日本签证，乘船驶往台湾。这是章太炎第一次逃避清朝官府的追捕，此时此际，心中真是百感交集，他一个攻研经学的读书人，今天也被逼走上了反叛和流亡之途，这大概既是大势之所趋，也是历史之必然，从此，他誓将追踪前贤，义无反顾。他在到台湾后发表的一篇文章中更明白地表露："今年已三十一矣，会遭党锢，日窜台北，其志则以访延平郑氏之遗迹也。"台湾是郑成功抗清的根据地，他此去虽因避难，却也是要寻访郑成功的遗迹，效仿他走上坚定反清的道路。

面向辽阔的海天，迎风披襟，他不禁再次吟哦起刚刚写下不久的诗句：

弱冠通九流，抗志山谷贤。
丁此沧海决，危苦欲陈言。
重华不可遻（音厄），敷衽问九天。
溟涬（音性）弟尧舜，而不訾版泉。
版泉竟何许？志违时亦迁。
瑩瑩（音盈盈）荐绅子，观书穷天府。

掉头辞晏婴，仰梁思贾举。

血书已群飞，尚踵前王武。

何不颂《大明》，为君陈亥午。

嗟嗞论甘生，闻辛先病舌：

"宁为牛后生，毋为鸡口活。"

抱此"忠义"怀，扬灵盟白日。

隼厉击孤鸾，鸾高先铩翮。

铩翮亦良已，畏此矰（音增）笴多。

举头望天毕，黯黯竟如何。

浊流怀阿胶，谁能澄黄河？

独弦非可弹，临风发《商歌》。

既不遻重华，安事涕滂沱。

蓬莱青未了，散发将凌波。

（《杂感》,《清议报》第 28 册）

我尝试将其大意译成现代诗句：

年纪尚轻我就通晓各派学说，

仰慕隐居山谷高风亮节的先贤。

遭遇上沧海横决的危机局面，

满心忧虑和痛苦急于诉诸语言。

没有遇到伟大的圣人来指引，
我只有虔诚地跪拜和祷告上天。
我由衷崇敬倡导平和的尧舜，
却也不非议你死我活的大决战。
上古版泉之战为何被我称道？
是因为此时情势已然发生变迁。
从事变法的先生们往来奔走，
博览天府古今典籍以引经据典。
然而晏婴一样贤臣才被逐走，
眼前又有贾举一类烈士在殉难。
皇上的血书已在满世界飞舞，
他们还要走先王的老路不改变。
何不读读周武王伐纣的诗篇，
聆听武力战胜邪恶王朝的宣言？
可怜贪图荣华胆小如鼠之辈，
一听坏消息就舌头哆嗦打了卷：
"我们还是跟在后面走牛步吧，
千万不要出头跑人前担当风险。"
他们抱着自我标榜的"忠义"心，
就这样在光天化日下信誓旦旦。
凶残的鹰隼袭击善良的凤鸟，

凤鸟飞再高也要击伤它的翎管。
翎管击伤尚得保全也就罢了,
更可恨的是满布了罗网和暗箭。
我不由举头望望那天毕星座,
它黯然无光象征国事更加多艰。
面对浊流滔滔自然想起"阿胶",
谁能有良方让黄河变得清滟滟?
一根独弦不能弹出什么曲调,
只能临风唱起《商歌》来一抒伤感。
既然遇不上伟大圣人的指引,
也不能痛哭流涕徒然陷入惶乱。
远方的蓬莱岛正是郁郁葱葱,
何不散发踏海去追寻自己心念。

二

台湾是祖国的宝岛,此时已割让给日本。日本人在这里设立总督府,实行殖民统治。章太炎是经在上海的日本友人山根虎雄介绍,到《台湾日日新报》当记者,与后来进入日本不一样,这一次,他是获得工作许可的。

抵达台北次日,报上就刊登报道:

此次本社添聘浙江文士章炳麟，号枚叔，经于一昨日从上海买棹安抵台北，现已入社整顿寓庐矣。

这家报纸的大老板是台湾总督儿玉源太郎和民政长官后藤新平，社长叫守屋善兵卫，有日文版，也有中文版。章太炎的任务就是写文章填中文版面，不用坐班，只在家写写稿子就可以了。他在国内已颇有名气，且有真才实学，介绍他来的山根等于替这个报社当了一回"猎头"。在汉文化圈内，当时的台湾，当然比不上上海和江浙有人气，这一点，也许给章太炎的感触特别深。半个世纪前，这里出过一位姚硕甫，是个崭露头角的精英人物，"文章经济，炳然在人"，而现今此地的知识分子居然都不知道此人了。有一个据说还是相当有学问的本地读书人，来到章太炎的住处借走了《汉书》，还以为他会好好"补"一"补"的，不到三天，就送回来了，说是没兴趣读。最可气的是，这里也有一些"学究"，以及包括日本人在内的顽固派知识分子，动辄大骂国内的维新派，章太炎有时不得不对他们正言反击。在《答学究》一文中他写道："嗟乎！吾勿辩于吴、越间，而今又默于是乎？学究无足语，顾以谇亚东士大夫，则不可以结吾唇膫。"（《清议报》第14册）他明确表示，在这里，他对这些人决不选择沉默。

这里的日本人中有几个汉文化修养还是不错的，其中一位，名叫馆森鸿,在总督府任一个管学务的官职,此人早年即研习汉学,对中国经史颇有心得,与章太炎能作对话,且谈得甚投契,这一点很难得。馆森鸿对章太炎十分敬佩,他写道:"杭州章君枚叔高才能文,与余相善。去年冬,载书数车入台疆,乃以文字订交。每相见,辄问难经义,评骘文章,纵谈时事,神王兴至,逸岩激越,投笔起舞,恢哉有国士风。"(《送章枚叔序》,《拙存园丛稿》卷一)这二人既谈学问文章,也还"纵谈时事",想必在价值观上有相认同之处,常常谈得那样尽兴,以致声音激越,手舞足蹈。馆森鸿评论章太炎的文章说:"操守大节,处困厄而不扰,其胸中所郁积发为著作,著作裹然,成一家言。"(《儒术真论序》,《拙存园丛稿》卷一)他特别肯定章太炎"操守大节",这种评价

1898年章太炎赴台北,台湾时为日本侵占,图为总督府

有胜于章太炎在国内的一些朋友。在文化尚显荒芜的台北，能有馆森鸿这样的朋友相过从，实在"不亦悦乎"。

当然，他也惦念大陆的朋友，和他们多有书信往还，他关心"《昌言报》久不得睹，果能存此硕果否"？盼望有人给他寄报来看。朋友们办教育的、讲哲学的、修禅学的，他一概都很想了解，还有党祸是否加剧，更为他所关注，旅居台湾是不得已而为之的，他并不愿离开本土，那里有他的事业，他的父老乡亲和朋友，想起这一切，有时心情不免荡起几许苦涩。

或许因为"同是天涯沦落人"缘故吧，此时康有为和梁启超也正亡命日本，章太炎在感情上倒和他们拉近了。到台湾不久，他就给康有为写了一封信，这封信的原文现已看不到了，不过，从康有为的回信中，我们可以获得一些信息：

枚叔先生仁兄执事：

曩（音囊）在强学会，辱承赐书，良深感仰，即以大雅之才、经卫之懿告卓如。顷者政变，仆为戮人，而足下乃拳拳持正议，又辱书教之，何其识之绝出寻常，而亲爱之深也！台湾瘴乡，岂大君子久居之所？切望捧手，得尽怀抱。驰骋欧美，乃仆夙愿，特有待耳！兼容并包，教诲切至，此事至易明，仆岂不知？而抱此区区，盖别有措置也，神州陆沉，尧台幽囚，惟冀多得志士相与扶之，横睇豪杰，非足下

谁与？惟望激昂同志，救此沧胥。为道自爱，书不尽言。有为再拜。(《致枚叔书》，《台湾日日新报》1899年1月13日)

先前，章太炎给康有为写过信，那时，康有为名震一时，人气正旺，况且，事情又忙，顾不上给这个浙江的年轻学人回信，现在不同了，他正在流亡生涯中，也就格外珍视这种"同气相求，同声相应"的来信。章太炎信上，首先是表示支持和慰问的拳拳"正议"，同时，也还会有若干建议，是不是希望他"驰骋欧美"，以便"兼容并包"，开拓思路？还是说要舍弃改良的方式，另谋一条反抗的路径？康有为毕竟人老姜辣，含含糊糊说了一句"抱此区区，盖别有措置也"，还很不客气地顶了一句："此事至易明，仆岂不知？"说这事太容易明白了，难道我还不知道。不过，总体上还是很客气的，用旧式文人书信的套语，将章太炎恭维了一番。应该说，在刚刚过去的那场流产的变法维新运动中，无论在名望、地位、作用以及参与深度等等方面，他两人都不在同一层级上，章太炎此时虽也避难于境外，却并无太大社会影响，而现在，他和康有为对等通信，交换看法，并得到康如此称誉，一下就使他的知名度大大提升了，在一定意义上，他被这位异见领袖接纳进

康有为（1858—1927）
清末戊戌变法倡导者

了一个受当时世人瞩目的政治势力阵营，这使他甚为兴奋。

他当即将康有为的来信登在报上，还加了一段按语，说自己正在心情"戚戚寡欢"之时，忽然接到康先生来信，顿时"眉宇盱扬，阳气顿发，盖不啻百金良药也"。他与康有为在经今古文学派之争中是宿敌，这一点，圈内许多人都知道，何以现在对康有为如此"相昵之深"呢？他觉得有必要解释一下，这就是学术上彼此意见歧异，并不妨碍"行谊政术"上志同道合："或曰，子与工部学问途径固有不同，往者评议经术不异升、元，今何相昵之深也……"他说这也没有什么不好理解的："何者？论学虽殊，而行谊政术自合也。"学术上见解虽然不同，但在时政上的观点还是相合的，历史上这样的事例甚多，比如宋代的叶适与朱熹，他二人在学术上完全对立，势如冰炭，而在朝廷上，有人攻击朱熹"伪学朋党"时，叶适即挺身而出，为朱熹辩护，痛斥小人诬罔。学术上的门户之见，与政见，与个人的道德、人品是可以分开的。从另一面说，学术上意见似乎一致，而在大是大非问题上存在根本分歧，这样的人，迟早才要分道扬镳。章太炎举出在湖北张之洞幕府的几个同事（如梁鼎芬、王仁俊、朱克柔）为例，看起来他和他们学术上都属经古文派，并无歧异，实际上，根本不是一路人。有一次，"嗣数子以康氏异同就余评骘，并其大义，亦加诋毁，余则抗唇力争，声震廊庑，举室愕眙，谓余变故，而余故未尝变也"（《康氏复书识语》，《台湾日日新报》，1899年1月13

日），说他和他们在一起评议康有为的学术见解，他们竟将康的政治主张一并加以诋毁，令他们没有想到的是，章太炎和他们激烈争论起来，他的声音那样大，连走廊都震动了，他们惊呆之下，都说你怎么变卦了。章太炎说我并没有变，是你们不懂道理。果不其然，待到变法失败后，这些人一个个都当了"缩头乌龟"，或是"变色龙"，连过去学术上的主张也丢到脑后了，可见做学问的人，不要问意见是否一致，而要看人品是否公道、正直。

从这时起，章太炎与康有为、梁启超开始了一段友好交往，后来，他称之为"与尊清者游"。感情上亲近了，思想上也多少有些接近。他常常寄稿子到梁启超主编的《清议报》发表，如他早已动笔写的《儒术真论》就是在这时的《清议报》发表的，看上去他们很像是同一营垒的人，而实际上这篇文章及所附的《视天论》《菌说》都是表达他反对将儒学宗教化，反对康有为建立"孔教"的主张的。事态变动得过于急剧，加上所处社会环境相对恶劣，都会使他产生一种惶乱和迷失。在这种背景下，他也写了一篇《客帝论》，主张清帝自动退位，可以让清帝为"客帝"，借以缓和国内反满情绪，避免被汉族驱逐。另一方面，则要以孔子及

梁启超（1873—1929）
清末戊戌变法倡导者，曾任民国司法总长

其后代为中国的正统统治者，举"衍圣公"的后裔为帝。另外还写有一篇《藩镇论》，提出应削弱中央集权，由中央政府掌握畿辅地区，其余分五个道，分别由地方封疆大吏掌管，避免列强"挟政府以制九域"。与其国土被外国人瓜分，不如授给自己人。这些意见，不久之后他也认识到是十分荒谬的了，为此，他又写了《客帝匡谬》和《分镇匡谬》，并在编辑《訄书》时剔出原作不收。他回顾自己这一段思想历程："丁酉入时务报馆，闻孙逸仙亦倡是说，窃幸吾道不孤，而尚不能不迷于对山之妄语。《訄书》中《客帝》诸篇，即吾往岁之覆辙也。"(《致陶亚魂柳亚庐书》,《复报》第5号)他悔恨自己是当时"迷于对山之妄语"，即糊里糊涂听了康有为的迷妄之语，所以才走错了路。他的自我批评是够严厉的，也许只有章太炎自己，才真切知道他和那些"尊清者"们之间，其实骨子里还是大不相同的，然而也多多少少受了他们一些影响，例如，康有为将孔子尊为"素王"，要以孔子为教主之类，他过去一直就是反对的，他检讨自己当时有"苟且之心"，在这个问题上立场不坚定，且态度多少有些暧昧。究其原因，在台湾的那些日子里，他确实感受到深深的寂寞，虽然有馆森鸿这样难得的日本好友，但毕竟不是中国人，也不是国内政治活动的亲历者、参与者，在哪里能找到自己的同志、同党，找到可以依靠的力量？他与康有为、梁启超这些人，虽在死保清帝和驱逐清帝这一条上主张相异，而他们都正受到清王朝的追杀、迫害，在救国的志向与目标上，无疑是相同的，仅仅这一点，已足以使他们能够携起手来。另外，他诚然是一个学者，而目前已较深地涉入政治漩涡，不管他愿意不愿意，考虑问题的着眼点，不能不更多地投注于复杂的现实政治环境，不能不以另一种思维方式来考量应对策略。

台湾是他避难之地，却不是久留之地。平时，他也细细考察台湾本地的人情风俗，对于这里的治理建设提出一些建议。这里毕竟是祖国的一块宝地，与大陆存在血肉相连的关系，待到国家独立、昌盛之日，一定还要回归祖国怀抱。他也踏勘凭吊过当年收复宝岛、率众抗清的郑成功的遗迹，面对先贤，越是在这样的地方，他越是心潮难平。如今，这宝岛竟因朝廷腐败无能落入外人之手，眼看还有大片国土要被虎狼吞噬，亲爱的祖国，你何时才能强大？作为汉民族的子孙，自己又如何才能不愧对祖先？

回到现实，日本人是这里的主子，在人家的治下，做"二等公民"的滋味，绝不好受。章太炎是浙江名士，是汉文化圈中的上层人物，来到这里，日方算是给予了较好的待遇，然而，对于他这样一个民族意识极强又极敏感的人，无处不在、无时不在的殖民者的歧视和奴役，必定会带给他更扎心的感受。他在他任职的《台湾日日新报》上所发表的文章，一部分是指斥慈禧太后及其走狗的，他将这里作为他的一个阵地坚持战斗，而另一部分，则是矛头指向在台湾的日本殖民者的——对日本官吏欺压人民、作威作福予以揭露和谴责，反映台湾本地人民的心声。这家报纸本来就是日本殖民当局办的，这怎么可以被允许？于是，社长守屋善兵卫被总督叫去了，总督将刊登有章太炎文章的报纸愤然扔到社长的脚下，问他看过这些文章没有，守屋善兵卫支支吾吾，不敢回答。在办报的方针上，他秉承上峰的一个指示，要尽可能显出一种言论开放度，以缓和本地民众的反抗情绪，延聘章太炎来任职，其实也有此目的，未承想章太炎会如此放言无忌。

被总督大人训得灰头土脸的守屋社长，回到报社，就命人去叫章太炎来见他。章太炎已经从日本友人那里得知总督对他的文章很不高兴，估计守屋叫他去就为此事，便拿起笔来写了一张便笺，让来人带去。便笺上说，你不知道，我要听命去你那儿，就是趋慕你的权势，你自己到我这里来，才说明你还懂得尊重我们这样的人嘛！要来你自己来吧！

守屋善兵卫见了，只好气急败坏地跑来，对着章太炎大叫大嚷一通："真没有想到你这人如此傲慢无礼！"

章太炎反唇相讥道："为什么你叫我去你那儿就不是傲慢无礼？请你记住，中国的士大夫是要受到尊重的！"

守屋善兵卫气咻咻地说："你要不愿意在这里做事，就另请高就吧。"

章太炎道："走就走，我还正不想在你这儿待了呢。"

守屋善兵卫一甩手走了，章太炎淡定自若地自言自语道："什么善兵卫,简直就是恶兵卫,你不讲礼貌,我就走人,何用你赶我走,哼!"

这一场风波之后,章太炎结束了他的台湾之旅。

三

下一站,他从台湾的基隆出发,乘船驶往日本的神户。

这个一衣带水的邻邦,引起中国这一辈知识分子的情感是相当复杂的。正是这个天朝子民眼中不大看得上的"蕞尔小邦",据说它对于世界的认识还有赖于魏源的《海国图志》的传播,然而,自明治维新之后,其国力迅速增强,甲午一战,竟打败了堂堂的"天朝"劲旅,迫使朝廷与之签订丧权辱国的《马关条约》,霸占了我国大片国土。它并不以此止步,且怀有更大野心,意欲攫取在华的更多利权,以圆其牢笼东亚的美梦。另一方面,在西方列强和日本的角逐中,它又属于与中国是"同文同种",似乎别有一重接近的关系。如果说要"以夷为师"、取法外国的话,它就是距离最近、最有说服力的老师。章太炎早就研究过日本历史,特别是它自明治维新以来的历史,在这一场决定日本国运的变法运动中,诸多志士仁人所表现出的精神与气节,令他景仰不已,其经验与教训,更是值得中国有志于维新变法的人们引以为鉴。正是出于这种心情,对这个邻邦,他又是颇为向往的。

1899年6月中旬的一天，即在他赴台约半年之后，他踏上了这一片土地。

　　到日本之初，在馆森鸿等友人陪伴下，他欣然游览了一些古迹名胜。山水风光实在很美，无论是宛曲阡陌，岿然古寺，抑或溪瀑飞流，赤鱼翔泳，在在引人入胜，而更牵动章太炎心思的，还是这里相当丰赡的人文蕴意。他记述道，他们来到鹿苑寺，得知该寺有很珍贵的藏品，仅宋、明两代的图书就有六七十种之多，从不轻易拿出来给人看。于是，馆森鸿就施展"软泡"的功夫，百般请求，终于感动了寺院住持，这才拿出一幅苏轼的风竹给他们过过"眼瘾"。其实，即在寺院内随意看看吧，都会有许多惊艳的发现：破壁上，有明代詹景凤的书法和唐泉国的山水图，还有造型生动的达摩祖师像，像之下，黛绿色铜台也是明代的，高约二尺，形状类似茶几，脚背卷曲，上面似还装饰一些蚌壳类的东西。另外，和尚又打开了一间密室，给他们看一个明代的承露盘，也是从未见过的无价之宝。中国的文物古迹，许多都被毁于兵燹战乱，反而在别人的国土上，有这样一些完好的保存，真是令人感慨系之。

　　当然，他也看到了另一类"文明"的遗存：

　　　　日既昳（音译），馆森鸿掖余观博物院，过故宫及耳冢。耳冢在宫城西北。丰臣秀吉胜韩也，馘（音郭）左耳万，以为京观。余以为不足自旌其伐，实启人复仇之志耳！昔魏武获淳于琼，劓（音亿）其鼻，欲赦之。许攸曰：彼揽镜自视，则奋然欲刲（音字）刃矣。一夫且然，况敌国乎？朝鲜荐弱，横为日本所弄，今犹有耳冢在，则懦夫可与立也！（《旅西京记》，《太炎文录初编》）

无论丰臣秀吉在日本史上居何种地位，这种令人发指的暴行，都是应受到谴责的——战胜了比日本弱小的朝鲜民族后，他竟然割下上万朝鲜人的左耳，埋成"耳冢"，为自己庆功，真是匪夷所思！然而这"耳冢"，既可以是这个狂人庆功的纪念，也可以是受害民族永远的警示——有这个"耳冢"存在，那么，即使是懦夫，睹此也会痿不忘起，奋然站立，与之决死一战！

古人云，行万里路，读万卷书。日本是中国浙江这位年轻学人目前为止到过的最远地方，此次游历，无疑大大增长了他的见识，对于中国东方的这个特殊邻邦，他有了更逼近、真切的观察，从而能做出更理性、准确的判断。归国后，他与友人纵谈有关变法立宪之事，友人力主效法日本，他就认为日本与中国"端绪不同，巧拙亦竟异"，是否立宪，一定要从中国国情出发，在日本能行得通、做得好的，在中国未必就能，在这个问题上，万不可生搬硬套，搞教条主义。如果说过去他就有这种认识，那么，在对日本一番实地考察之后，必然更加深入和明晰了。

此次日本之行，更重要的收获是，他和在日本的"同志们"接上了关系。"同志们"的情况，应该说还是相当复杂：康有为和他的同党以及弟子们，变法失败后，大都麇集于日本；而同时流亡于日本的，还有孙中山和他的战友们。清朝当局当然不能放过他们，追捕令一直下达到驻日使馆。日本当权者对于中国的这些反对派领袖怀有某种"深谋远虑"，他们冀望于这些当下尚在落魄流离中的中国政治家，有朝一日掌握权柄后，会因为特殊的历史关系照顾日本在华利益，所以，在他们危难关头，或会给予一定的援助和庇护。另一方面，此时，日本与清朝政权存在外交关系，并拥有甲午战争后攫得的诸多利益，也使它不得不有所顾忌，在清政府提出"交涉"之后，日本方面频频施压，康有为只得离开日本前往第三国，因之，此行他并未能面晤康有为。

然而，他却得以见到当时中国政治运动中的另一位风云人物——孙中山。不论后来章太炎对孙中山的看法和态度如何，说他对这位革命家心仪已久，总不为过。孙中山的政治主张与康有为截然不同，他不保大清王朝的任何皇帝，而要彻底推翻清朝统治，并且，已经联合他的同志们实施革命行动，在这一方面，章太炎要更倾向于他。现在，他更因梁启超的介绍，已经有缘来结识孙中山了。

在叙述他与孙中山相见之前，还需要略提一下他和梁启超的关系。我们当还记得，前在上海《时务报》共事期间，他们曾有过一段不愉快的往事，甚至还演出了拳脚相加的武斗场面，但这毕竟是年轻人一时意气用事的结果。一场政变的血雨腥风之后，他们发现，彼此都还是一个战壕的战友，不仅章太炎主动致信康有为表达了对他的某种敬意，梁启超和他的朋友们，也都向章太炎为当时的不理智行为深致歉意。他在给友人信中述说："伯鸾旧怨，亦既冰释，渠于弟更谢血气用事之罪。松柏非遇霜雪，不能贞坚，斯人今日之深沈，迥异前日矣。竹林旧好，公宜一修。"(《致汪康年书五》，1899年7月17日)"伯鸾"即梁启超，他主动向章太炎谢罪，这一"血气用事"的"过节"也就涣然冰释了。章太炎还称赞梁启超经历事变，已显得更为"深沈"。不止是在与梁启超等人的关系上，也在以后与其他一些人的关系上，章太炎或会有如此如彼的恩恩怨怨，然他都能以大道理管住其他，不咎既往，显出一种颇为宽宏、阔大的气度与胸襟。

　　康有为离开日本前后，正是孙中山试图与康派商谈合作的时期，康有为忠诚于光绪皇帝，绝不愿意与主张反清革命的孙中山携手，一直避而不见他。孙中山会谈的主要对象是梁启超，他们之间常有过从，因而，章太炎一到横滨，梁启超就可以安排他与孙见面。

　　关于章太炎与孙中山首次见面的描述，一直有一些不同版本，综观这些版本，我们以为，这尚不能被认为是一次重要和正式的会见。就章太炎而言，对孙中山固闻名已久，一朝见面，甚感兴奋；而就孙先生而言，章太炎的背景资料，他或已从梁启超处得知一二，此人的排满思想、独特品格和古奥文字，会给人较深印象，但他至少暂时还不是某一政治势力的代表，或很有影响力的人物，如他后来在"张园"率先割辫，因《苏报》案入狱那样名噪一时，再加上彼此方言不同，交谈能有多深，恐怕很难说。章太炎在给友人的信上说，"兴公亦在横滨，自署中山樵，尝一见之，聆其议论，谓不瓜分不足以恢复，斯言即流血之意，可谓卓识。惜其人闪烁不恒，非有实际，盖不能为张角、王仙芝者也。"（《致汪康年书五》）这一次相见，孙中山留给他的印象是好差参半——我们不得不说，他二人虽然反清思想一致，而其他方面，特别是文化背景，实在距离太大。章太炎饱读经史，即使是造反，也要以本国历史上的人物为取舍标准，而孙中山则多受西化教育，他的政治改革理念，对于章太炎既是新鲜的，也是不易被立即接受和消化的。又何况，他们尚为初识，说话间未宜全盘披露，以致"闪烁不恒"，想来也在情理之中。不过，即便如此，孙中山已向他揭示"流血之意"，即采取武装斗争手段进行革命，也被他认为是"卓识"，说明他们的心还是相通的。

这一段时间，章太炎除见到孙中山这样的重要人物外，也还接触到此时在日的中国知识界其他人物，看到有些现象，也引起他的不满，特别是看到有些人身在流亡之中，却仍然竞名逐利，既寄食于日本官房，又贪图华侨馈赠，憧憬于日后封王拜相，子贵妻荣。依靠这些人，中国的变革谈何成功，这实在是很令人心焦的。离开之时，他写下了一首五言古诗《西归留别中东诸君子》，辞别中国在日的以及日本的朋友，原文为：

> 黄垆此抟抟，神州眇一粟。
> 微命复何有，衰元亮同乐。
> 蛞蜣思转丸，茅鸱唯啖肉。
> 新耶复旧耶，等此一丘貉。
> 轶荡开天门，封事苦仆遬。
> 朝上更生疏，夕劾子坚狱。
> 鲸鱼血故暖，凉液幻殊族。
> 球府集苍蝇，一滴缁楚璞。
> 潜鬐岂齐性，缟玄竟谁觉。
> 吾衰久矣夫，白日噎穷朔。
> 仕宦为金吾，萧王志胡戆。
> 江海此分袂，涕流如雨雹。
> 何以赠君子，舌噤不敢告。
> 弓月保东海，蚡冒起南岳。

我试着译成现代文如下：

黄色的大地徐徐在转动，
神州里我们只是一粒粟。
微末的生命实在不足道，
即使掉脑袋还是很快乐。
看那屎壳郎就爱玩粪土，
凶猛的鹞鹰追逐着猎物，
说什么新党呀还是旧党，
现在看去都是一丘之貉。
想当初天门缓缓打开了，
上那么多奏疏都无用处，
早上刚刚提出改革建议，
晚上就被统统下了大狱。
纵然鲸鱼的血液是暖的，
放进凉水就似变了种族，
华贵的府第聚集着苍蝇，
一滴蝇屎便污染了玉璞。
能飞的会跑的难道一样，
白的和黑的竟也看不出。
我们民族衰弱已很久了，
全被满人弄得天光全无，
如若是就想当一个小官，

这志向岂不也过于卑微。
在此茫茫海上我们分手,
禁不住我热泪顿如雨注,
我拿什么赠给各位朋友,
实在是不敢出声来告诉,
我是想驱走满族统治者,
追随领导者奋起于南国。

第四章　追捕声急

从日本返国—初订《訄书》—结识唐才常—"中国议会"与张园割辫—再被追捕—任教东吴大学—拜见俞樾与《谢本师》—再渡日本避难—"支那亡国二百四十二年纪念会"—"永乐楼"饭店畅饮—改订《訄书》—译《社会学》及修《中国通史》

一

1899年7月下旬，章太炎乘船返回上海。在日本停留期间，可能有人向他提出过是否考虑改入日本籍。日本方面对于他这样的饱学之士是愿意延揽的，而对章太炎来说，借此亦可获得人身安全和物质生活的保障，一个汉文化造诣很高的学者，如果合法地在日本谋得一个教席，其薪酬足以使他过上衣食无虞的生活。然而，正当自己的祖国处在生死存亡的紧要关头，做出这种选择，既为他人所鄙弃，也绝对为他所不取，所以，尽管自己如孔子在陈、蔡一样"藜羹不斟"，生活陷入困境，也不做此想。在台湾住了半年，又来日本小住了一两个月，平生没有离开家乡这么长时间，他还是时刻惦念自己的家乡，说他梦魂萦之是毫不为过的。他出来避难，实属不得已，想到国事族仇，他的心中似燃着一团火，仍每每热血沸腾，不能自已。他必须回去，回到自己生于斯、长于斯的热土上去。

然而，故土等待着他的是什么呢？是腥风血雨的余沥，是尚未过去的"钩党"镇压风潮。

上海的街市依旧，黄浦江畔，停泊着一艘艘洋人的军舰，稍晚一点，我们就会看到，它们是如何再次发威，依仗它们，八国联军迅即占领大清朝的首都，并上演了一场洗劫中国国宝的狂欢。租界上，又有新的建筑物拔地而起，洋人要把他们的文明，也把他们对在华利益的无穷贪欲，凝固于此。衣衫褴褛的市民，头后拖着油松辫，游荡在各处，在日益西化的城市背景下，显得那样萎靡、伧陋。

在上海，章太炎不敢公开露面，他只在几个挚友那里稍做拜访，随后，即秘密回到杭州。虽然离政变已过去了一段时间，表面上空气也没有那样紧张，清兵并未严守车站、码头，绘影通缉要犯，但一定还到处满布"线人"，特别是有些原来还是朋友的人，事变之后，见风使舵，纷纷要有所表现，以明心迹，邀恩宠，对他们不得不加意提防，以免落入虎口。章太炎的行踪诡秘不定，高度保密，时而住在寓居杭州的兄长家，时而又潜回余杭老家，友人信件则通过他人中转，完全是一种地下状态。他一生先后七次被追捕，除了《苏报》案他主动"就捕"以外，均能逃脱，看来于此道还颇有经验。

这一段秘密"隐居"，于他实际上是战斗前一次休整，如果说用笔战斗也是一种战斗的话，也可以说，他换一个地点，在进行另一种形式的战斗。

戊戌政变之后，顽固派对维新派反攻倒算，甚嚣尘上，配合朝廷血腥镇压，在舆论上，他们也百般罗织罪名，力图铸成"铁案"，令维新派人物永不得翻身。当时，湖南有个顽固派文人名叫苏舆的，出面编了一部题为《翼教丛编》的书，共有六卷之多，借多人之口，从不同角度，气势汹汹攻击康有为、梁启超等人的维新变法思想。苏舆在为这部书写的序言中大骂康、梁："伪六籍，灭圣经也；托改制，乱成宪也；倡平等，堕纲常也；伸民权，无君上也；孔子纪年，欲人不知有本朝也。"无非是说他们都是"乱臣贼子"，必须诛杀之，全然一副清王朝打手的凶恶嘴脸。

为此，章太炎满怀义愤撰写了《〈翼教丛编〉书后》与《今古文辨义》两文进行反击，指出这些人在理论上毫无新鲜货色，一派老掉牙的陈词滥调，不过是要显示他们对清朝专制统治的绝对忠诚。另外，在学术上，在经今古文的斗争中，当"康学正炽之时"，他们扛起了捍卫经古文学的破旗。章太炎自己虽也是经古文学派的中坚人物，但绝不愿与他们为伍。苏舆之流给康有为扣上"怀疑儒家经典"的帽子，章太炎说，前代学者怀疑乃至修正经典的甚多，并不从康有为始，这顶帽子实在算不得什么。你们要说真有什么是非，也不妨进行争论，不要借"权奸"的鬼话来搞陷害，就像当年大宦官魏忠贤陷害东林党人那样。说到这些人，章太炎的语言犀利而辛辣："清谈坐论，自以孟、荀不能绝也，及朝局一变，则幡然献符命、舐痈痔，唯恐不亟，并其所谓君权、妇道者而亦忘之矣"，说他们毫无操守，在政局改变前后完全是两副面孔，如今，简直就是在舐那些当权派的痈痔，实在令人作呕。

这一段时间，他做的另一件重要的事，是继续编订《訄书》（这一工作应是在台湾期间即已着手）。章太炎好用生僻的字，这个"訄"字是人们很少见的，它的意思是"迫"——自己受到某种情势的逼迫，不得不说话。这部书被人认为是他建立"章学"的奠基之作，是一部论学、论政的"大书"。大在它论题宏大，规制宏大——全书计共五十篇，内容涉及中国传统思想文化、世界观与认识论、社会改革和文明建设各方面问题——政治体制、经济关系、法律制度、民族、宗教、国防、教育等等，无不论及。它从历史到现实，从一般原理到具体主张，从批判到建设，力图构成一个新的话语体系。之前，章太炎给人的印象不过是一个苦读经学出身的普通学人，翻看这本书，人们会惊奇地发现，此时的他，已是一个对国家、民族与社会的各方面有广泛关注和思考的思想者和行动者。他的论述中，虽仍一本其学者本色，出经入史，不徒托空言，同时，又有一定的现实针对性，体现变革时代的要求与趋向。书中收集的文章,有一些是他早期战斗和思想的实录,如他在戊戌变法前发表于上海各报的文章:《儒墨》《儒道》《儒法》《儒兵》《儒侠》等,有的地方则因应时势做了重要修订,显示其思想业已发生和正在发生的改变。看得出来,作者是非常重视自己的社会使命的,他意欲以自己的宏博学识和深入思考回答当时中国社会变革所提出的各方面问题,后面我们还会提到,伴随他今后人生和斗争的历程,这本书又不断被修改,一定程度上,它也折射出急剧转变中的中国社会思想发展轨迹。

章太炎自己是很重视这本书的,前在台湾,他就将此书的抄本给一些友人看过。日本友人馆森鸿阁后大加称赞,说此书"议论驱迈,骨采雄丽,其论时务,最精最警,而往往证我维新事例,以讥切时政"(《送章枚叔序》,《拙存园丛稿》卷一)。所谓"证我维新事例",就是以日本的维新为参照,针对中国的实际,提出变革方略。到日本时,他还特地请梁启超做了题签,此举也很不寻常——他很希望此书所阐扬的有关变革的思想能广为流传,借以唤起更多人关切国家和民族命运,投身变革现实的伟大事业。由维新派领军人物梁启超题签的"訄书"二字,沉雄遒劲,也显露出本书作者对思想力度的追求。稍晚一些时候,此书即在苏州付印,而后迅速传布。他给当时名气很大的学者严复寄了一本,希望得到高人指教,也希冀得到他的推荐。严复非常看重,回信说自己正在看,同时称道,他仅读了寄来的几首诗,就已看出章太炎的造诣，其"自辟天蹊"，非一般"时贤"可及了。

二

这些事告一段落之后，章太炎再一次来到上海。这一次，他是到友人创办的《亚东时报》任主笔，同时，也在一个名为诚正学堂的学校任汉文教习。对于他，这些职业也是一种掩护——他仍在秘密地寻求同志，企求在中国社会变革事业中有所作为。

就在此时，他与当时一位风云人物唐才常有了交集。唐作为戊戌变法死难六君子之一谭嗣同的战友，侥幸躲过死劫——谭嗣同电召他进京参与政事，他刚到汉口，京城政变的消息就传来了。于是，他立即返程，回到湖南家乡，后又来上海主持《亚东时报》。此人也是一条响当当的好汉，尽管战友多已人头落地，他却不知难而退，仍要把斗争进行到底。当时，梁启超等似也有意于以武力推翻清朝现政权，以恢复光绪的统治地位，唐才常是这一主张有力的推行者。在康有为的门人中，他是从事武装斗争最积极的，曾到日本横滨，找到孙中山，会商在湘、鄂及长江起兵并夺取武汉的计划，得到孙先生的支持。他一回到上海，立即创立"正气会"，"会章"载明："本会以正气命名，原因中土人心涣散，正气不萃，外邪因之而入，故特创此会，务合海内仁人志士，共讲爱君之实，以济时艰。"（张篁溪：《记自立会》，《自立会史料集》第3页，岳麓书社，1983）他暗中寻求志同道合者，亦即所谓"党人"，以谋大事。章太炎正好此时在上海，亲眼见到他"广纠气类，期有大功，士人多和之者"（《自定年谱》）。在清王朝白色恐怖之下，尽有一些士人，或跪舔求荣，或偷活苟容，却也有如此不避凶险、冒死前行者，真不愧为民族的脊梁，他为此非常感奋。我们考量章太炎后来为人称誉的诸多大勇行为，不应忘记，与他所受到的这些志士的激励与鼓舞，实在关系很大。

这时候，国内局势又出现新的动荡，义和拳运动勃然兴起，正酝酿一场风暴。"大师兄"们挥师直抵京城，清政府对义和拳由剿转抚，并发布宣战诏书，声称与列强决一雌雄，八国联军聚结兵力，大举侵犯。整个国家顿时陷入空前的危难中，章太炎不能不心急如焚。已经有相当长一段时间，他苦于找不到可以依靠的力量，而"与尊清者游"，甚至不惜从自己原有立场上让步，赞同不推翻光绪皇帝，而给他一个"客帝"的地位，在其他方面，也接受了保皇党人说教的一些影响，这一切，都到应该重新审视的时候了。

当时形势充分证明，无论由谁来充任皇上，清朝政权都是完全不可信任、不可依靠的。统治者的心里只有一己私利，而置国家和人民的命运于不顾，慈禧因为废除光绪皇帝而立大阿哥，未获一些外国的支持，便要泄愤"灭洋"，招致列强大军压境，国将不国。即使由光绪主持朝政，又能好到哪里去？毕竟他是清朝的皇帝，须遵从其祖宗家法，维护他们一族的特权利益。章太炎也曾寄希望于李鸿章这样的汉族权臣，情势危急之时，他还给李写过一封长信，冀望他能挽狂澜于既倒，"明绝伪诏，更建政府"，取而代之，有所作为，李也未回复。他越看越失望，此辈实质上只是清朝主子死心塌地的奴才罢了，也和这个风雨飘摇的王朝一样衰朽无力。唯一的前途，只能是把政权从清朝统治者手中夺过来，而后再考虑推行全面改革。

他的身边，唐才常等人已将"正气会"改为"自立会"，并着手秘密组建"自立军"，策划在长江一带起义"勤王"。章太炎关注他们，也参与他们的一些活动，然而未进入该组织的核心，一方面是章太炎的思想倾向使他们感到不太放心，另一方面，章太炎也有意识与他们保持一定距离。

这一年（1900年）7月的一天，唐才常在上海张园南新厅召开一个叫作"中国议会"的会议，到会的人熙熙攘攘，其中颇有一些社会名流，章太炎也参加了。与会者都怀有对国事的强烈责任感，一起共谋挽救时局。会议主持者陈述这个会的主旨是"今日联会之意：一、不认通匪矫诏之伪政府；二、联络外交；三、平内乱；四、保全中国自主；五、推广中国未来之文明精华，定名曰中国议会"。经过举手表决，同意者过半。而后，又进行了投票选举，选出容闳为会长，严复为副会长。接着，与会者即席演说，一个个情态激昂，跳到台上，慷慨陈词，全场不断掌声雷动。

忽然，会场上如有一阵劲风掠过，起了一阵骚动，有一个人出现在大家面前，原来是章太炎。在场的人并不都认识他，有许多人只是读过他的文章，久闻其名。他身材并不高大，头发横披，穿的服装式样很特别，衣领交叠，有点像僧服，也有点像和服，说的是一口余杭土话，幸而，在座的江浙人士居多，还能听得懂。他说的大体意思是，你唐才常不该一面排满，一面又"勤王"，既不承认清朝政府，又拥戴光绪皇帝，这样就陷入了自相矛盾之中，怎么还能成事呢，我劝你干脆扔掉"勤王"的破旗，彻底与清朝政权决裂吧。这时，又有一个叫毕永年的人忍不住了，也站起来，大声对唐才常说，你就不要再跟着康有为跑了，跟他一刀两断，前途才有希望。会场立刻就炸锅了，毕竟，康有为门下的人还很多，他们情绪异常激动，说要我们抛开光绪皇帝是绝不可以的，这个好皇帝，我们保他保定了。有资料说，之后，他们争辩了整整一夜，一个个声嘶力竭，倒也没有弄一出"全武行"，若确实如此，应该是中国议会史上一个很好的先例。最后，章太炎唇干舌燥，对那帮人说，好吧，既然如此，我就不奉陪了，我宣布脱离"自立会"。今天，既然亮明我的主张，我这根辫子肯定是要剪的了。说罢拂袖而去。

这就是历史上著名的"张园割辫"——"宣言脱社，割辫与绝"。在当时张园的会场上，他是否拿起预先准备的剪刀来割辫，抑或割辫是会后的事，似乎还不太确定，不过，作为一个抗争性、

上海张园旧貌，原为私人园林，1900年章太炎在此演讲，解辫发，公开与清廷决裂

象征性很强的行动，他肯定是向与会者做了宣布。这使得听到这话的人都登时被震住了。

章太炎为此写了一篇很有名的文章——《解辫发》，文中诉说：

> 共和二千七百四十一年秋七月，余年三十三矣。是时满洲政府不道，戕（音枪，杀害）虐朝士，横挑强邻，戮使略贾，四维交攻。愤东胡之无状，汉族之不得职，陨涕泱泱，曰："余年已立，而犹被戎狄之服，不违咫尺，弗能翦（同剪）除，余之罪也！"将荐绅（同缙绅）束发，以复近古。

日既不给，衣又不可得，于是曰："昔祁班孙、释隐玄，皆以明氏遗老，断发以殁。《春秋穀梁传》曰'吴祝发'，《汉书·严助传》曰'越劗发'（晋灼曰：劗，张揖以为古翦字也）。余故吴越间民，去之，亦犹行古之道也。"会执友以欧罗巴衣笠至，乃急断发易服。欧罗巴者，在汉则近大秦，与天毒同柢。其衣虽迮（音则，窄小）小，方袷（音劫，古时交叠于胸前的衣领）直下，犹近古之端衣（礼服），惟吾左辅之日本，亦效法焉。服之盖与箸桑门（即沙门）衣无异趣云。《传》曰："齐一变，至于鲁；鲁一变，至于道。"由是萌芽，令他日得端委以治周礼，固余之志也。昔者《小雅》诗人，闵（音敏，怜念）宗周危乱，发愤而作，始之以流水之朝宗于海，而终之以邦人诸友，谁无父母，呜呼！余惟支那四百兆人，而振刷是耻者，亿不盈一。钦念哉！

这段话的大意是：我今年已经三十三岁了，现在，清朝政府腐败无道，弄得国事如此之糟，而我还穿着他们的服装，拖着一条发辫，这真是我的罪过啊。可是要弄一套古时的装束，也不是我现在的经济条件所允许的，况且，也不可得，过去一些有气节的人士，都剪掉自己的头发，我也剪掉它，可以算是行古之道吧。正值好友带来欧洲的衣帽，于是我就立即剪掉辫发，换上这套衣服。要说欧洲的这种衣服，虽然窄小一点，方领交叠于胸前直下，像古代的礼服，我们的左邻日本也效法它，穿着它，差不多与和尚衣服趣味几乎相同。我希望从此开始，日后有一天能恢复周代的礼制，这是我的志向。唉，我们中国人有四亿之多，能想到洗去这个耻辱的人还是太少，我是为此很焦虑的。

在中国近代史上，辫子问题，成为一个十分敏感和严重的问题，说来实令人感叹不已。清王朝以武力统治中国后，便强迫汉人编发留辫，这是一个承认不承认、归顺不归顺其统治的标志，为此，便有反抗和镇压反抗的激烈斗争，所谓"留头不留发，留发不留头"，可以想见其尖锐、残酷的程度。清朝统治者坐稳江山后，这个问题表面上似已缓和了，而实际上，仍有一些坚持民族气节的人士，临死还是"断发以殁"，宁可把问题带到阴间，也要显示坚决不从。章太炎这次公开割辫，并发表宣言，是再次将这个问题推到全社会面前，具有对清朝政权的极大反叛性和挑战性，他将面临什么样的严重后果，也是可以想见的。

章太炎将他的这篇《解辫发》和另一篇《请严拒满蒙人入国会状》寄给时在香港的孙中山，孙先生立即转给由战友主办的《中国旬报》。该报予以全文揭载，并加了"后记"，写道："君炳麟，余杭人也，蕴结孤愤，发为罪言，霹雳半天，壮者失色，长枪大戟，一往无前。有清以来，士气之壮，文字之痛，当推此次为第一。隶此野蛮政府之下，迫而思及前明，耿耿寸心，当已屡碎矣。君以此稿封寄前来，求登诸报。世之深于世味者，读此文当有短其过激否耶？"赞扬此文有霹雳一般的声威，既沉痛又昂扬，是少有的好文章，这是以孙中山为首的革命党人所给予的高度评价。

我们当不会忘记章太炎已是上了清王朝"黑名单"的人物，官府一直没有放弃对他的追捕，特别是不久之前，又出了一件事。那是本年初，京城传来慈禧准备废光绪、立大阿哥的消息后，上海电话局总办经元善联络上海社会名流上书阻止，署名的一干人士中就有章炳麟（太炎）的大名，此事很令"老佛爷"震怒，下令要严办这些人，章太炎既是其中一个，早有"不良记录"的他，自然被特别注意。紧接发生的"自立军"起义事件，他又被牵连进去。

唐才常的"自立军"起义计划，是在八国联军攻破北京城，慈禧携光绪皇帝等仓皇出逃之际，即将付诸实行的。时机选择得不错，部署也还周到，但在力量对比上过于悬殊，决定了它不能率尔成事。这一次是由著名洋务派领袖人物，一度还赞助过康有为"强学会"的张之洞来为其执行死刑的。张之洞作为湖广总督，获知在他的辖区内"自立军"准备起义的情报，立即以铁血手段来处置，"自立会"在武汉的各机关，顷刻间就端掉了，唐才常、林圭等一干要犯也束手就擒，张大帅按照其典型的"中学"原则，不经审讯，于当晚即处决了他们。如前所述，章太炎并未参与自立军的密谋，而官府仍将他视为唐才常的同党，欲将他一并擒拿归案，这使得他的处境顿时变得非常危险，但他并未立即引身而退，仍然坚持传播反清革命的呼声。

也正是残酷的现实斗争使章太炎更加擦亮眼睛，认清了清朝统治者的真面目，他不再对他们抱有任何幻想，也要和对他们仍然抱有幻想的康、梁之流划清界限。他反思和批判自己以往思想的迷误，在这一年所作《訄书》手校本《客帝》一文上面，写了一条眉校："辛丑后二百四十年，章炳麟曰：余自戊、己违难，与尊清者游，而作《客帝》，弃本崇教，其流使人相食。终寐而颎，著之以自劾录，当弃市。""颎"的意思是醒，他从追随康、梁而做的拥戴光绪为"客帝"的梦中醒来了，他要把自己写的《客帝》一文拿出来，当众"处死"。接着，他又写了《客帝匡谬》一文，这是一篇公开、坦诚、自我批判的文字，也是一篇掷地有声的坚定反清的宣言书。在这篇文章中，他还特别将反清与反帝联起来，提出："由是言之，满洲弗逐，欲士之爱国，民之敌忾，不可得也。浸微浸削，亦终为欧美之陪隶已矣。"这说明他的反清并不止于狭隘的排满，而是着眼于反帝的宏大格局。他明确认识到，中国只有从根本上推翻清朝统治，才能摆脱成为西方列强的"陪隶"即殖民地半殖民地的命运。另外，他还写了《分镇匡谬》一文，坦承自己曾经寄望于地方督抚中有人出来收拾局面的想法也错了，这些人"色厉中干"，也是不中用的，担负天下责任的，只能是"新圣"，是革命者自己。

写于这一时期的另一篇名文是《正仇满论》，从题目上即可看出，它是对所谓"仇满"进行"辨正"的，章太炎主张反清，推翻清王朝对中国的统治，而这不等于仇满或排满，甚至是要杀满人。不过，大敌当前，基本立场和态度还是不能含糊的，例如，那时梁启超在《清议报》上发表了一篇长文，题为《中国积弱溯源论》，提出中国积弱的根源在国民自身，同时，也在于那拉氏把持政权，而光绪皇帝则是代表国民利益的，"忘身舍位，毅然为中国开数千年来未有之民权，非徒为民权，抑亦为国权也"，又重弹他们保皇的老调，这就必须痛加批驳。章太炎针锋相对地指出，这个光绪皇帝真的是"圣明之主"吗？能像梁启超说的那样"定国是、厚民生、修内政、御外侮"吗？实际上，光绪的私心很重，一直就处心积虑保自己的权位，长期以来，他"长虑却顾，坐席不暖者，独太后之废置我耳"，这才是他的要害问题。怎么能依靠这样一个人来搞变法呢？梁启超指望光绪复辟，中国即可"转弱为强"，实是一种幻想。而他所谓建立君主立宪政体，也是害怕革命，反对革命："梁子所悲痛者，革命耳；所悲痛于革命，而思以建立宪法易之者，为其圣明之主耳"。在这篇文章中，他再次亮明自己的观点，这就是：清朝统治者是使中国亡国灭种的主凶，"夫今之人人切齿于满洲，而思顺天以革命者，非仇视之谓也"，就是因为他们念念不忘"宁赠外邦，不予家奴"，"制汉不足，亡汉有余"，要使中国摆脱殖民地半殖民地的命运，必须进行反清革命。

他把这篇文章寄给在东京出版的《国民报》发表，引起很大反响。《国民报》刊发时，文后有该报编者注云："右稿为内地某君寄来，先以驳斥一人之言，与本报成例，微有不合，原拟不登。继观撰者持论至公，悉中于理，且并非驳击梁君一人，所关亦极大矣。急付梨枣，以饷国民，使大义晓然于天下，还以质之梁君可也。本社附志。"他很快又将此文辑入《国民报汇编》和《黄帝魂》等出版物。此文后来被史家认为是中国近代史上革命与改良论争最早的一篇历史文献，具有非凡意义。

三

这一年的农历新年要到了，上海的风声骤紧，章太炎回到余杭家乡去过年。世事不宁，家乡景象也黯淡、阴晦不少，亲人们相见皆不胜唏嘘。章太炎在外面做些什么，他们或有耳闻，却也不多问。八国联军打进北京，火烧了圆明园，接着，又要订立更加丧权辱国的条约，眼看离亡国一天天逼近，人人心头都感到无比压抑。正是夏历新正，爆竹一声除旧之时，章太炎难得和两个可爱的女儿在一起，看她们穿着簇新的棉袄跑出跑进，把一串串笑声撒在自家老宅里，积郁在脸上的阴云慢慢漾开了。就在这时，仆人报告有客人来见，客人是他的朋友吴君遂派来的，因为一路走得急，内衣都汗湿了，他受命来告诉章太炎，赶快躲开，前来抓捕他的大队清兵，已经奔走在来仓前的路上了。

事不宜迟，章太炎立即出了家门，跑到几里路外的龙泉寺躲避。说来很有意思，十多年后，他在北京被袁世凯囚禁，一度也是在一个叫龙泉寺的庙里，何以龙泉寺和他的生命安危关系如此不解？且说这里龙泉寺的住持，和他一家平时很熟，见他身临危难，立即将他藏进一个隐秘的地方，如果不是有人告密，清兵是决不会抓到他的，后来，也确实未被发现，清兵在他的老宅扑了个空，只得无功而返。

然而，匿藏在老家却非久长之计，首先，会连累家人，这是他所不愿见到的。他匆匆告别病中的王氏和女儿，叮嘱她们多注意自己的安全，勿以他为念。而王氏于不久之后就去世了，一直到死，她都只是顶着一个"妾"的名义。他和王氏的感情生活究竟如何，我们没有更多的资料，不正式娶妻而先娶一妾，一方面，是因为家里认为他患有癫痫，不适于正式娶妻；另一方面，想来也是家庭送给他的一个"礼物"，给他留出"空间"，以便迎娶更合适或更合心愿的女子为妻。对于王氏而言，这当然是一个长久沉默的悲剧。

动身回上海之前，他请友人为他谋求一份工作，这件事很快有了回音，是到一家书局去做些润饰译文的事。接下来一个问题是：住哪儿？他曾经在一位叫胡惟志的朋友家中借住过，便与他联系，提出能不能再在他家借住。胡惟志回信说，不可以，因为章太炎如今已是一个公认的"危险人物",有关他的《訄书》,社会上有许多传言,有人说,仅凭这部书中的思想言论,就可以定他谋反罪,若是留他在家住,岂不要累及自己一家,还是请你另外找地方吧。章太炎接到这封信,默然良久,他为这位朋友的胆怯感到悲哀,不过,也表示能理解,毕竟,在清朝政权高压政策下,大家都太没有安全感了。于是,他又再给友人吴君遂写信,问问他那里是否可以"暂寓数旬"。如果他那里也不行,那就不去上海,另作计议。吴君遂曾经做过官,因为得罪上司而罢官,后在上海做寓公,人称"北山先生",此人很讲义气,立即答复他,可以来住。

章太炎回到上海,秘密会见他的一些好友。一种肃杀、恐慌的气氛已经弥漫在人们四周。现在,他是一个"危险人物",一个随时都会被捉去"杀头"的人,有些人望着他的时候,眼神都会有些惊疑不定,心想这个疯疯癫癫的家伙,谁知道会给自己带来什么祸害呢?于是,有人就劝他要"明哲保身",不得再"玩火自焚"。他洒然一笑,回答说:"我都把辫子割了,如今还说什么呢?"他的老友,那个常常"佯狂"而实际胆怯心虚的宋平子,半带讥笑地说:"君以一儒生,欲覆满洲三百年帝业,云何不量力至此,得非明室遗老魂魄冯身耶?"(《自定年谱》)意思是说,你只是一个手无缚鸡之力的书生,就想颠覆大清三百年的帝业,也未免太不自量力了罢,看来是明末那些遗老的魂,附在你身上了。

他听了，也只是笑笑而已。

人在患难中感受到的无私、真挚的友情是最珍贵的。暂寓吴君遂家中，章太炎受到很好的招待。吴君遂深深敬重章太炎的品格和志向，写诗赞他："结念抱冰雪，宅心高虹霓。"他也十分钦佩君遂，由他而想到千古名臣，亦有诗云："修门遗烬在，谁共吊三闾。"三闾大夫即屈原，是他们共同崇拜的偶像。生当艰难时世，诚然有畏怯、避嫌，有绝情、出卖，却也有像"北山先生"这样不顾一己安危，向朋友伸出援手的义士，在满心感激之余，友人这种崇高的精神风范，也成为他于艰难竭蹶之中刚勇精进的榜样和动力。

稍后，"北山先生"又介绍他到苏州东吴大学去教书，那里主事的，是一位美洲来的教士，对章太炎能有一些庇护之力。苏州毗邻上海，也是令人向往的名胜之地，他此前尚未到过，对能来此暂居应该是乐意的（讵料他历经一生曲折，最后竟终老于斯）。

他的老师俞樾，此时也住在苏州。他与俞先生阔别已久，既到那里，当然要去拜望。随着时日推移，章太炎倡言排满、主张革命的名声越来越大，俞先生早已从各种渠道听说了。他非常生气，认为自己是深受本朝皇恩的，决不能有任何背叛朝廷的思想和行为，入门弟子中居然出了章太炎这样的人，简直是奇耻大辱。章太炎刚进门，还没坐下，就挨了他劈头盖脸一顿痛骂："你还来干什么？我听说你到台湾去了，你很了不起呀。你不愿考科举出人头地，要当隐士，好啊，那你就像古代的梁鸿、韩康也行，你却背离父母的陵墓，跑到异国他乡，这就是不孝；你还到处鼓吹满人之祸，写信给人指斥皇上，这就是不忠。不忠不孝就不是人，你这样的人就该狠狠地骂！"章太炎在他门下七八年，师生关系一直甚好，也从没见过他如此厉声骂人，眼见得先生青筋暴胀，脸色发白，一声声拍击桌子，怒不可遏，章太炎眼中泪水都快溢出了，只喃喃地为自己抗辩几句，又怕太激怒先生，即转身出来。背后还听见先生气咻咻地说："你不要再说你是我的学生，我没有你这个学生！"

回家之后，他提起笔来，写下一篇《谢本师》：

顷之，以事游台湾。台湾则既隶日本，归，复谒先生，先生遽曰："闻而（尔）游台湾，尔好隐，不事科举，好隐则为梁鸿、韩康可也。今入异域，背父母陵墓，不孝；讼言索虏之祸毒敷诸夏，与人书指斥乘舆，不忠。不孝不忠，非人类也，小子鸣鼓而攻之可也。"盖先生与人交，辞气凌厉，未有如此甚者！先生既治经，又素博览，戎狄豺狼之说，岂其未喻，而以唇舌卫捍之？将以尝仕索虏，食其廪禄耶？昔戴君与全绍衣并污伪命，先生亦授职为伪编修。非有土子民之吏，不为谋主，与全、戴同。何恩于虏，而恳恳蔽遮其恶？如先生之棣通故训，不改全、戴所操以诲承学，虽扬雄、孔颖达，何以加焉。

在章太炎的生平中，这也是一篇很有意义的文章。一方面，我们可以看到，他踏上反清革命之路时，处境何其艰难；另一方面，亦可见他立场之坚定，态度之决绝，你老师学问再大，不改变立场，厉行操守，又怎么样？"吾爱吾师，吾尤爱真理"，真理所在，我要站在真理一边，你不理我这个学生，那就算了，我是决不会回头的。"谢本师"的意思，就是向老师表明态度，以示决绝。至今，杭州西湖畔纪念俞樾的"俞楼"，与章太炎的陵墓遥遥相对，似乎还象征着这一段历史宿怨是化解不了的。

章太炎是一个秉性强毅的人，无论是友人的劝说、讥讽，还是师长的责骂、摈斥，都不能动摇其决心，他已选定反清革命的路，就要义无反顾走下去，这使他在所处的环境中，必然成为一个引人瞩目的"狂士"。在东吴大学的课堂里，他对学生侃侃而谈的，多是民族大义。有一次，他给学生出题作文，题目竟然是《李自成胡林翼论》。谁都知道，李自成是推翻大明王朝的农民起义领袖。早年，章太炎就有与其让清朝夺取中国，不如让李自成来坐江山的议论，而胡林翼则是与曾国藩齐名的镇压太平军的清军将领，并举此二人而议论之，究竟想道出什么？又包藏怎样的祸心？陆续有情报送达江苏巡抚恩铭处，恩铭闻之，勃然大怒：这样的乱党，怎么能让他到处散毒，还逍遥法外？遂立即派人去找东吴大学的洋人校长交涉，说这个章太炎煽动学生犯上作乱，我们要将他逮捕归案。这时，章太炎正好又回到余杭老家过年去了，他先是接到一份来自南京的急电，上面写着："枚急赴沪"，正猜度是何急事的时候，苏州方面派来送信的人也赶到了。看来，这一次官府是采取了非常行动，势必非将他抓捕归案不可，家人劝他赶快远走高飞，切勿迟疑，他只好立即赶回上海，次日即乘船，再次东渡日本避难。

果然，他走了没多久，清兵赶到他借住的地方，发现这个"反贼"已杳然不知去向。

四

20世纪初，旅日中国人中弥漫着一种骚动不安的气氛。首先是由于这里聚集着一群流亡的中国政治精英——革命派和改良派，他们之间，既有歧见，又相互激荡；既有分化，又重新组合。他们有各自的目标和步骤，也有各自的利害和困境；试探过联手，又终于分袂。其间，抑或有私心作祟，黑手插入，挑拨离间，意气用事，然而，总的说来，忧国之念，报国之心，使得他们更容易激扬蹈厉，更容易闻风响应。

这是章太炎第二次来日本了。上一次，更确切地说，是一次参观访问，是回国途中的一个节目，而这次，则确确实实是到此避难，是到这个临时的大本营来，与各路志士会合。以是之故，他一头就扎进了梁启超在横滨的《新民丛报》社，这里也是他到日本的第一居所。那时，梁启超办的《清议报》，因一次失火而寿终正寝，接下来创办的《新民丛报》，办得更"火"，订数一路攀升逾万，已是当时中国报刊订数的"天花板"。梁启超所谓"笔带感情"的"新文体"，风靡一时，不知征服了多少受众。离开横滨，来到东京，章太炎也是住在梁氏一位同党安排的中国留学生宿舍，在这些地方，他结识了许多新的朋友，并很快融入了他们的圈子和活动中。

未来的中华民国国父孙中山，那时候就住在横滨，章太炎常去拜访他。前面写到，他第一次到日本时，梁启超曾介绍他见过孙中山，然只是匆匆一见，未必能给孙中山留下很深印象，更谈不上二人正式订交。而这一次，今非昔比，章太炎的宏博学识、勃郁激越、富有战斗性的文章，加上"张园割辫"惊世骇俗的举动，已使他名气大增，孙中山对

孙中山（1866—1925）
民主革命先驱者，曾任民国临时政府大总统

他甚为看重。他们之间的话题很多，涉及未来中国建国的许多问题，如土地制度、税制改革、定都何处与开国典制等等，都谈得相当细致、深入。时人回忆说："初至江户，识故临时大总统孙公，

倾盖论交，即关大计，于是作《相宅》一篇，预策革命后建都所宜。"（汪东：《余杭章先生墓志铭》，《制言》第31期）"间关至日本江户，邂逅孙公，其论相土迁宅之宜，作《相宅》，述孙公始谟，谓今后建都，谋本部则武昌，谋藩服则西安，谋大洲则伊犁。孙公雅相推重，先生亦服孙公善经画。孙公于开国典制，多与先生相商榷，时人弗之知也。"（但焘：《章先生别传》，《制言》第25期）他们所思考和交谈的问题，全是未来中国政治领袖所必须面对的重大课题，即便是此时章太炎还未必形成囊括更多细节的系统而深入的认识，在孙中山的启发和引领下，他对中国社会现状

20世纪初日本横滨的街市

和未来的思考，也一定跃升到了一个新的层面。一个人一生中，难得有这样的幸运和机遇，能与引导社会前进的顶级人物缔结友谊和深入交谈——"听君一席话，胜读十年书"，这句话用在这里，更具特殊意义。这应该是章太炎此行最大的收获，和最值得关注之点。另外，令人感到特别有兴趣的是，他这样一个几年前还在书斋中苦读经书的学者，现在已具有与一位著名职业革命家对话的水平和能力，并获得了对方的"角色认同"，这表明在人生的这一段经历中，他的转换和成熟何等迅速。

另外，在近距离接触中，他也更真切地认识了孙中山和他身边同志之为人，后来，他回忆道："余始识故大总统孙公于东京对阳馆，及与陶成章、蔡元培、邹容、张继、汪兆铭、宋教仁之徒，援引义法，折其非违，而视听始变。此数公者，虽明暗殊情，狂狷异行，皆能艰难其身，以为表仪，蒙霜露，涉波涛，乞食囚絷（音之），而不愠悔。外有陈天华、杨毓麟，皆以感慨自裁。四方之人，感其至诚，亦会清政不纲，丧师蹴（音触）地，民望日移。于是日夜匡饬，规行义师，期于自相吊唁。"（《小过》，《章太炎全集》第三卷第617页，上海人民出版社，1984）这种认识是非常可贵的，的确，无论这些人后来表现如何，结局怎样，在反清革命早期这个阶段，他们确实都能一心报国，"艰难其身"。在这里，他既找到了同志，也看到了榜样；既获得了认同，也汲取了力量。他说，与他们在一起讨论问题，分享思考成果，这也是对他自己内心世界发生重大变化一个符合实际的描述。在他的老家和上海，在他原先的朋友圈里，他是一个"疯子"，一个"狂人"，是一个"众人皆醉我独醒"的"孤独者"，而只有在这里，他"视听始变"，看到了自己和这些人在思想境界和行为方式上还存在差距，他对革命的狂热和献身精神或不及他们，在对他人的赞许中，未必不含有清醒的自审。

即使对于与自己政见并不相同，不久前还撰文批评过的梁启超，他也换一种眼光来看。在致上海的友人书信中，他说梁启超"宗旨较前大异，学识日进，头头是道"，这一评价中，褒扬之意是明显的。从学识上对他人予以肯定，对于他来说，是一种很高的肯定。困难的是，在孙中山与梁启超之间，革命派与改良派之间，存在相当尖锐的分歧，时有颇为激烈的交锋，其间，还掺杂一些复杂的人事因素，他十分感慨："吾不敢谓支那大计在孙、梁二人掌中，而一线生机，惟此二子可望，今复交构，能无喟然！"（《致吴君遂书六》，1902年3月18日）虽然不敢说中国的大计，就在孙中山和梁启超的手中，但是，确实从他们身上看到了一线生机，而他们现在还相互开撕，打个没完没了，怎不叫人看着直叹气！受这种心情支配，他对两边都寄予希望，和他们都保持较好的关系。

在东京，章太炎主要靠文字谋生——为《新民丛报》写些文章，为一家书局润饰文稿。他没有其他经济来源，日常生活相当清苦，好在他早就养成了一种前辈士人"崇俭自励"的精神，敝衣蔬食，也不改其乐。

有一天，与一帮朋友相聚饮茶，话题当然离不开国事，他提议说，我们鼓吹种族革命，一定要先在民众中树立起一种历史观念。现在，离明朝崇祯皇帝殉国的忌日没几天了，我们何不策划一下，在那天举行一个大规模纪念会，让留学生们都有所震动，你们看好不好？大家一听，齐声说好，说干就干，他们将崇祯在北京煤山上吊身死的日子当作亡国的日子，这个会的名称，就定为"支那亡国二百四十二年纪念会"，立即分头联络、筹备，至于《纪念书》的起草者，当然非章太炎莫属。

那时留日中国学生中，也分有不同派别：有主张排满的，也有只反那拉氏（慈禧太后）不反皇帝（光绪）的，有主张政治革命的，有主张君主立宪的，也有死硬站在清政府一边的。有些人本身就是满族贵胄子弟，对他们必须加以提防。联络工作最初在暗中进行，约有数百人答应参与，此会开成功的把握已十有八九。消息还是传到了驻日公使蔡钧那里，此人一直奉命密切关注留日学生的动向，现在，竟然有人要秘密联络，召开这样一个分明是反清朝的大会，这绝非小事。他立即电告朝廷，朝廷甚为震怒，要蔡公使与日本政府严正交涉，否则，将严重影响两国邦交。中国虽是个战败国，外交原本软弱无力，却因为各国在华利益相互牵制，对方往往也要顾及自身利益，做些交易，不太得罪清政府。稍前，康有为已被日本政府变相驱逐；稍后，孙中山又被日本政府"劝说"离境，都表明在处理与中国维新派和革命派的关系上，他们随时会翻云覆雨的。

日本号称是讲"民权"的地方，中国留学生要举行的这次活动，本与他们国家政局毫无关涉，而东京警视总监却下令禁止。牛込区警察署通知章太炎等发起人前来接受训示。

警官问：章太炎，你是清国何省人？

他答道：我不是什么清国人，而是支那人（即中国人）。

这一回答，颇令警官意外和无奈，又问：你是属于何种阶层？是属于士族还是平民？

章太炎坦然答道：我是遗民。

警官皱起眉头，以无可置辩的口气宣布：兹奉上峰命令，你们的会议不得举行。

说罢，挥挥手，让手下人送他们出去。

原定的会期到了，东京上野"精养轩"附近，军警密布，戒备森严。警方并不认为口头通知之后，来自中国的这些"滋事者"会偃旗息鼓，果然，还是有数百人从四面八方陆续汇聚，他们臂戴黑纱，面容哀戚，愁云如山压在心头。来者不但有在东京的留学生，也有风尘仆仆从外地赶来的。孙中山就带领十多人，从横滨过来，章太炎见到他们，十分激动，相互紧紧握手致意，抗争的决心形之于色，既然东京警察当局严令不准集会，他们决定将纪念会改到横滨去举行，所来的人，不必四散，亦可三三两两进入"精养轩",去做一次食客,借以迷惑警方视线。

当天下午,与会者突破封禁,来到横滨,在中华街"永乐楼"饭店,将近百人聚集一起,举行了这个具有特殊意义的"支那亡国二百四十二年纪念会"。会上,由章太炎宣读《纪念书》,一半是因为近日过于劳累,一半也是因为心情过于激动和沉重,他声调嘶哑而颤抖,念道:"是用昭告于穆,类聚同气,雪涕来会,以志亡国。凡百君子,同兹恫瘝(音关)。愿吾滇人,无忘李定国;愿吾闽人,无忘郑成功;愿吾越人,无忘张煌言;愿吾桂人,无忘瞿式耜(音寺);愿吾楚人,无忘何腾蛟;愿吾辽人,无忘李成梁……"这一系列民族英烈的名字,犹如一面面殷红的旗帜,猎猎飘扬在人们眼前,听者无不饱噙泪水,报以热烈掌声。会后,即在该处由兴中会招待用餐,孙中山举杯提议为章太炎敬酒,章太炎素来亦称豪饮,但是一人敬一杯,喝了七十多杯,不觉间,已酩酊大醉。(章太炎《自定年谱》曾说到他在秦力山陪同下去拜访孙中山,孙中山"导余入中和堂,奏军乐,延义从百余人会饮,酬酢极欢,自是始定交"。此回忆于情理似不合,或不确,许寿裳就此事在他所著《章炳麟》中回忆说:"中和堂这一会,兴中会的同志,畅叙欢宴,每人都敬先生一杯,先生共饮七十余杯而不觉其醉。"这个饮酒七十余杯的盛大场面应该是在此时,而非他初到横滨见孙中山时。)

五

章太炎这一次到日本，为时也不长，大约三个多月。1902年7月间，又回到余杭家中，这个情况可能与他在日本生计困难有一定关系。我们知道，在那里，他是靠为《新民丛报》撰稿和为人润饰文稿获得微薄收入，毕竟，这不是长久之计。另一方面，那时国内追捕的风声已有所放缓，回来不会有太大的危险。清政府虽仍是顽固派当权，而在仓皇弃京西逃之后，已是大病一场，元气大伤，用《红楼梦》里一句话说，是"内囊已尽上来了"，对于他们视为"乱党"的人物，尽管还是必欲除之而后已，然也往往力不从心，各地此起彼伏的革命活动，使他们顾此失彼，疲于奔命，而在八国联军入侵时，骤然增强的地方割据自保的势力，以及列强在华迅速扩张的势力范围，均使得朝廷中枢对全国的控制力大为削弱，也为当时的革命志士生存与活动造成一些空隙。这一点，在以下将要叙述的"《苏报》案"中，还会得到证明。这个案子中，堂堂清朝政府只是作为原告一方，向外国人的租界法庭控告章太炎和邹容，这真是亘古未有过之事。既然已是如此局面，章太炎自然可以回到国内，继续做他要做的事。另外，这时回家也许还有家事的原因，他的几个女儿的母亲——王氏夫人身体十分不好，并于不久之后亡故。

回到家中，又有了一段空闲，利用这个时间，他继续从事学术研究与撰述。如前所说,不同于其他许多职业革命家,章太炎是一位大学者,如果说他不是一直以学术活动为自己主要的社会活动方式,他也是一直在以社会政治活动和学术活动交替的方式贯串他的生涯,尤其是在社会政治活动间歇,有"燕闲"时,学术活动便会自动浮升到主要地位。

此时,他的工作任务单上,添加了新的一项:翻译日本学者岸本能武太所著的《社会学》。对于这个时期的中国人来说,"社会学"还是一门陌生的学科领域,是一种"新知",章太炎率先翻译出版这本《社会学》,具有传播"新知"的作用。他在这本书的《自序》中写道:"余浮海再东,初得其籍……岸本氏之为书,综合故言,尚乎中行,虽异于作者,诚学理交胜者哉,乃料简其一,译为一编。"此前,他也曾为他人润饰过《政治学》的译稿,而这本《社会学》则是一部经过他认真挑选独立的译作,虽然原创性不强,却能"综合故言","卓而能约",适宜于普及、推广。作为长期接受经学教育的一个传统型知识分子,在他的治学道路上,这无疑是一种大步迈进,显示他已突破旧学的樊篱,向现代知识领域大幅度转移。不过,章太炎对于外语(此处是日语)的掌握程度,似乎还令我们有些存疑,虽然他有过旅居日本,以及与日本友人往还的经历,很留意或很专心地学习过日语,却未必会有运用自如的翻译能力,极大可能还是部分借助他人口述进行"意译"。此书在1902年的7月即付印,表明有可能在日本期间已着手此书的译事。出版后,媒体也有一番"炒作",有的称"其译笔兼信、达、雅三长,诚译坛中之最铮铮者也"(《新民丛报》第22号),有的则称"吾国新译社会学,推余杭章炳麟之《群学》(即《社会学》)为巨擘,今此书(指有贺长雄所著《社会进化论》)可与章氏之《群学》参观,实研究政学、文学者所不可不读也"(《浙江潮》第7期),在扩大此书影响的同时,也给章氏的学者形象增添了几许新的色彩。

1903年在日本出版的《訄书》重订本,为邹容题写书名

回到家中,这一段时间,他更急于做的一件事,即修订《訄书》。事实上,此书这一次改订,已于1900年夏秋之际开始,由于一直处于漂泊状态,也由于"手术"较大,未能告竣。此时隐居在家,将其他事暂时搁置,得以专治于此。人们要在一年多后才能看到重订本的真貌,在日本出版的这个重订本封面,是作者的难友,已经夭折于"西牢"的"革命军马前卒"邹容题签的。我们当记得,初版本封面的题签者,乃是改良派领军人物梁启超,这一改换,显然具有象征性的指向——作者已从"与尊清者游",转向与革命派

携手并进。

一打开改订的《訄书》，我们即能看到《客帝匡谬》和《分镇匡谬》两篇文章——正如前面所述，《客帝》与《分镇》两文，都是作者已意识到存在严重错误而要删除的，在这新的两篇文章中，原来的错误认识和主张都被予以"匡谬"，它们作为"前录"，赫然列于全书之首，这一破例的编排方式，寓含作者勇于纠错的理性态度和坚定、执着的革命信念。

在一个急剧变迁的时代，人们思想发生重大变化是势所必然的，重要的是，要勇于正视它。以这种相当个性化的方式，章太炎向读者袒示自己曾经有过的思想迷误，以及对于这些迷误的否决态度，借以强烈地召唤读者一同弃旧图新。这里需要稍加说明的是，在上一年的手校本上，他写过一段文字，对自己"与尊清者游"表示检讨，到日本后，与梁启超还是往还甚多，这是因为当时梁启超也有一定变化，如他也支持召开"支那亡国二百四十二年纪念会"，只是要求不署其名。章太炎与之交往，并不妨碍在是否保皇的问题上与之划清思想界限。

我们可以看到，这个修订本几乎进行了"器官移植"式的改动：删除了十一篇，增加了二十多篇，其他的一些篇章，也或多或少地做了修改。现在，受过康、梁改良主义影响的杂音消除了，反清革命的主旋律更加高扬，特别值得提出的是，他还将记录有他在日本与孙中山讨论未来土地改革的《定版籍》，和讨论定都问题的《相宅》两文也都收入,这就更显出此书所特具的革命文献性质。另外,与《訄书》初刻本大不同的是对孔子的评价,初刻本由"尊荀"始至"独圣"中,对孔子"至圣"的地位还是未敢"妄议"的,而在此书中竟对孔子评头品足,说他删定六艺,编著《春秋》,虽有贡献,却也没有什么大不了的,论其道德、学问并不高明,只不过是百家中的一家而已,语非过激,却也颇令尊孔派心惊。此文一出,"孔子遂大失其价值,一时群言,多攻孔子矣"(许之衡:《读〈国粹学报〉感言》,《国粹学报》乙巳年第6号),带动了后来汹涌而起的反孔、批孔思想潮流,这在中国近代史上也是值得一书的。

一部不断修改的书,有它自己的生命史,《訄书》的这一次修订,是它的生命史上最具活力和光彩的一段。现今,已很难有人对于出版物还会如此诚恳,不惜对自己的著作一改再改。当然,还可以做出一种推测,是章太炎抱有一种宏愿,希图使他的这部原创性的作品成为中国社会转折时代的一部经典。无论如何,对于个人,对于大众,对于历史,这都是一个负责任的行动。

此时,他在治学上还热衷的一件事,是修《中国通史》。这件事要从源头追溯起——他自幼即对史籍有一种入迷般的爱好,数千年中华历史,是一个无比浩瀚的智慧之海,他几乎本能地相信,那里有他取用不竭的思想和精神资源。一开始,他并不一定很功利地要以历史为现实服务,然而,当他一旦进入了现实斗争的阵地，历史的效用就愈益显得重要了。历史不但能帮助人们认识现实，还能启发人们预见未来。由于谙熟各种历史知识与掌故，他的文章无不以历史与现实相表里。在历史的宏远视野中，现实的和未来的轨道似乎格外清晰，也就在这样的历练中，他更感到站在新的时代高度，以新的观点和见地重修一部《中国通史》的必要，毕竟，旧的史书羼杂着太多错讹和偏见，覆盖着太厚的旧思想尘土。在写给梁启超的信中，他陈述所设想的这部新版《中国通史》，是以"典志"为主的，"所重专在典志，则心理、社会、宗教诸学，一切可以熔铸入之"，另一方面，还要以"纪传"辅之，"然所贵乎通史者，固有二方面：一方以发明社会政治进化衰微之原理为主，则于典志见之；一方以鼓舞民气、启导方来为主，则亦必于纪传见之"，"全书拟为百卷，志居其半，志〔表〕记纪传亦居其半"。(《章太炎来简》，《新民丛报》第13号)典志与纪传交映互补，构成一部煌煌"通史"。对于此事，他有足够的自信，在致另一友人的信中，他说：司马迁、班固、孔颖达、陈寿、郑樵这五位大家，都是史家中名列前茅的人，他们尚且会有所失，我们这样的人来经营如此大的修史工程，难保不会出问题，但是，我感到自己"意所储积，则自以为高过五家矣"(《致吴君遂书八》，1902年7月29日)。对这部历史巨著的写作，他已思考和准备甚多，甚至已经写出了《中国通史通例》，全盘规划出全书的体例与结构，许多其他稿约都推掉了，就想集中精力来完成它。

从日本回到余杭老家后,除了修订《訄书》,也着手这一工作,那时正当酷暑,客少心静,只可惜手头资料不齐,"取精用弘,不得其道",一时难以措手。他期待日后再拿出时间,"成此大业"。然而,终究因为时间为其他工作挤占,未能实现此愿,也是中国史学一大憾事。

第五章 《苏报》案与三年西牢

> 任教上海"爱国学社"——与邹容、张继、章士钊结拜"金兰之交"——为邹容《革命军》作序——向保皇党开火：《驳康有为论革命书》——因《苏报》案而被捕——一场特殊的审讯：以清政府为敌国——上海提篮桥监狱的囚犯——邹容之殇——铁窗下的佛学研习

一

1903年春天，章太炎又来到上海。

上海开埠以来，工商业逐渐发展，也汇聚了具有各种政经、文化背景的势力和人物，被称为"冒险家的乐园"，越是这样的地方，清王朝的威权越是相对衰弱，它之成为晚清乃至民国时期中国政治活动的主要策源地，实非偶然。在章太炎这次回到上海时，那里正悄悄进行一件事，这就是"爱国学社"的开办。

所谓"爱国学社"，是一所学校，它的主办者是一些文化界和教育界人士，为首的即是后来的民国教育总长和北京大学校长蔡元培。它创立之初，并不是按照一般西方教育理念和模式来缔

建、办学的,情况带有某种突然性——当地有一所学校叫南洋公学,1902年秋的一天,该校有一个学生,将墨水瓶放在某教员的椅子上,因而受到严厉训斥,学生不服,教员诉之于校方,校方历来对学生是蛮横压制的,遂以对师长大不敬的罪名开除三名学生。倘若退回若干年,学生没有任何权利的观念,在"天地君亲师"的大棒下也就逆来顺受了,现在可不行了,他们"串联"起一二百人,集体退学,以示抗议,这就闹起了学潮。此事经媒体一报道,成了街谈巷议的一件要闻。蔡元培是南洋公学教员,又是中国教育会会长。中国教育会成立于1902年春,发起者大都是当时在反清革命中甚为活跃的人,如蔡元培,有人就说他是"表面办理教育,暗中鼓吹革命"(蒋维乔:《中国教育会之回忆》,《东方杂志》第33卷第1号)。南洋公学的这个学潮,如果说不是有心策划,也是他们无意得之的一个机会,中国教育会的核心人物立即决定以之造成一个"平台",组建一个新的学校,即"爱国学社",让退学的学生不要解散,整体转入新学校来。

中国教育会这些年轻的革命家四处募集经费,并以南京路泥城桥福源里教育会会址作为校址,举行开学典礼。"社中春季开学,各地闻风来学者甚多,校舍不能容,即添租左邻房屋,又添租右面空地为操场。……社中自总理、学监以下教职员,均自行另谋生计,对于学社纯尽义务。如蔡子民则任商务印书馆编译所长,吴稚晖则任文明书局之事。三、四年级之国文教员为章太炎

（炳麟）。"（同上）学校内的建制也很特别，它以"联"为单位，每"联"约二三十人，学生自由选择加入某一"联"，公推一个"联长"，凡有兴革，多由"学联"开会议决，交主持者执行，这实际上就是后来的学生自治会，而在实行自治这一条上，还要彻底得多。"学联"一听到何处有学堂发生"学潮"，必发电声援。1903年春，留日学生组织"军国民教育会"，鼓吹"养成尚武精神，实行民族主义"，"学联"立即呼应，也成立"军国民教育会"，将志愿参加者分为八个小队，晨夕训练，强健体魄，以应革命之需。照这种路子办下来，学社俨然就是一个革命者的摇篮。无怪乎四面八方都有一些热血青年投奔而来，南京陆军学堂闹学潮之后，四十多人即浩浩荡荡开赴"爱国学社"。

章太炎是应蔡元培之邀到"爱国学社"执教的。蔡校长久闻他的大名，知道他有学问，又主张革命，当之无愧是"爱国学社"的教员人选。章太炎欣然就任，这个有特殊背景和氛围的学校，对他很有吸引力。虽然，他曾表示过自己并不愿从事于教学工作，"与众人同其熙熙"，而到这里来教书，完全不同于以往的经验——这里分明有一种向往革命的氛围，能感受到热血青年的脉动。学

蔡元培（1868—1940）
中国近代革命家、教育家，曾任中华民国教育总长

生们每周都要到"张园"举行演讲会,一大群人围拢来,听教员和学生慷慨激昂发表演说,章太炎自然是其中主角之一。他的口头语言,想来不会像他的文字那样古奥,而其宏博的学识和睿智的思想,在此更有发挥的空间,听众为之非常心折。有人回忆说:"清末光绪二十八九年间,俄法皆有事于我,上海爱国之士日聚张园,召号民众,以谋救止,太炎与蔡孑民、吴稚晖无会不与。稚晖演说,辄如演剧者东奔西走,为诸异状。而太炎则登台不自后循阶拾级而上,辄欲由前攀援而升,及演说不过数语,即曰:必须革命,不可不革命,不可不革命。言毕而下矣。太炎时已断发,而仍旧装。夏季,裸上体而御浅绿纱半接衫,其裤带乃以两根缚腿带接而为之。缚带不得紧,乃时时以手提其裤,若恐堕然。"(马叙伦:《章太炎》,《追忆章太炎》第18页,北京三联书店,2009)现在虽已无法再现当时的场面,借助这些文字,章太炎那种率情和激越的神态,似乎还能在我们想象中跃现。两三年前,他还在这里声言"割辫",与保皇党人抗争,彼此力量相当悬殊,而现今,他已经拥有如此众多支持者,岂不格外令他兴奋!

章太炎教的是三、四年级国文,他已清楚意识到,此间校方设教、学生就学的目的,所以,"多述明清兴废之事,意不在学也"(《自定年谱》)。

一次,上作文课时,章太炎在黑板上出了一道题:《×××本纪》,命各人就此作一篇自传,这显然带有一种戏谑意味。须知

"本纪"是为皇帝作传才配称的,在大清王朝统治下,玩笑开到这个地步,可见思想是何等解放了。学生陶亚魂和柳亚子在自己的"本纪"中,回顾走过来的路,为自己一度"纪孔""保皇"悔恨不已,章老师阅后,立即给他们写了一封短信,全文如下:

陶、柳二子鉴:
　　简阅传文,知二子昔日曾以纪孔、保皇为职志,人生少壮,苦不相若,而同病者亦相怜也。鄙人自十四五时,览蒋氏《东华录》,已有逐满之志。丁酉入时务报馆,闻孙逸仙亦倡是说,窃幸吾道不孤,而尚不能不迷于对山之妄语。《訄书》中《客帝》诸篇,即吾往岁之覆辙也。今将是书呈鉴,二子观之,当知生人智识程度本不相远。初进化时,未有不经纪孔、保皇二关者,以此互印何如?章炳麟白。(《太炎先生遗札》,《制言》第61期)

　　这封信并不难懂,老师对学生没有一句训诫,而只是慰勉和鼓励,并且还要把自己摆进去,现身说法,说自己也有过一段走入歧途的经历,谁也不是生来就正确的,不信,就拿我写的《客帝》这篇有错误的文章看看,你们就知道,凡人的知识程度都是差不多的,千万别背上包袱。这里展现的,简直就是一种坦诚相见,相互帮扶、促进的同志式关系。

事实上，在这里工作的人确实都在为一个共同的目标所驱动，焕发全心全意奉献的精神，如前所说，教员任教，不取分文，生活靠另谋职业维持。章太炎除教书外，还需做些其他文字工作，粗衣粝食不必说了，住的地方，也是仅可容身的楼上小披屋，楼下就是厨房，每到做饭时，烟焰迷目，几乎不能立足，只能拿着笔砚、稿纸，四处找地方停留。

虽然生活艰苦，他也"不改其乐"，能朝夕和具有爱国和革命思想的莘莘学子相处，是一件令他十分乐意的事。在这里，他又结识了一些好友，其中，就有与他结拜为弟兄的邹容。邹容是下面即将讲到的"《苏报》案"另一主角。这里，我们须先行对他做一介绍，倘不是在"爱国学社"相遇，章、邹二人大概不会有下面那样一场惊天动地的大戏。

邹容（1885—1905）
清末革命宣传家，与章太炎结拜弟兄，卒于西牢

邹容是一个来自巴山蜀水虎虎有生气的小伙子，从日本回来，进了"爱国学社"。他在日本，可是闯了大祸。因为不满于清政府派人对留学生监视与压制，他竟将大清朝留日陆军学生监督姚文甫的辫子不由分说地剪了，还写上"南洋学生监督留学生公敌姚某某辫"，悬挂示众。有人说，他还打了姚大人一大耳光，以泄其愤。自称是"革命军马

前卒"的他,一见《訄书》的作者,大有相见恨晚之感,他们志同愿等,十分谈得来,仗着少年气盛,他还将自己称为"西帝",将章太炎称为"东帝",以见其"指点江山"的豪兴。

接着,又有章士钊、张继等人相聚,都是一帮"挥斥方遒"的新锐人物,大家意气相投,肝胆相照,就要以兄弟视之。虽然章士钊后来被鲁迅斥之为"老虎总长",当作"落水狗"痛打不休,当时,却是一位颇为骁勇的反清先锋,南京陆军学堂的学潮就是他带头闹起来的,来到"爱国学社"后,他又是其中的活跃分子,《苏报》上的许多激扬踔厉的文章,都出自他的手笔。

章士钊(1881—1973)
爱国民主人士,此为他年轻时照片

却说有一天,他们一起来到四明路上一家酒楼,坐下要了酒菜之后,便纵论天下大事,酒酣耳热之际,又说起要结拜金兰,论岁数,章太炎为长,是大哥,邹容最小,才十九岁,是小弟,大家相约,勠力同心,报效祖国,也没有歃血、跪拜之类的仪式,谈谈笑笑之间,已觉得真有一种手足情义。多年之后,章士钊如此回忆他们的金兰之交,真是历时弥坚:

一日,先生挈钊与继、容同登酒楼,开颜痛饮,因纵论天下大事，谓吾四人，当为兄弟，勠力中原。继首和之，一拜而定。自是先生弟畜钊，而谊以伯兄礼事先生唯谨。(《伯兄太炎先生五十有六寿序》,《追忆章太炎》第29页）

这些人物业已登场，就要说到《苏报》。此报原是一家报道市井新闻的小报，后被一个名叫陈范的人接手。陈范做过铅山县知县，因事被参革，对当局本就有满腹怨气。南洋公学闹学潮的时候，他在《苏报》上开辟《学界风潮》栏目，对学潮作跟踪报道，颇为社会各界关注，报纸销售的份数也随之大增。陈范顺势又对该报做了一番改革，特聘章士钊做主笔，除了继续对各地学潮做深度报道，还大大加强了论说的分量。由此，"爱国学社"与《苏报》之间，结成了紧密关系，有人甚至把它看成是"爱国学社"的机关报。一时间，许多倡言反清革命的文章在此发表，《苏报》几乎成了当时云集于上海的革命派喉舌。

章太炎两篇很著名的文章:《〈革命军〉序》和《驳康有为论革命书》都在《苏报》上刊载过，这是他被捕入狱的主要缘由。

《〈革命军〉序》是为邹容写的《革命军》作的序。说到《革命军》，这可是中国近代史上赫赫有名的一部"大书"。它其实只有两万多字，薄薄一个小册子，称其为"大书"，是指它的意义和影响实在很大。《苏报》在《新书介绍》栏刊登的《革命军》广告上，介绍它的内容说:"《革命军》凡七章，首绪论，次革命之原

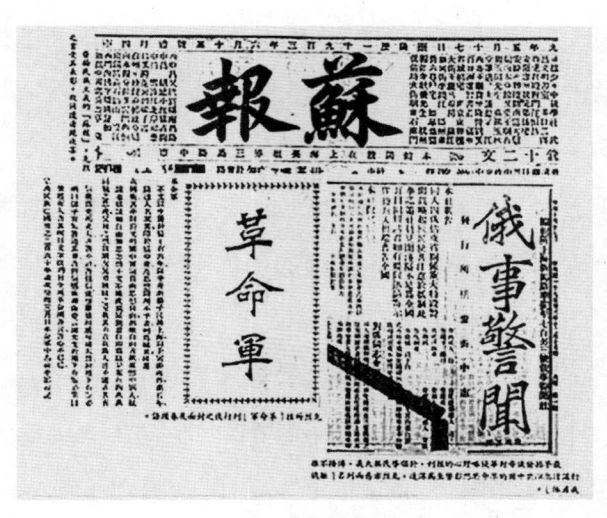

刊发邹容《革命军》的《苏报》

因，次革命之教育，次革命必剖清人种，次革命必先去奴隶之根性，次革命独立之大义，次结论，约二万言。章炳麟为之序。"在这部书中，作者公然提出，中国革命的任务就是"扫除数千年之专制政体，脱去数千年种种之奴隶性质"，为此，他热烈歌颂和呼唤革命："革命者，天演之公例也；革命者，世界之公理也；革命者，争存亡过渡时代之要义也；革命者，顺乎天而应乎人者也；革命者，去腐败而存良善者也；革命者，由野蛮而进文明者；革命者，除奴隶而为主人者也。"

中国有史以来，还没有一部像它这样猛烈抨击君主专制政治、鼓吹革命、鼓吹民主与共和的书，也更没有一部像它这样能将这些思想以澎湃的激情和晓畅的文字直击人心的书。作为当时历史的见证者，鲁迅说过："倘说影响，则别的千言万语大概都抵不过浅近直截的'革命军马前卒邹容'所做的《革命军》。"(《杂忆》，《坟》)有一个传闻说，《革命军》在当时一刷再刷，销了一百多万册，这个数字是否确切，容待证实，不过，倘若当时有畅销书榜的话，则它荣登榜首是肯定无疑的（尤其是在邹容入狱并死于狱中之后，此书更是畅销）。

邹容诚请他所钦敬的太炎大哥为《革命军》作序，章太炎义不容辞，欣然命笔。此序也是一篇好文，它毫不含糊地揭示了这本书书名题为"革命"的意义："今中国既灭亡于逆胡，所当谋者，光复也，非革命云尔。容之署斯名，何哉？谅以其所规画，不仅驱除异族而已，虽政教、学术、礼俗、材性，犹有当革者焉，故大言之曰'革命'也。"同时，它还充分肯定了《革命军》的舆论先导作用："今容为是书，壹以叫咷（音跳）恣言，发其惭恚（音会），虽嚚昧若罗、彭诸子，诵之犹当流汗祇悔，以是为义师先声，庶几民无异志，而材士亦知所返乎！若夫屠沽负贩之徒，利其径直易知，而能恢发智识，则其所化远矣。藉非不文，何以致是也！"章太炎自己做文章好用生僻字，又多用典故，古奥难懂，但他能意识到，宣传革命思想的文章，要能在民众中传播，必须切合"屠沽负贩之徒"的程度，"径直易知"，如此方能动员群众，成为"义师先声"，达到推翻清王朝的革命目标。"不文"，绝非一种缺点或弱点，相反，正是它的优点和强势所在。看上去，邹容寻求的是一种文体的解放，实际上，也是思想的解放，他的这种"叫咷恣言"，对于一个如铁屋般锢蔽的黑暗社会，无疑是一种"雷霆之声"，能产生巨大的震撼作用。

章太炎的另一篇重要文章，是《驳康有为论革命书》。我们知道，他对康有为这个人，有过一段在思想感情上较为亲近的时期。彼时，有人攻击康氏，他还会挺身而出，为之辩护。然而，经历了一段深刻的思想蜕变，他对康氏有了新的看法，尤其是革命思想的浪潮已沛然兴起的此时，康有为仍死抱"保皇""立宪"不放，接二连三抛出一些文章，反对实行革命，给国民预许下的是："夫万国力争流血所不得者，而皇上一旦以与民，我四万万人不待流血，不待力争，而一旦得欧洲各国民自由民权之大利，此何如其大德哉。"（康有为：《南海先生辨革命书》，《新民丛报》第16号）他的意思是说，别的国家人民流血牺牲都难以得到的自由和民权，光绪皇帝可以轻而易举地让中国人民得到，这样的好皇帝，还能不拥护吗？他常常将这类文字寄给一些商人、学生，颇具迷惑力。对于康有为这些谬论，章太炎觉得不能坐视不理，于是，拿起笔来，写了一封长信，托人带到新加坡交康有为。这就是有名的《驳康有为论革命书》。

此信口气很不客气，上来便是一顿痛斥："夫以一时之富贵，冒万亿不韪而不辞，舞辞弄札，眩惑天下，使贱儒元恶为之则已矣。尊称圣人，自谓教主，而犹为是妄言，在己则脂韦突梯以佞满人已耳，而天下之受其蛊惑者，乃较诸出于贱儒元恶之口为尤甚"，说康有为你自称是什么"圣人""教主"，为求一己之富贵，甘冒天下之大不韪，胡说八道，欺骗人民，在你，是为了巴结、讨好清朝统治者，可是你的欺骗性，比那些"贱儒元恶"，那些守旧的文人、坏种更厉害。这封信不但指着鼻子斥责了康圣人，还痛快淋漓地"骂"了"皇帝"，说他是"载湉小丑，未辨菽麦"。就是这句话，闯下了弥天大祸。"载湉"是光绪皇帝的名字，清朝皇帝坐了二百多年江山，从来名字都是要避讳的，谁敢呼名道姓骂他们？此时，章太炎完全站在革命派立场上，与清朝统治者势不两立，公开对光绪皇帝表示极大鄙视，他就是要以这种决绝的态度告诉康有为及其党羽，改变中国的命运，是决不能指望光绪的。康有为以革命会带来流血牺牲恐吓人们，又指中国民智未开，公理未明，旧俗俱在，故不能实行民主共和制度，章太炎则针锋相对，大声赞颂革命的功用。下面的这句话，也是传诵一时的金句："然则公理之未明，即以革命明之。旧俗之俱在，即以革命去之。革命非天雄大黄之猛剂，而实补泻兼备之良药矣。"一句话，革命是好得很，绝非他康有为所渲染的那样令人恐惧。数年之前，章太炎曾写过一篇《正仇满论》，批驳的对象是康有为大弟子梁启超，现在，这篇文章是直指保皇党总头领康氏本人，有些基本思想是一以贯之的，而这一篇堪称更系统、更全面，言辞锋利，气势雄锐，也更富有战斗力。

许多朋友读了这篇文章，都击节赞赏，将它与邹容的《革命军》视为"双璧"，在印行《革命军》时一并刊刻。于是，它的影响，与《革命军》如影随形，推广开来。《苏报》也以《康有为与觉罗君之关系》为题，发表了此文的摘要，一场震惊中外的《苏报》案，由此拉开了大幕。

二

很短时间内，《苏报》成了一份革命色彩颇浓的报纸，清朝统治者即使再昏聩，此时也不能不睁开眼注视它了。这份不久前还淹没在一大堆社会小报中的报纸，如今，居然连珠炮般发表反政府的重头文章，除了像邹容的《革命军》和章太炎的《康有为与觉罗君之关系》之外，还有《祝北京大学堂学生》《论中国当道者皆革命党》《读严拿留学生密谕有愤》《呜呼保皇党》《杀人主义》等，有的文章中，作者公然呼喊："望君自重，君胆壮，那拉氏不足畏，满洲人不足畏。莫被政府威吓而敛其动，莫惜诸君自由血而失全国人之希望，则学生之全体幸甚，中国幸甚。燕市之月，易水之风，敢为君祝曰：中国万岁！中央革命万岁！"纯是一派造反呼号之声，言论自由到这个地步，早已突破了可以容许的底线。而这家报纸，又与"爱国学社"相亲相近。这个"学社"，几乎是一个"会社"或政党组织（无怪乎在他们一份电文中误将

"爱国学社"称为"爱国会社")。于是,两江总督魏光焘电禀朝廷查禁"爱国学社"的演说活动,次日,清廷外务部即发电沿江沿海各省督抚,称:"奉旨:外务部呈递魏光焘电。据称:查有上海创立爱国会社,召集群不逞之徒,倡演革命诸邪说,已饬查禁密拿等语。……着沿海沿江各省督抚,务将此等败类严密查拿,随时惩办。"(《中国近代史资料丛刊》,《辛亥革命》第一册第408页,上海人民出版社,1957)随后,魏光焘又电禀:"上海爱国会演说虽禁,复有设在上海租界之苏报馆刊布谬说,而四川邹容所作《革命军》一书,章炳麟为之《序》,尤肆无忌惮"(同上,第421页),直接点了章太炎和邹容的名。随后,"由沪道商美总领事会同各领签押,工部局即允协拿"(福开森:《致兼湖广总督端方电》,同上,第409页)。

《苏报》作者群经常活动的地点在外国租界,这一特殊情形使清政府的镇压进行起来有些碍手碍脚。在租界,章太炎和他的友人们能公开聚集,放胆言说,与其说租界当局是有意庇护清朝持不同政见者,毋宁说他们更注重维护其在中国领土上的"治外法权"。若说他们真心同情或支持章太炎等从事的革命活动,那就错了,事实是后来在洋大人的监狱(即西牢)里,章太炎和邹容都遭到非人的折磨和摧残,后者还丧失了年轻的生命。而在一开始,租界的洋大人中,确曾有人不同意直接拘捕这些清朝统治者眼中的"不逞之徒",毕竟,这些人的言论行为,并不构成对租界安全的直接威胁，而后，几经交涉，清政府派出的"安全"官员向上海租界会审公廨提出控告，租界的警务部门方才出票捕人。

6月29日，中西警探联合行动，来势汹汹地包围了《苏报》馆。这一次，他们扑了空，只抓住报馆的账房先生程吉甫。次日，他们又来到"爱国学社"，在这里，正好遇到章太炎。

面对大队警探，章太炎显得颇为沉着，他对他们说，我就是章炳麟，别人都不在，我跟你们去好了。

现在看来，章太炎和他的战友们对这一次拘捕行动的严重性，估计或有不足。其他几个人，随后也都"顺利"归案，特别是邹容，他已经从学校后门逃脱，并在虹口的一个外国传教士家里藏起来，章太炎从巡捕房传信叫他主动投案，他就真的来了。

警员不相信面前这个半大小子就是大名鼎鼎《革命军》的作者邹容，说你别开玩笑了，你怎么会是邹容？

邹容一脸严肃道，我要不是邹容，还来投什么案？

在这件事上，章太炎和他都透出一种书生气，他们对租界当局，对他们嘴上常挂着的那些"民主"和"法治"的宣言抱有轻信，觉得最后审理的结果，未必会把他们怎么样。

在一定意义上，这一次章太炎被捕，也可以说是有意就捕。报馆老板陈范已经派儿子去给他报信，本来是可以逃脱的，而他却偏不走。不但不走，还带信给邹容，叫他也出来投案。据其自述："先数日已得消息，未几，《苏报》被封，陈范逃，蔡孑民（元培）与余议，谓舍走无他法，孑民遂走，予遂就逮。"（《章太炎先生答问》，见《太炎最近文录》）按章士钊的说法，是"章、邹本可扬去，故意就逮，以示风节"（《太炎集外文主编附识》，《甲寅》第一卷第43号）。这当然不是说，章太炎有意作秀，或沽名钓誉，他极有可能考虑到，利用这一特殊机会和条件，"蓄意制造事端"，扩大排满反清的宣传效果。他在反击某报对他和邹容的诽谤和攻击时说："逆胡挑衅，兴此大狱，盗憎主人，固亦其所。吾辈书生，未有寸刃尺匕足与抗衡，相延入狱，志在流血，性分所定，上可以质皇天后土，下可以对四万万人矣。"（《狱中答新闻报》，《章太炎政论选集》第234页）这里，值得注意的是"相延入狱，志在流血"这一句，彼时中国，觉悟者毕竟甚少，绝大部分国民还是沉默和麻木的，怎样才能唤醒大家，将反清革命的主张传播到全社会，是章太炎这样的革命者重点考虑的问题。《苏报》案发生，对立面清朝政府已经出场，作为当事人的他，以"相延入狱"作为主动采取的反清斗争手段，也未尝不是一个选项。他在与吴稚晖论战时，解释为何招邹容投案，所说并不尽合理："仆既入狱，非有慰丹为之证明，则《革命军》之罪案将并于我，是故以大义相招，期与分任，而慰丹亦以大义来赴。"（《再答吴敬恒书》，《民报》第22号）若出于这种动机，而陷战友于罗网，岂不太不够意思，这不像章太炎的为人，即使如此为人，他又怎能不加掩饰，公之于众？较近合理的解释，是因《革命军》而构成的罪案，倘若只放在他一人身上，邹容躲过，不出面说明，显然对邹容的公众形象不利，或是他与邹容对此可能有过约定：一旦被捕，二人双双赴难，共同抗衡，"志在流血"，借以扩大影响，震动民众。而在比较直接的考虑上，他们还是认为，租界当局不会完全站在清朝政府一边，以此给他们定罪。

无论章太炎是不是有意追求这种效果，现在，《苏报》案，以及此案中的两个主角——章太炎和邹容，已经成为社会瞩目的焦点人物。和他们一起被捕的，还有另四个人，如上面提到的一个叫程吉甫的账房先生，以及报馆老板的儿子等，不久，他们都相继释放了。真正重要的人物是章太炎和邹容，清朝统治者对之恨得咬牙切齿，他们最希望将二人从租界押解过来，任由他们处置，那么，一切就简单得不能再简单了——立即处决。为此，他们曾经给租界当局开出很高价码，愿以沪宁路权交换，并另许以十万两银作为回报。这显然是一桩回报丰厚、相当诱人的交易，只是由于新闻公开，使得它难以在幕后达成，中外当局对媒体关于此案的追踪报道，均有些无奈。

因《苏报》案而被捕，一夜之间，成为社会关注的新闻人物，此非章太炎始料所及，而一旦处于这个位置，他必会考虑到，在这场斗争中，他们的言说、行为和精神风貌，都会具有广泛影响力。身陷缧绁，失去自由，且生死未卜，他深深感受到，有那么多朋友的倾心支持，自己所进行的斗争又具那样的正义性，因而意气更是百倍激扬，誓将这场斗争进行到底。他在拘留地撰文回应《新闻报》记者的诋毁和攻击，痛斥他们不过是一些渺小的"斥鷃"和"井蛙"，无法理解革命者的"鲲鹏"之志："……去矣，新闻记者！同是汉种，同是四万万人之一分子，亡国覆宗，祀逾二百，奴隶牛马，躬受其辱。不思祀夏配天，光复旧物，而惟以维新革命，锱铢相较，大勇小怯，秒忽相衡，斥鷃井蛙，安足与知鲲鹏之志哉！去矣，新闻记者！浊醪夕引，素琴晨张，郁青霞之奇意，入修夜之不旸。天命方新，来复不远，请看五十年后，铜像巍巍立于云表者，为我为尔？坐以待之，无多聒聒可也。"（《狱中答新闻报》）这些言辞中，充分寄寓他的宏大志向，与对生命终极价值的追求。在面对生死的考验中，他更多想到了，要以个人的牺牲换得众人效仿，以推动反清革命的进行。

　　对章太炎等的审讯开始了。这是一场非常特殊的审讯——原告一方是清政府，被告是章太炎这些平民，审判者则是租界当局，原告、被告双方都聘请了外国律师。仅是这样一种形式，在章太炎看来，已具有非常特殊的意义，甚至可以说，就是一种胜利。他不承认清朝政府的合法性，现在，他已明显地在世人面前展示，自己就站在清朝的"敌国"地位上，这极大地满足了他的反清意愿和主张。而清朝政权的鹰犬们，则实在难以咽下这口气，他们曾经策划强行劫持章太炎和邹容，为此调集了五百官兵，换下清兵的号褂，悄悄埋伏在犯人的必经之地——新衙门后面，只待一声哨响，便动手抢人。然而，租界当局已有防备，每一次提审时，都会有一名英国巡捕陪坐在马车上，另外，还有几名巡捕配剑行于前后，街头路口，也满布荷枪实弹的巡捕，清兵的劫持终未得逞。

法庭上，控辩双方唇枪舌剑，交锋激烈。

控方指章太炎撰《驳康有为论革命书》"诋毁今上圣讳，呼为'小丑'，立心犯上，罪无可逭"。

章太炎驳道："因见康有为著书反对革命，袒护满人，故我作书驳之。所指书中'载湉小丑'四字触犯清帝圣讳一语，我只知清帝乃满人，不知所谓圣讳。"（张篁溪：《苏报案实录》，《辛亥革命》第一册，第376—377页）

又辩道："'小丑'二字本作'类'解，亦作'小孩子'解，这算什么诽谤？贵西方的法律没有避讳之说，教学生的课本也不讲避讳，我这样写，犯了什么罪，要治我的罪，又有何种法律依据？"

审判者问章太炎："你的科举出身是得自何科？"

他微微一笑道："我本满天飞，何窠之有？"（《初讯革命党》，《申报》1903年7月16日）

按余杭方言，"老布衣"的读音，近似"满天飞"，而"窠"与"科"同音，他的话中带着嘲谑，流露对清朝功名的蔑视。

第二次审讯时，被告方辩护律师问："现在原告究系何人？其为政府耶？抑江苏巡抚耶？上海道台耶？"

清政府派出的官吏孙建臣即答称："章、邹等犯，系奉旨着江苏巡抚饬拘，本分府惟有遵奉宪札行事而已"（《二讯革命党》，《申报》1903年7月22日），随即，将清政府的公文出示。

章太炎在一旁扬声一笑，孙建臣斜睨道："你笑什么？"

章太炎道："我笑你们堂堂大清政府，竟然跑到租界上一个小小法庭来控告几个小老百姓，这个国家已经被你们败到这个地步，怎么还有脸面立于世上？"

孙建臣恼羞成怒了，他指着章太炎气急败坏地说："我和你们无仇无怨，你们有什么，快说快了！"

法庭上一片哄笑，审判者连连敲锤示禁。

关于此案的审讯报道，成为当时上海各家媒体最抢手的新闻，街谈巷议，莫不以《苏报》案为主要话题。原先，还只是一部分知识精英知道《苏报》，知道《革命军》，知道章太炎驳康有为，现在，一般老百姓也知道《苏报》案是怎么回事了，反清、排满的思想传播得越来越广，而且，革命者的气节与风范，也给人们留下很强烈的印象。每次审讯结束，都会有许多人聚集在衙门口，等候一睹章太炎、邹容的风采，"有见者，谓章长发髧髧然被两肩，其衣不东不西，颇似僧人袈裟之状。邹剪辫，易西服"（《初讯革命党》，《申报》1903年7月16日），他们丝毫没有"犯人"的沮丧神色，反而是泰然自若，意气轩昂，章太炎甚至还朗声吟诵起

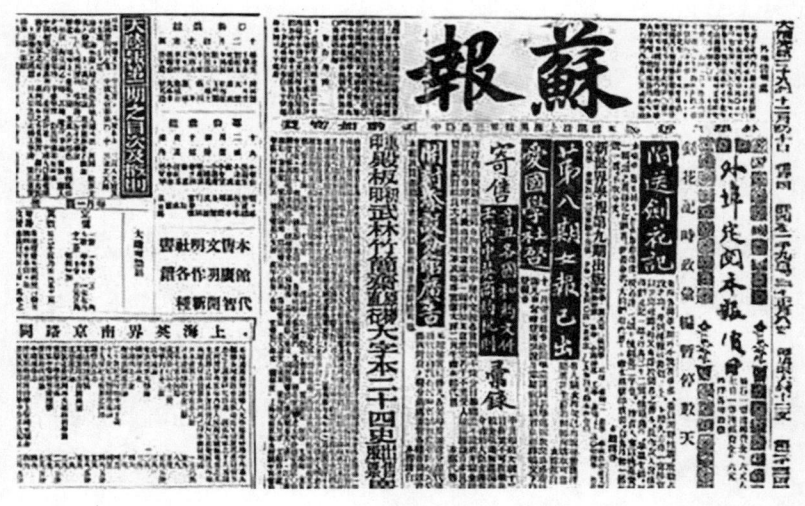

《苏报》报道审讯《革命军》作者邹容记录

"风吹枷锁满城香,街市争看员外郎"的诗句。观者的脸上,渐由讶然转向钦敬,看到这样的群众场面,章太炎觉得自己做出的牺牲,实很值得。

中外统治者其实是一鼻孔出气的,列强在中国有许多既得利益,在某种意义上,清朝政府就是他们的代理人,利益的牵连和勾结压倒一切。租界的会审公廨于1903年12月24日宣判章太炎和邹容"永远监禁",这一判决显然意在满足清政府的要求,但在领事团内部,则发生了意见分歧,反对的声音高涨起来,因而延缓做出最后决定。迟至1904年5月21日,改判章太炎监禁三年,邹容监禁二年,皆从上年被拘之日起算,罚做苦工,期满逐出租界。

三

　　至此，章太炎便以囚犯的身份被押往上海提篮桥监狱，在这里，他度过了一生中最难忘的一段岁月。中国近代史上，还没有几个革命者能有如此经历——坐外国人在中国设立的监狱。这位中国的大学者和革命先行者，其时正年富春秋，他不得不面对失去自由，且生命不得保障的铁窗生涯。如果不是有他坐过此时的所谓"西牢"，并将他的亲历和见闻载诸笔墨，也许我们还无法深入一层了解"西牢"的内情。应该说，章太炎和邹容这样的囚徒，

1904年章太炎与邹容因《苏报》案被判监禁，图为上海提篮桥监狱

因为是新闻媒体关注的人物，有很高的社会知名度，会有某种特殊性，后期，特别是邹容死后，章太炎被例外"优待"过：派去伙房帮厨。但是，在整个坐牢的过程中，他们所受到的，实是非人道的折磨和摧残，其惨酷之状，非亲历者无法道出。就在章太炎被捕后不久，有一位他所认识的革命者叫沈荩的，落入了清政府的罗网，刽子手奉慈禧之命，用竹鞭活活将他抽死，现场血肉横飞，惨不忍睹。而"西牢"中的情形，也好不了多少，为了求得更有真实感起见，我们将章太炎的这一段回忆和记述原文抄录如下：

既入铁槛，余断食七日不死，方五六日所，稍作欵，必呕血数刀圭。因忆周亚夫事，非必由愤懑致之，盖不食则血上溢也。同系者告余曰："断食七日不必死，有素嗜罂粟膏者，眩掉呕写，绝粒四十二日，犹故不死，况于彼为六分之一耶？"因复进食。然所食皆麦饭带稃，日食三合，粗粝鲠会咽，顾视便利，则麦复带稃而出，其不能输精成血可知。同系五百人，一岁死者百六十人，盖三分而瘦毙其一矣。余复谓咸丹曰："食亦死，知必死，吾有处之之道。"自是狱卒陵籍，余亦以拳拟之，或夺其椎。固自知力不逮，亦太史公所谓知死必勇者，以是遭狱卒踶（音踢）跌（音决）二次。印度人尤暴横，每举足不择腰脊腹背，既仆地，则数狱卒围而击之。或持椎捣其胸间，至闷绝，乃牵入铁槛中。以伤死者甚众，既无检尸具结之事，故恣肆无所顾忌。或时为医生检得，则罚金四五圆耳。而狱卒复造私刑为钳制计，其法以帆布为梏，反接两手缚之，加以木楔，名曰软梏。梏一小时许，则血管麻木，两臂如针刺状，虽巨盗弗能胜，号呼宛转，声彻全狱，其虐较挆指为甚。凡狱囚与外交通书札，则以此钳制之，故暴戾之状，不闻于外。余复受梏三次，由今思之，可以致死者数矣。（《狱中与威丹唱和诗》）

请看洋人和他们雇佣的印度狱卒，对待中国犯人何曾有一点"人道"！五百犯人，仅一年中，就有三分之一惨死在他们手下。章太炎和邹容虽是为外界关注的著名的政治犯，也不能保证他们不会惨遭毒手，社会舆论固然有一定的制约作用，监狱当局却可以处心积虑切断犯人与外界的信息通道，使外界无从得悉真实情况。他曾"以牙还牙，以眼还眼"，对狱卒的殴打奋起反抗，却立即遭到"报应"，不仅是被身材高大的狱卒狂踢毒打，还被加以私刑——"软梏"。这种刑法要比臭名昭著的"挆指"更厉害，受刑者的惨叫令人撕心裂肺，"号呼宛转，声彻全狱"，可想而知是何等疼痛，何等恐怖。章太炎不愧是个硬汉子，在受到打骂时，虽自知体力远远不及这些洋狱卒，仍向他们挥以老拳，奋力拼搏，其结果是遭到更重的毒打，光"软梏"就"享用"了三次。在此情形下，他能活下来，真是死里逃生。

斯时，他们自然会考虑到"死"的问题，即使不是在内外勾结下，令他们致死，以他们羸弱的身体素质，在那样恶劣的生活条件和暴虐的人身摧残下，也无法躲过"鬼门关"。章太炎进行过绝食斗争，这个斗争并不以绝食作为"要挟"的手段，而仅仅是为了求得一死，至多，也只是希望以此换得对邹容的处境有所改善。

狱事既决，狱卒始不以人道相待，时犹闭置空室，未入铁槛，视狱卒陵暴状，相与咋舌裂眦。余语威丹："尔我体皆弱，又不忍辱，与为白人陵籍而死也，无宁早自为计。然以禁锢期限计之，我三年，尔二年，尔当生，我当死。"威丹哽咽流涕曰："兄死，余不得不死！"余曰："不闻子胥兄弟事耶？且白人内相陵逼，而外犹恶其名。余死，彼惧烦言之不解也，必宽假尔。"因复议引决事，时刀索金环毒药诸物既被禁绝，惟饿死。(《狱中与威丹唱和诗》)

这两位亲密战友，争相以自己先死来换取另一人可能得到的"宽假"，饿死是当时唯一可行的方式。人谁不求生，倘若不是到了不得不求死的地步，他们何至于如此为之？然而，这一场绝食斗争，进行七天后，并未继续下去，一来不提任何复食条件，单纯为求死而绝食，容易遭到监狱当局的漠视；二来此种方式历时太长，不能达到速死的目的。复食之后，监狱提供的食物又极差，难以支持生存。章太炎知道，即使复食，也还是必死无疑。既然如此，他决定采取另一种"处之之道"，这就是前面说到的，在受到暴力对待时，毫不犹豫地向残暴的洋狱吏们英勇还击。不用说，还击的结果通常是被殴致死。这种方式透出一种反抗的绝望，同时，它的动力还来自他与邹容手足般深厚情义。

邹容要小章太炎十八岁，对于这一次因《苏报》案引起的狱讼后果，他或者比章太炎估计得还不足，然而，在章太炎的带动下，他也一样以昂扬的斗志和冒死的决心，迎接自己生命航程中的这一次狂风恶浪。还在被押候审期间，太炎就写下这首非常著名的诗给他：

邹容吾小弟，被发下瀛洲。
快剪刀除辫，干牛肉作粮。
英雄一入狱，天地亦悲秋。
临命须掺手，乾坤只两头。

他也回赠章太炎一首诗，诗曰：

我兄章枚叔，忧国心如焚。

并世无知己,吾生苦不文。

一朝沦地狱,何日扫妖氛?

昨夜梦和尔,同兴革命军。

身陷牢狱,仍期待有朝一日能扫荡清朝势力,就在梦中,我也和你共同投身革命军——邹容的诗句,流露出对太炎大哥的赞佩和追随之情。很显然,无论是思想还是学问,章太炎都比他要高得多,邹容入狱,是应章太炎之招而来,此后在狱中的斗争,他也都依傍于章太炎。章太炎要比他更从容地面对狱中的折磨和死亡的命运,"临命须掺手,乾坤只两头",到最后的时刻,他俩要相互掺着手,茫茫宇宙只见他们两个高昂着的头——章太炎已经预约下与他共同就义。

在狱中,章太炎和邹容除了密议斗争策略,也一起作诗唱和,互相砥砺。章太炎自己攻读佛经,以开拓思域,调整心态,还给他详细讲解,拿一本《因明入正理论》作教本,对他说:"好好学这个,可以解除我们这三年坐牢之忧。"

然而,邹容毕竟太年轻,他的锦绣年华刚刚开始,如此残酷而漫长的铁窗生涯,极大地摧残他的身心。他烦怨愤激,终于病倒了——常常低烧,昏昏欲睡,却又睡不着,半夜独语骂人。章太炎请求狱方给他治病,横遭拒绝,直至病势沉重,才送工部局医院就医,就在用了该医院医生开的药之后,邹容突然死亡。此事不能不让人生疑，有可能是医院方面被人买通，为清政府拔除了这个"眼中钉"。一个出类拔萃的爱国青年的生命，就如此被断送了。"平生御寇御风志（邹），近死之心不复阳（章）。愿力能生千猛士（邹），补牢未必恨亡羊（章）"，这是不久之前，他们一人一句，写下的一首声调铿锵、相互勖勉的诗，而今，他们已分隔在阴阳两界，这是怎样一种不可接受的现实啊！章太炎抚着他的尸身，悲不自胜，大哭失声。

　　章太炎一直以为，要死应该是他为先——从刑期上，他比邹容长；另外，邹容略会英语，较易与洋狱吏沟通，却未想到，邹容死于他之先。早先他们曾想到，与其两人都死，不如死一个，以换得对另一个的"宽假"和保全，要死，当然是他章太炎去死，现在，不是他章太炎，而是邹容死了，这是他心中始终不能释然的。也正因为邹容死得不明不白，监狱当局畏惧舆论，不得不略为改善章太炎的待遇，将他调去"帮厨"，使他得以靠"近水楼台"之利，获取较多食物充饥，安然度过剩余的刑期。每当想起这一切，他都会有一种负疚的心情："余之生，威之死为之也。"（《狱中与威丹唱和诗》）邹容死后，他即未再有太激烈的以命相搏的反抗之举，这或是有朋友百般劝解的结果，也是他感到生者对于死者负有不容推卸的义务，必须秉承烈士遗志而前行，在他后来的革命生涯中，邹容的死，实是一个有力的鞭策。

　　服刑期间，章太炎和普通囚徒一样，必须做各种劳工，先是做裁缝，后又做厨工，监狱当局想必对这个体形文弱的犯人已有深刻印象，知道他的"脾气"上来，会不顾一切，连性命危险也不当一回事，更何况，社会上又有那么多人关注他的命运，因而，此后对他也不逼之太甚，他工余便得以读书。书是外间朋友陆续送进来的，以佛经为主。我们知道，曾有过一个时期，他的朋友宋恕、夏曾佑劝他读佛经，他读过，却读不下去，而且，他还对当时知识分子中读佛、礼佛之风气甚为不满，认为太脱离现实，而现在，他能暂时脱离世务，一门心思来读佛家经典了——其主要读本是《瑜伽师地论》《因明论》和《唯识论》。也许正是在铁窗之下，在这样惨酷的生活境遇和生死未卜的状态中，他尝到了佛经给他精神上带来的好处。他读佛经，并不意味他倾向于消极、悲观，亟欲遁入空门，但也不像有人说的，他是在失望于机械唯物论等之后，刻意寻找或打造摧坚陷阵的思想武器，起码最初不是如此。除了身处狱中，精神上需要以此得到一定的排解和超脱，他还是当作学问来对待的。在以往的求学经历中，他几乎是倾注全力于中国传统经典，而对于一个中国治思想史的学者，如果不精研佛学，则一定是很不完整的。过去，在动荡的生涯中，他即使有心也无暇来"补课"，而现在，他大可以了此心愿了。

当然，他的学习也绝不是纯为学术而学术，他自觉而认真地考虑到反清革命事业的需要，即使是研读佛经，也是渐渐转而将它与革命大业联系起来，以至于他在出狱后，即热心鼓吹建立新的宗教，要"用宗教发起信心，增进国民的道德"。大致可以说，在这样长时间潜心读佛之后，他的世界观应是发生了一种浸润性的、也是相当深刻的变化，后来有一段时间，他甚至想皈依沙门，前往印度，以求在佛学上进一步深造。

　　章太炎苦读佛经的同时，与外界的联系也未中断，朋友们定期来探视他，给他带来各地风起云涌斗争的信息，使他倍感鼓舞。甚至一个新的革命团体——光复会的缔建，也在他和朋友们短短接触中秘密酝酿。这位未来的光复会会长，那时还不可能出来扛起大旗，然而，朋友们都认为，以"光复"为宗旨的这个组织，理所应当以他为主将，不能因他尚在狱中，就不听取他的意见。事实上，此时的章太炎，因《苏报》案入狱的英勇表现，已享有很高的政治声望，而这种声望，正是领袖人物必具的条件。

第六章　东京《民报》笔政

东京留学生欢迎会上演说—出任同盟会《民报》主编—与《新民丛报》论战—汇通中、西、古印度哲学与佛学的哲人—《民报》被封禁—革命阵营的一场混战—"倒孙"风波与新版《民报》—刘师培的"重磅炮弹"—著述硕果：《齐物论释》《新方言》《文始》《小学答问》《国故论衡》等—东京讲学：中国教育史上一段佳话—"光复会"掌门人—《教育今语杂志》—白话文写作先驱

一

三年的刑期满了。

友人们等候在四马路巡捕房门口，迎接章太炎出狱。重新获得自由的章太炎，看见了朋友们，看见了洒满阳光的街道和树木，来来往往的人群和车辆，心里有难以抑制的激动。只要想一想他在洋人监狱中受过的磨难，就能体会到"九死一生"的含义。而现在，他的厄运并未到头，租界当局规定，他须在三日内离开，清朝政府对他这个"反贼"的恨意丝毫未减，他若在国内到处行动，仍有落入虎口的危险。在迎接他的人群中，总部设在东京的

同盟会代表，受孙中山委托，安排他于当天晚上即乘轮船前往日本。

这是章太炎第三次前往日本，和前两次情况大不一样，这一次，他是作为当时备受瞩目的一个公众人物，一个反清革命中的英勇斗士被接纳、被欢迎的。《苏报》案的影响力十分大，他和邹容作为此案的主角，他们所进行的种种抗争，都不仅事关他们的个人命运，而且，已经成为反清革命运动的组成部分，他们理所当然是这一运动的英雄。

到达东京不多久，同盟会总部即召开了极为隆重的欢迎会。

20世纪初的东京，1906年章太炎出狱即来此主持同盟会之《民报》

那一天（1906年7月15日），天下起了大雨，而在东京神田町锦辉馆，有两千多人挤满了会场（也有人说，实际到场人数达到七千多），大家齐立在时骤时缓的雨中，倾听他的演说，有的人甚至爬上窗台、屋顶，以一睹这位传奇人物的风采。

有生以来，章太炎还没有当着这么多人的面演讲过，他两眼炯炯有神，吐辞不疾不徐，仿佛天生就是一个演讲家，许多意见是他在牢中早就深思熟虑的，此时如汩汩流水，倾泻而出，一讲就是几小时。这个演说随后整理出来，洋洋洒洒六七千字，是一篇著名的战斗文章，也是中国近代史上一篇重要文献。

他从自己早年的思想讲起——少小时，读过一些汉族先贤的书，受到启发，萌生民族主义的思想，却并无什么学理，直至甲午战争后，接受维新变法思想影响，这才有学理。他之投身反清革命，是基于这个思想基础，绝非是盲目的。出狱之后，他很欣喜于革命形势发展如此之快，不长的时间里，队伍迅速扩大，"留学生界中助我张目的人，较从前增加百倍"，尤其是民族主义的学理，业已"圆满精致"，十分令人鼓舞。

接下来，他就讲了一段很有意思的话，是关于所谓"疯癫"的，兹引录如下：

只是兄弟今日还有一件要说的事，大概为人在世，被他人说个疯癫，断然不肯承认，除那笑傲山水诗豪画伯的一流人，又作别论，其余总是一样。独有兄弟却承认我是疯颠，我是有神经病，而且听见说我疯颠，说我有神经病的话，倒反格外高兴。为甚么缘故呢？大凡非常可怪的议论，不是神经病人，断不能想，就能想也不敢说。说了以后，遇着艰难困苦的时候，不是神经病人，断不能百折不回，孤行己意。所以，古来有大学问成大事业的，必得有神经病才能做到。诸君且看那希腊哲学家琐格拉底（即苏格拉底），可不是有神经病的么？那提出民权自由的路索（即卢梭），为追一狗，跳过河去，这也实在是神经病。……象我汉人，明朝熊廷弼的兵略，古来无二，然而看他《气性传》说，熊廷弼剪截是个疯子。近代左宗棠的为人，保护满奴，残杀同类，原是不足道的。但他那出奇制胜的方略，毕竟令人佩服。这左宗棠少年在岳麓书院的事，种种奇怪，想是人人共知。更有德毕士马克，曾经在旅馆里头，叫唤堂官，没有答应，便就开起枪来，这是何等性情呢？仔细看来，那六人才典功业，都是神经病里流出来的。为这缘故，兄弟承认自己有神经病；也愿诸位同志，人人个个，都有一两分的神经病。近来有人传说，某某是有神经病，某某也是有神经病，兄弟看来，不怕有神经病，只怕富贵利禄当现面前的时候，那神经病立刻好了，这才是要不得呢！略高一点的人，富贵利禄的补剂，虽不能治他的神经病，那艰难困苦的毒剂，还是可以治得的，这总是脚跟不稳，不能成就甚么气候。兄弟尝这毒剂，是最多的。算来自戊戌年以后，已有七次查拿，六次都拿不到，到第七次方才拿到。以前三次，或因别事株连，或是普拿新党，不专为我一人；后来四次，却都为逐满独立的事。但兄弟在这艰难困苦的盘涡里头，并没有一丝一毫的懊悔，凭你甚么毒剂，这神经病总治不好。或者诸君推重，也未必不由于此。若有人说，假如人人有神经病，办事必定瞀乱，怎得有个条理？但兄弟所说的神经病，并不是粗豪卤莽，乱打乱跳，要把那细针密缕的思想，装载在神经病里。譬如思想是个货物，神经病是个汽船，没有思想，空空洞洞的神经病，必无实济；没有神经病，这思想可能自动的么？（《东京留学生欢迎会演说辞》，《章太炎政论选集》第270—271页）

在此，他巧妙回击他人强加于他的"疯子"之说，听他这番话，应该不会有人再认为他是"疯子"，若真是"疯子"，岂能有如此清醒、睿智、深入的思考？诚然，他有过"癫痫"的症状，而从病理上说，癫痫患者在病未发作时，与常人思维与行动方式亦无差异。事实上，他后来少有癫痫发作，也没有资料显示，发病时他的言行又如何怪异。他之被一些人嘲骂为"疯"者，大抵都是他的一些反抗当权者的激烈言行。在特定时代条件下，在保守派、对立派眼中，"疯癫"反而是清醒的革命者的一种特征——

这一意想，后来，经鲁迅熔铸入艺术构思，就诞生了文学史上不朽名篇《狂人日记》。

这篇演说并不只空喊口号，它有激情，也有学理，而且，特别强调学理，充分展现出章太炎作为一个"有学问的革命家"富有魅力的形象。

面对伫立雨中全无退意的热情听众，他不由不倾吐自己的肺腑之言，提出他的建议："有两件事是最重要的：第一，是用宗教发起信心，增进国民的道德；第二，是用国粹激动种性，增进爱国的热肠。"

如前所说，他在狱中三年曾苦读佛经，后来论者，往往要从过于高远的角度，批评中国民主主义知识分子如何困乏于没有适宜的思想武器，只能求助于佛学，要在佛学中找到解决中国问题的答案。而事实上，章太炎既是一位革命的实践者，也是一位睿智的哲思者，他是在极力扩大自己的视野与思域，广泛获取思想资源，以适应现实革命事业的需要。后面我们会看到，他是如何构建自己的话语体系的，他的目标不是要真的在中国建立一个信神的宗教，或者拥立佛教为"国教"，他另有一种宗教的理想。而在这时，他演绎的逻辑似乎还是如此：孔教是不行的，基督教也不适用于中国，真正可用的只是佛教："我们中国，本称为佛教国。佛教的理论，使上智人不能不信；佛教的戒律，使下愚人不能不信。通彻上下，这是最可用的。"作为思想的武器或批判的武器，有些理论斗争性色彩或太浓，而佛教则披有一层大慈大悲的外衣，其内里重平等，可以用来作为一种理念性的手段，"攘逐"压迫汉人的清朝统治者，可以用来号召推翻专制，恢复民权。在他看来，更重要的，还是佛教所可提供的信仰和精神动力资源——这也是当时中国社会最感匮乏的。

他说出自己的思考和主张："我们今日要用华严、法相二宗改良旧法。这华严宗所说，要在普度众生，头目脑髓，都可施舍与人，在道德上最为有益。这法相宗所说，就是万法惟心。一切有形的色相，无形的法尘，总是幻见幻想，并非实在真有。""要有这种信仰，才得勇猛无畏，众志成城，方可干得事来。佛教里面，虽有许多他力摄护的话，但就华严、法相讲来，心佛众生，三无差别。我所靠的佛祖仍是靠的自心，比那基督教人依傍上帝，扶墙摸壁，靠山靠水的气象，岂不强得多吗？"他特别强调"勇猛无畏"几个字，搞革命必须"勇猛无畏"，而"勇猛无畏"的精神，不是凭空产生的，其根源在于信仰。一路走来，他有了太多的观察和感悟——一个正在"礼坏乐崩"中的社会，一个处于急剧转换期的社会，不可以没有精神上维系的东西，换言之，一个社会，不可以没有信仰，不可以没有宗教。如果说，以往中国社会还有孔孟之道，权充一种"亚宗教"，维系世道人心，那么，这个"亚宗教"被抛开之后，就只有佛教可以采用了。即使佛教也未必尽善，而"稍有信仰，犹愈于无执持"（《答铁铮》，《太炎文录·别录》卷二)。总之,有信仰总要比无信仰、"无执持"好,在对佛学做过一番精研之后,他确认,佛教不同派别的经义,有些要扬弃,有些可采用,从近处看,是对革命队伍的道德建设有用;从更远处看,对未来国家的文明建设更有用。

他提出的另一建议,是有关于"国粹"。这倒也并非由于他所学在"国学",故而自高其地位,却也不能说没有一点关系。比如,关于中国的文字,他就认为汉字别具一种力量,可以用来"爱国保种"——他之好用孤傲生僻的文字,就与这种想法有关。语言、文字之外,须予以特别珍惜的,还有典章制度和人物事迹,这些总括起来,就是中国的历史,是民族种姓深植的历史。在号召进行民族革命的章太炎看来,当然也是爱国、救国至关重要的资源。

虽然来到了日本,来到同盟会的革命家中间,人们不难看到,章太炎还没有来得及换用彼时彼地革命派最流行的话语,将近一年前创刊的《民报》,一直在宣传孙中山所提出的"驱除鞑虏,恢复中华,创立民国,平均地权"四大纲领,和根据这个纲领概括的"三民主义"——民族主义、民权主义和民生主义,更具体的,还有胡汉民提出的"六大主义":"一、颠覆现今之恶劣政府;二、建设共和政体;三、土地国有;四、维持世界真正之平和;五、主张中国、日本两国之国民的联合;六、要求世界列国赞成中国革新之事业。"在这篇受人关注的东京欢迎会上演说中,章太炎对之只字未提，这也不能怪他，毕竟，他在监狱中被禁锢了三年，另一方面，他原有的思想基础和对未来中国社会的想象，与同盟会的革命家们也未必完全一致——倘若是一位敏感的评论者，听了他的这番演说，应能预言，他迟早会与他们产生龃龉。

同盟会方面将章太炎作为自己人对待，吸收他加入组织，并延请他出任《民报》主编。在这个新建的革命政党中，这差不多已经是一个领袖的席位。同盟会总部并无自己的办公地，位于牛达区小川町二丁目八番地的《民报》社与它合署办公。章太炎以这个身份出入于这里，可以想见，他的地位多么重要。

主编《民报》是章太炎一生中非常出彩的一个时期。《民报》

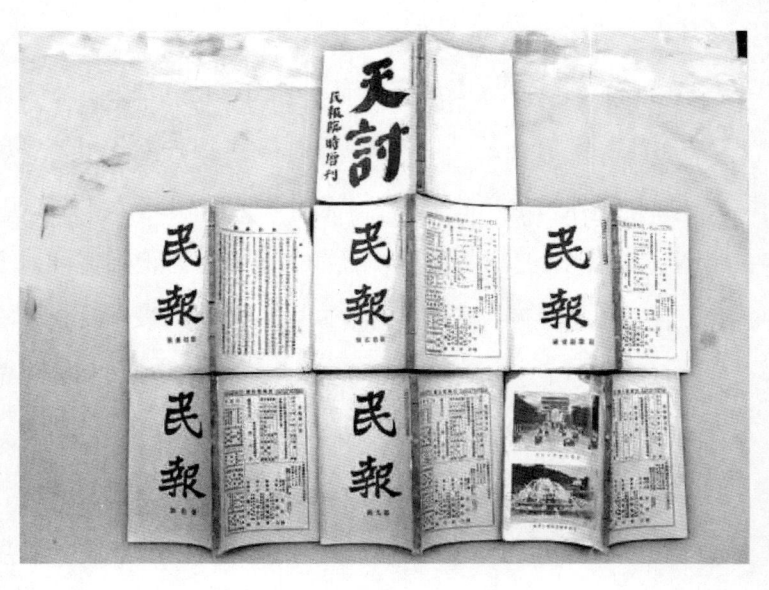

《民报》

自创刊一年以来,已卓然而为一大报,发行份数达到空前的一万七千多,超过保皇派的《新民丛报》。有了这样一个平台,他可以尽情发抒自己的胸臆与学识。据统计,到《民报》终刊,经他之手主编了16期(总共26期,其间因病交由他人接办4期),而他自己的文章,共发表了83篇。《民报》所到之处,也就是章太炎的文章和思想影响所到之处。那个时代的过来人鲁迅曾回忆道:"我爱看这《民报》,但并非为了先生的文笔古奥,索解为难,或说佛法,谈'俱分进化',是为了他和主张保皇的梁启超斗争,和'××'的×××斗争,和'以《红楼梦》为成佛之要道'的×××斗争,真是所向披靡,令人神旺。"(《关于太炎先生二三事》,《且介亭杂文末编》)

当初受任之时,章太炎确实抱有很大的感动和决心,在《民报》第6号上,登有他的一则《告白》,称:"接香港各报馆暨厦门同志贺电,感愧无量,惟有矢信矢忠,竭力致死,以塞君之望,特此鸣谢!"这固然是对祝贺他出狱的答复,也是他加盟同盟会并主编《民报》的一番宣誓。《民报》是当时最大革命政党的喉舌,他将如何经营它,也许还来不及细想,然而,他想到,一定要不负重托,秉承革命党人的信念,将它办好。在他接手不久,就遇上《新民丛报》托人"议和"一事,他经受住了一次考验。

《新民丛报》曾是一份有活力、有影响的报纸,但由于宣传保皇派的政治主张,变得愈益顽固、僵化,也越来越为人们冷淡和厌弃。客观上，这也要归因于形势的迅速变化。同盟会成立后，革命派声势扶摇直上，连改良派首领梁启超也不得不承认："革党现在东京占极大之势力，万余学生从之者过半，……近且举国若狂矣。"（《梁启超年谱长编》第373页，上海人民出版社，1983）康、梁那一套保皇、改良的主张都是陈词滥调，而况已为现实证明，依靠清朝皇帝

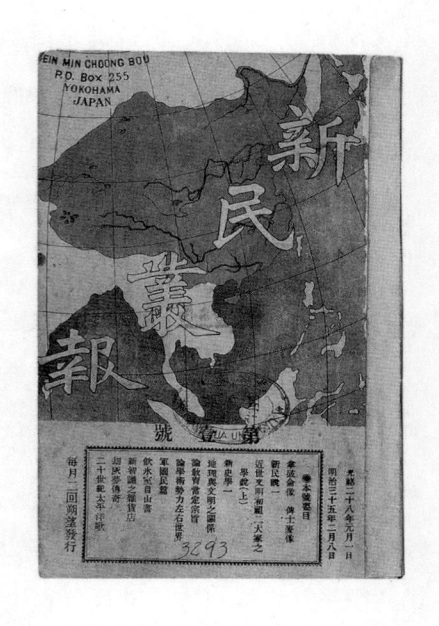

《新民丛报》，梁启超主编

搞改良，绝对是行不通的，所以，虽然保皇派发誓要"与革党死战"，以《新民丛报》为阵地，连篇累牍发表长篇文章，对抗"社会革命"论，却不能挽回败势。反而是"革党"的火力异常猛烈，海内外投入论战的报刊达二十多家，尤其是《民报》创刊，汪精卫、胡汉民等的反击文章笔势凌厉，《新民丛报》难以招架，已成强弩之末。梁启超遂有意"议和"，希冀两家偃旗息鼓，自己也好收拾残局，重新经营。正好章太炎被任主持《民报》笔政，梁启超与他有过一段交情，提出这个要求，正当其时。

实在说，章太炎并不喜欢汪精卫和胡汉民等人的文章，也不

喜欢他们的为人。这两位都是后来国民党中举足轻重的"大佬",前者则已成千夫所指的大汉奸,而当时则是同盟会中虎虎有生气的少壮派。汪精卫二十出头,胡汉民也只比汪大几岁。他们都在日本学堂中,学了一些西方社会政治理论。汪精卫专攻政治学,胡汉民长于国际法,两人写文章批驳保皇党人,头头是道,辞锋犀利,毫不客气,说是"少年气盛"亦可,说是革命党人的战斗性亦可,言语间近于"诟谇"之处,亦时有所见。相比之下,章太炎的文字就平和许多。他并不认为论战必如此汹汹不可,如若是学理之争,尽可徐徐道来好了。梁启超安排他的同党徐佛苏在《新民丛报》第82号上发表《劝告停止驳论意见书》,以第三者立场"摆平"论战双方,劝说停止论争,且暗示由章太炎接手主编后,情况可望改变:"彼报(指《民报》)6号稍就平和,且曾申告,自7号以君(指章太炎)编辑,想今后必能逐渐恢复秩序"。《民报》是同盟会的机关报,必须反映领导层的基本方针、立场和态度,章太炎不能违背,在由他主编的《民报》版面上,还是陆续登出了精卫的《与佛公书》、弹佛的《驳〈劝告停止驳论意见书〉》等正面回应文章,严正表明坚持论争、不予调和的态度。

梁启超急于从论战中脱身,遂又遣徐佛苏出马,找同盟会要员宋教仁以及章太炎游说。宋教仁表态说,可以考虑;章太炎亦倾向于此——既然己方已占优势,对方主动求和,何必逼人太甚。虽然同盟会成立时间不长,毕竟章太炎是外来的,比起在《民报》

社出入的那些同盟会骨干分子,他与梁启超的关系更深一些,彼此观点虽有分歧,甚至有时尖锐对立,而对梁氏其人,他或多或少还存有一些好感。在他看来,康有为才是保皇派总头子,梁启超作为康有为的学生,事事须听命于康氏,定有诸多难言之衷。不久前,他与革命派私下商议合作事宜,已谈到相当成熟阶段了,被康有为获知后,不是还被狠狠痛斥了一顿吗?

事情提交到同盟会领袖孙中山和黄兴那里,他们也都不同意停战,颇有"宜将剩勇追穷寇"之意——若是《新民丛报》确实有理,那为何不继续辩论下去,也好有个水落石出。论战刚刚拉开大幕,一场有声有色的大戏正要上演,怎么就匆匆收场?何况,论争的意义并不只在于压倒对方,更重要的是,借以扩大革命派思想理论的影响,号召和动员更多的人参与到这一场斗争中来。章太炎在这个问题上没有固执己见与他们唱对台戏,《民报》继续发表批驳保皇派、改良派的文章,他自己也撰写了不少文章,表明他对领导层的意见是认同的。

在谈到章太炎在东京主持《民报》笔政时,也还要提到他的另一方面作为,即致力于宣扬和传承国学。他6月底到达东京,7月下旬就任《民报》主编,9月下旬,便积极参与创办国学讲习会,他在该会成立时宣讲:"一、中国语言文字制作之原;一、典章制度所以设施之旨趣;一、古来人物事迹之可为法式者。"(《国学讲习会序》,《民报》第7号)这也是他在东京欢迎会演说中所说过的，可见他绝不是空喊几句而已，而是要刻不容缓，努力付诸实践的。

除了办学传授，他还奋力笔耕，陆续发表了《诸子学略说》《文学论略》《论语言文字之学》等文，应该看到，他之所以如此热衷于此，也并不只是呈其所长，而是真正认为此事"影响于国家之存灭"，他把重视不重视国学，看成是爱国不爱国的试金石，"国学之不知，未有可与言爱国者也"（同上），秉持这种理念参与当时反清革命，也成为他显著的个人特色。

与此同时，他还努力通过大量阅读，补充"西学"知识，特别是汲取西方哲学思想的营养。过去，或是因为一直动荡不定，或是手边无此类书，欲一窥西方哲学堂奥而不得，而现在，作为当时革命阵营中主要的宣传家，他深知自己手中的思想理论武器很不够用，亟须以新的、更具世界性和时代性的话语来与人对话。在探索建国、兴国道路之时，在宇宙观、世界观和认识论这些具有根本性的问题上，更要借鉴西方思想家的精神成果。这一段时间，他手不释卷，博览群书，阅读了大量西方哲学著作：古至希腊爱利亚、斯多葛诸学派以及苏格拉底、柏拉图、亚里士多德、伊壁鸠鲁诸名家，近至康德、费希特、黑格尔、叔本华、谢林、尼采、培根、休谟、贝克莱、洛克、莱布尼兹、穆勒、笛卡尔、斯宾诺莎等各家的代表性著作，无不涉猎，而且，还主要是通过日译本，他的日文阅读能力有限，所需投入精力之大，克服困难之多，可想而知。

他对西方哲学此番涉猎，收获良多。毕竟，他不是一个小学生，而是一个已具有深厚学养和恢廓视野的大学者。大学者面对综错而宏阔的知识领域，自有非凡气度，他不是生吞活剥，食之不化，也不是顶礼膜拜，盲目追从。在这一学习过程中，充分展现了他的目的性和自主性，对于这些西方先哲一一予以审视，或有所择取，或有所批判和扬弃。

他最感兴趣的是德国哲学家康德和叔本华。康德先验论的主观唯心主义哲学与他所信奉的佛教唯识论的主观唯心主义颇为相投，而叔本华推崇意志，将意志视为世界之本质和一切，也甚获其心，他说："宇宙本非实有，要待意想安立为有。若众生意想尽归灭绝，谁知有宇宙者？"（《建立宗教论》）说这话时，他已不只是运用唯识论，更有康德和叔本华的哲学后援。但他也并不完全服膺于他们，如康德以世界为不可知，他就不以为然。

尼采也是他所感兴趣的一位德国哲学家。尼采的"超人哲学"标榜一种超群脱俗、勇往直前的内在精神，欲冲决羁绊，投身革命，是值得汲取的。在阐述自己的道德理念时，章太炎特地提及尼采说："然所谓我见者是自信而非利己（宋儒皆同，不独王学）。犹有厚自尊贵之风，尼采所谓超人，庶几相近（但不可取尼采贵族之说）。排除生死，旁若无人，布衣麻鞵（同'鞋'），径行独往，上无政党猥贱之操，下作懦夫奋矜之气，以此揭橥（音朱），庶于中国前途有益"(《答铁铮》),既说明何者可取,又说明何者不可取,判别分明。

西方哲学之外,他还继续研读佛经,旁及古印度哲学,如数论、胜论等。这一时期的读书,在章太炎的学术生涯中占有相当重要的地位,中国近代的学者,罕有像他这样涉足如此广袤的哲学、社会科学领域的。正是在这样一个极广阔又具纵深感的思想背景下,他极力借助佛家的语言构建自己的哲学体系,写出了一系列的哲学论文,如《俱分进化论》《无神论》《人无我论》《建立宗教论》《四惑论》等,这些文章由于或过于深奥、晦涩,为人难于理解,或由于其中羼杂一些消极、虚无的成分,而为革命派人士不能接受,然而,人们确实能看到他在哲学的根本问题上,在世界观和认识论方面所进行的艰辛探索,而这种探索,又是与如何立国和兴国的根本问题相联系的。我们这里无法展开详述他的思考成果,但可以肯定地说,他的这一切探索,绝非只用一句"以佛法救中国"所可概括,而是包含了十分丰富的哲学内容和见解。到1910年写出他之所称"一字千金"的《齐物论释》,他借对庄子《齐物论》的诠释,融通中、西及印度哲学,深刻阐发平等观与自由观,建立自己的哲学体系,并以之作为"救时应务的第一良法",乃至达到"世界大同"的指针,他自己也认为这部著作"千六百年未有等匹"(《致龚未生书》),这都是从哲学根本问题上思考"救国"的成果。虽然,限于各种条件,他的思想并未得以广泛传播，造成较大影响，但在中国思想史上无疑具有十分重要的意义。的确，在他之前和与他同时，并无一人做过这种尝试和努力，后来有人将他视为"新中国之卢骚"，实非虚言。

二

章太炎担任《民报》主编，并无像样的收入，同盟会完全依靠海外华侨资助，绝大多数人从事革命活动，纯属奉献。《民报》作为一家媒体运行，自不能没有一定经费，而所能配给章太炎等工作人员作生活费用的，只是很微薄的一点。章太炎住在报社，常常不能"举火"做饭，有时只能买米饼充饥，或者吃"盐笃饭"（所谓"盐笃饭"，即桌上放一小盆盐，用筷子蘸着下饭）。他爱抽烟，却只能抽廉价、劣质的烟。被子常年不洗，穿衣也极简朴，他一直珍藏一件在东京穿的自制外褂，宽袖大襟，粗布质地，近似和服，袖臂上绣一个纹章似的"汉"字，甚具纪念意义。人们在《民报》编辑部（也是他的住地）见到他，总是忙忙碌碌于阅改文稿，与来访的读者和朋友交谈，有时亦见他埋头读书，或闭目坐禅。他与那些西装革履的官费或自费留学生的状态全不一样，与同盟会的其他重要成员看上去也很有差异。在他人的眼里，他似乎有点怪，他的身上，既有一种像他的文字那样的渊雅、古奥，又有如古之狂士那样的郁愤、激切，既有一种勇猛、精进的时代精神，又有一种忘我、献身的宗教热忱，特别是他的刻苦自励，给人留下的印象尤深。章太炎早年受过汉学经师作风的熏陶，又度过这么多年躲避追捕、颠沛流离的日子，尤其是三年备受煎熬、死里逃生的铁窗生涯，使他早已习惯于过一种清贫、简淡的生活，而且，他深知刻苦自励对于养成革命者良好道德品格之重要。章太炎是当时革命党人中考虑道德问题最多的一个，或许是他耳闻目睹某些"革命者"道德低下或不道德的事实太多之故，对革命队伍中道德状况常常深以为忧。在他看来，若是人的道德水准低下，争名逐利者多，而冒死进取者少，革命又如何能成功？他之所以反孔、批儒，就与这方面的考虑有关。他指出："儒家之病，在以富贵利禄为心"（《诸子学略说》），除了"湛心荣利"，还容易引发奸诈欺伪、文过饰非、哗众取宠、见风使舵等等行径。"用儒家之道德，故艰苦卓厉者绝无，而冒没奔竞者皆是。"（同上）他曾写了长长一篇《革命之道德》，专门论述这个问题。在他看来，道德问题不光决定革命的成败，还与国家、民族的命运攸关："道德衰亡，诚亡国灭种之根极。"（《革命之道德》）未来中国，如果全民的道德素质低下，又如何能自立于世界民族之林？

正如前面提到过的，相当长一段时间里，他都认为要解决社会的道德问题，只有靠宗教。然而，中国并不是宗教国家，中国社会也有宗教，便是道教和佛教，儒家不能算宗教。他也不赞成建立孔教，将孔子奉为教主，经过一段思索，他又写出《建立宗教论》的文章,但他并不是要建一个有神的宗教,而是要建一个泛神的宗教。将一种哲学体系立为宗教,也要有专职人员,有大批信众,靠他们去付诸实践,然而,这也还是一种设想,一种提倡,离实现还很遥远。在现有的宗教中,他还是推崇佛教,对佛家各个宗派的精义,也并不一概认可和采收,最心仪、谈论得最多的是法相唯识宗。他的著名的"依自不依他"的命题,就来自此派的经义。按照此派经义,"万法惟心",世上的一切,俱是心造的幻影,人的主观精神的力量无敌于天下,持此可以冲破外界一切羁束,不被富贵利禄所诱引,亦不为艰难困厄所屈服,从事革命大业,特别需要这种精神。站在今天的立场,我们或会以为大谬不然,指其为唯意志论,为主观唯心主义,而在当时,却是积极有为的。

此时章太炎信奉的是大乘佛教,章太炎十分沉溺于此,平时在住所,读经修行,坐禅入定,在《民报》上,也发表一些佛系文章,大张佛声。这曾引起一些人的反感和批评,有人认为,这是将《民报》的宗旨改了,他很不服气,反驳说:"《民报》所谓六条主义者,能使其主义自行耶? 抑待人而行之耶? 待人而行,则怯懦者不足践此主义,浮华者不足践此主义,猥贱者不足践此主义,诈伪者不足践此主义。以勇猛无畏治怯懦心,以头陀净行治浮华心,以唯我独尊治猥贱心,以力戒诳语治诈伪心。此数者,其他宗教伦理之言,亦能得其一二,而与震旦习俗相宜者,厥惟佛教。"他的逻辑是：你六条主义再好，也是靠人来实行和弘扬的，如果人的道德素质太低，能行吗？他之所以宣讲佛教经义，目的是"以是相导，令学者趣入法门，以自磨砺，庶几民德可兴，而六条主义得人而弘其道，谁谓改《民报》作佛声者？"(《答梦庵》)话虽如此说，在一份革命派机关报上，连篇累牍发表宣讲佛教经义的文章，毕竟不太合适。

《民报》这位现任主编的言行引起的惊异和反感，逐渐拉开了他和同盟会中一些人的距离。按实说，他和他们的口味和步调并不完全一致，那些满脑子西方政治观念的年轻革命党人，读他的那些古奥、生僻、谈禅说佛的文字，既读不懂，又多少感到不对劲，而后来，他们总算读出差异所在了。原来，章太炎始终固守他的"光复"理念不放，当初，他和他的同案难弟邹容关系那样"铁"，为其写《革命军序》时，念念不忘强调："同族相代，谓之革命；异族攘窃，谓之灭亡。改制同族，谓之革命；驱逐异族，谓之光复"，而现在，他还是高唱这一论调："吾所谓革命者，非革命也，曰光复也。光复中国之种族也，光复中国之州郡也，光复中国之政权也，以此光复之实，而被以革命之名"(《革命之道德》)。另一句话说得更直白："吾侪所志，在光复宗国而已。光复者，义所任、情所迫也。光复以后，复设共和政府，则不得已而为之也，非义所任、情所迫也。"(《官制索隐》，《民报》第14号)其实，还有未说出口的话，那就是他对于同盟会的一些主张并不十分赞同，比如，关于实行"代议制"或"议会制"，他就很不以为然。在题为《代议然否论》的文章中，他历数西方实行"议会制"的诸多弊端，提出中国不可重蹈覆辙，走西方的老路。他认为中国有中国的国情，"当时言共和政体者，徒见肤表，不悟其与民族、民生二主义相抵牾也"，如要"恢廓民权，限制元首"，可以探索其他一些办法。

虽然章太炎有自己的一套想法，而在大方向上，还是与同盟会其他领导人竭力保持一致，在他编辑的《民报》版面上，各种批判改良派、宣传革命派主张的文字，仍然层出不穷，这里除胡汉民、汪精卫讲国际法和政治理论，还有朱执信倡言社会主义，廖仲恺介绍虚无党与无政府主义，汪东阐扬革命纲领，宋教仁介绍帝俄1905年革命等，《民报》发行量节节上升，势头不错。

不久以后，峰回路转，发生了《民报》封禁案。

三

事情的缘起，自是因为《民报》的传播，已越来越构成对清政府的威胁。尽管它办在海外，却经由各种途径，源源流入国内，在许多人手中传阅，"国内学子以得《民报》为幸"（《自定年谱》）。那些号召反清革命的文章毫无顾忌，清政府为维护其统治而玩弄的所有政治伎俩都被扒下外衣，赤裸裸暴露在世人面前，眼见得有更多人投身到革命潮流中来，还有什么比这更危险的呢？清廷遂正式照会日本政府，要求封禁《民报》。《民报》于1905年11月创刊时呈报的"简章"，是经日本外务省许可的，此时，日本政府却不想在这件事上得罪清政府，如果清政府被激怒，投靠野心勃勃的美国，必对日本不利，又何况，它还示意向日本政府贿以厚利。据说这些利益包括间岛（中国东北延吉一带）的领土、抚顺和烟台的煤矿及新法铁路（新奉到法库门），这无疑是一个特大"礼包"。清政府特使、奉天巡抚唐绍仪在赴美途中特地访问日本，这一笔交易即在幕后达成。

1908年10月20日，章太炎刚从外地返回东京，即被传到牛込警察署，警察署长递给他一纸"命令书"，上面写道：

《民报》发行人兼编辑人章炳麟：
明治41年（即1908年）发行《民报》第24号，有人告发，违背新闻纸案例第33条，遂依同案例之第23条，停止其发卖颁布。且记事如《革命之心理》，《本社简章》有与同一主旨事项之记载，皆被禁止。合将内务大臣命令相达如右。
明治41年10月19日警视总监龟井英三郎

章太炎看罢怒火中烧，《革命之心理》一文，哪里有一字一句与那个23条相犯？是败坏风俗吗？没有。是扰乱秩序吗？也没有。至于说,《民报》鼓吹反清革命,鼓吹三大主义,都是《简章》中写明,并为日本外务省认可的,以前不禁而现在禁,这不是出尔反尔吗?你日本自称法治国家,又置法律于何地?他两目怒睁,向警察署长提出诘问,而这位署长摆出一副公事公办的样子,频摇其头说:"唔,没有办法,这事关于外交,不关法律……"

从警署回来,同盟会总部和《民报》社许多人得知此事,赶来商议对策,气愤之下,大家痛骂清政府,骂日本政府,骂唐绍仪。章太炎尤为激动,有人倾向于稳健一点,静待一段时间,再请人从中斡旋,看事情能否转圜,他则认为,对日本政府一定要据理力争,即使不能收回成命,也不能让它今后与清政府狼狈为奸,肆行无忌。许多人都赞同他的意见,决定将"命令书"退还给日本当局,同时,直接致书日本内务大臣平田东助,以示最强烈抗议,表明拒不执行此无理命令的严正立场。

章太炎立即提笔起草致平田东助的信,写道:

内务大臣鉴:

《民报简章》六大主义,前经贵内务省认可,今未将此项保证退还,突令不许登载与此《简章》同一主义之事项,本编辑人兼发行人不能承认,特将此纸缴还。贵内务省如以扰害秩序为嫌,任贵内务省下令驱逐,退出日本国境可也。

《民报》编辑人兼发行人章炳麟白

此信寥寥数句，可谓斩钉截铁，倒令日本官方一时难以措手，于是，内务省又饬令警署"恳切晓喻"。

警署再次传唤章太炎，拿内务省公文给他看，章太炎还是一副绝不驯服的样子，说："我就是不接受你们的'命令书'，任阁下上告长官，说我反抗命令好了。"

警察署长说："你不接受'命令书'，也不可反抗命令，况且，前次你已领取过了，命令已经生效。"

章太炎知道将"命令书"退还已无用，便回来再次致书内务大臣，严词指斥日本政府背信弃义，"以《民报》之革命宗旨与满洲政府所赠利益交换"，声称本报并不非在你日本办不可，也可以到美国去办，以增强中国革命党人与美国的关系，造成对日本不利，阻遏日本政府封禁《民报》。

据说，此信发出的第二天，有一个名叫高桥孝之助的日本人到《民报》社来，要买报看。章太炎告诉他说，《民报》已被封禁了，高桥露出很惊讶的表情，章太炎又给他看警署下达的"命令书"，高桥看后说："这不是日本政府的本意，是清政府派唐绍仪用间岛、抚顺、新法的利益作诱饵换取的，作为国家的外交政策，也是不得不如此罢。"章太炎听他这样说，便知此人是所为何来了，于是，大声道："贵国政府所为，非官吏之行为，乃是娼妓之行为，谁能相信娼妓会是没有三心二意的呢？"高桥见势不妙，只得悻悻而退。章太炎在写给内务大臣的第三封信上揭露了此事，声称自己是不会受权术笼络的，不要再派这些"纵横之士"来游说了。

日本政府执意封禁《民报》，按其"命令书"所示，但凡与《民报》"简章"所载"六大主义"相关文字，俱在违禁之列，除非《民报》改变宗旨，否则，便永被禁止。如若改变宗旨，《民报》等于失去灵魂，存在又有何意义？章太炎的态度是"宁为玉碎，不为瓦全"，坚持抗争，既然如此，就拼个"鱼死网破"，打一场官司，向世人揭穿日本政府的真面目。

日本地方法院审理这个案子的结果，是章太炎的《民报》社败诉，这自是意料之中的事，而在审讯过程中，则是章太炎处处占着上风，下面这一段文字，至今读来还铿然有声：

我语裁判长，扰乱治安，必有实证，我买手枪，我蓄刺客，或可谓扰乱治安，一笔一墨，几句文字，如何扰乱？厅长无言。

我语裁判长，我之文字，或扇动人，或摇惑人，使生事端，害及地方，或可谓扰乱治安。若二三文人，假一题目，互相研究，满纸空言，何以谓之扰乱治安？厅长无言。

我语裁判长，我言革命，我革中国之命，非革贵国之命。我之文字，即鼓动人，即扇惑人，扇惑中国人，非扇惑日本人，鼓动中国人，非鼓动日本人，与贵国之秩序何与？厅长无言。

我语裁判长，言论自由，出版自由，文明国法律皆然，贵国亦然，我何罪？厅长无言。

我语裁判长，我言革命，我本国不讳言革命，汤、武革命，应天顺人，我国圣人之言也。故我国法律，造反有罪，革命无罪，我何罪。厅长无言。（张庸《章太炎先生答问》，1912年，转引自汤志钧《章太炎年谱长编》第287—288页）

章太炎不愧是坐过三年"西牢"，见过大阵仗的人，法院对他进行了三次审讯，他毫不示弱，愈战愈勇。最后，法院宣判《民报》禁止出版，罚金一百一十五元。章太炎拒交罚金，乃被警署拘留，罚服劳役一百一十五天，多亏朋友们立即凑钱，将他解救出来。

《民报》是清末革命派阵营最有影响、功绩最大的一个媒体，作为该报任期最长的一位主编，章太炎所进行的这一反封禁的斗争，写下了它最后光辉的一页。

四

章太炎为《民报》的命运而奋力抗争之时，孙中山不在日本。

他与孙中山之间，已经有不愉快的事情发生。

实在说，他对孙中山一直有着比较复杂的情感和心态。孙中山是公认的革命领袖人物，在当时革命阵营享有很高声望，章太炎对此早有认识。他第一次到日本时，就以能面见孙中山为幸。第二次到日本，他更与孙过从甚密，后者也给予他热情欢迎和接待。他们之间做过非常深入的、同志式的长谈，尽管会有一些不完全一致的意见，总体上说，还是相当投契。孙中山关于建国的方略，尤其是平均地权的设想，对章太炎启发很大，他也将谈话要点载入《訄书》。章太炎在上海被系入狱后，还为日本人宫崎寅藏所写《孙逸仙》一书题词："索虏猖狂泯禹绩，有赤帝子断其嗌（音义），搚（音掩）迹郑、洪为民辟，四百兆人视兹册"，将孙中山比为汉高祖（赤帝子），冀望他追随郑成功、洪秀全之后，率领四亿中国人，击中清朝王朝的要害，取而代之。章太炎出狱，再次来到日本，孙中山不仅率众给予盛大欢迎，而且俾以重任，可谓高情厚谊。在一段时间里，他们相处得还颇为和洽，彼此住处相距不远，常在一起商谈同盟会和《民报》各种事宜，有时也要讨论更加宏大的题目——建国方略。包括《军政府宣言》《军政府与各国民军之条件》《对外宣言》等八个重要文件，即有章太炎参与制定，其内容涵盖革命的纲领、未来的军政、军民以及对外关系等等，章太炎作为一个具有深厚传统文化修养的革命家和宣传家，肯定对这一系列文件的形成能提供一些有益的意见。《民报》创刊一周年，庆祝会上，孙、章二人同台发表热情洋溢的演说，所持观点亦相当合拍。

然而，在另一面，章太炎心里也许并没有完全泯除对孙中山的某些成见，毕竟，他们的出身、经历和教育背景不同，又来自不同地域，有着不同的人际"圈子"。同盟会原就是由兴中会、华兴会和光复会等不同团体联合而成的，其间派别色彩一时难以消尽，不同山头的暗影依然存在，章太炎对孙中山的猜疑和反感，即在此背景下滋长起来。

孙中山一直是清朝政府必欲除之而后快的"眼中钉"，当年恨未能在英国将他擒拿归案，如今，又焉能容他在日本公然进行革命活动？1907年初，清政府驻日本大使杨枢奉清廷之命，要求日本政府驱逐孙中山。日本政府出于自身各种利益考虑，依从其要求，对孙中山下了驱逐令，一面也不愿太得罪中国革命党人，私下资助他7000元钱做旅费。孙中山在离境之前，又有一位日本股票商人赠他10000元，孙即从此款中留下2000元给《民报》。或许是章太炎希求过高，闻知此事后，他勃然大怒，认为孙中山是吞没此款用于消费，而《民报》经济上正极为窘困——国内发行被封杀，销量锐减，印刷费、纸张费等无从支付，报社员工房费、饭钱也无着落，常常"枵腹从公"，孙作为革命领袖，岂能坐视不救？该款来源又不明不白，莫非是"出卖"《民报》，置《民报》于死地的代价？章太炎和张继等人在报社的屋子里拍桌打椅，声称孙中山此举太不像话,应该撤掉他同盟会总理职务。章太炎还将屋子里挂的孙中山相片一把撕下来,在上面批上"卖《民报》之孙文应即撤去"一行字,尽泄其心中怒气。

这场风波闹得愈来愈大,所卷入的不明真相者,也日益加多,以致酝酿要召开大会,撤换孙中山,推举黄兴为总理,看上去是经费问题上的误会所致,实际上,还是内部派别或门户之怨隙,借机发作。

接下来的事情,就更加深了章太炎与孙中山之间的矛盾。

离开日本后,孙中山多次在中国境内策动武装起义,并委派日本浪人萱野长知在日本购买军械。对购买军械之事,章太炎作为接近指挥中心的一员,主张应求精良,不可粗劣,却于偶然之间,听说萱野所购军械早已过时,不宜用于作战,情急之下,与宋教仁以《民报》社名义,发电报给在香港专责转运军械的冯自由,嘱其告知孙中山,勿购这批军械。购买军械乃绝密之事,岂可见之于明码电报?章太炎等人显然失于疏忽,孙中山为之非常恼火,事关参与起事的同志生命安全,他绝不能容忍这些人胡来,而在心里,他对前不久由章太炎等掀起的东京"倒孙"风潮,也气愤未平,遂决定派胡汉民回东京总部,拟对章太炎等采用纪律处分手段,禁止章太炎和宋教仁干预军事事宜。同盟会内部的这一裂痕,就此扩大,斗争也白热化了。

再说,《民报》被日本政府封禁后,章太炎心中自是万分愤蘯，忽一日，有人拿来一份新出的《民报》给他看，版面上注明系巴黎新世纪社出版，而明眼人一看即知，是在日本印行的，只是编辑人换成了胡汉民和汪精卫。胡、汪二人是孙中山的嫡系，且早对章太炎办报导向及文字作风不满。章太炎顿时觉得似被人从背后捅了一刀，何况，还是自己阵营中人，这等于是假手于日本政府的封禁，将他的主编职权剥夺，事先他却还全不知情。他立即起草了《伪〈民报〉检举状》一文，拿到报上发表，将他与同盟会中孙中山一派的矛盾公开化。此文用词甚为尖利、苛刻，满带怒气，其中，特别谈到《民报》经费困难问题，深责孙中山见危不救，考以事实，其中误解颇多，但他正处在极度困难状态下，因误解而生怒，亦情有可原，这一段文字写来真是心口如一：

然自去岁以来，报社乏用，印刷局人登堂坐索者屡矣，尚赖同志之力，一一弥缝，未至破产。逮及《民报》被封，裁判罚金一百十五元。报社既虚保证金又无由取出（以原用张继姓名纳保证金，张继已西行，无原印，则不能取）。鄙人本羁旅异邦，绝无生产，限期既满，将以役作抵罚金，身至警署，坐待累绁，犹恃一二知友，出资相贷，得以济事。夫身当其事者，亲受诟辱则如此；从旁相助者，竭蹶营谋者则如彼；而身拥厚资……之孙文，忝为盟长，未有半铢之助，不自服罪，又敢诋毁他人，此真豺虎所不食，有北所不受。

我们后人不必来评断此中是非，认真地说，正如孙中山所批评的，不过是为了数千元经费的事，章太炎如此发火，甚至攻击孙中山人品，确实是过分。其实，更深层的还是，同盟会内派别与门户成见已深之故。由此角度观察，孙中山一派对由章太炎主持的《民报》由亲而疏，不暇顾及，乃至不经公议，突然另委他人出新版《民报》以代之，也是有不当之责的。

另一方面，章太炎来到东京，加入同盟会阵营，并出任《民报》社长这一重要职务，就其愿望而言，是义无反顾地投身反清革命，冀图建立由汉族自主的新政，当然，也未尝没有传统士大夫风云际会、建功立业的志向。他固无觊觎领袖地位之意，却自恃才学，容易看轻同盟会的其他领导人。另外，他在前此的经历中，也缺少处于一组织中为一个共同目标协调行动，乃至起领导作用的经验或教训，他的个人期许和志向，虽无什么狭隘、卑污的利禄欲求，却也会为过于自负、褊狭、狷急等倾向所左右，以致造成令亲者痛、仇者快的失误。

前已说过，羁旅东京的物质生活相当清苦，然而，比之更难以忍受的，还是人际关系的复杂环境。在《民报》社内外，章太炎已结交了一批新朋友，这些朋友中，既有与他在反清革命大业上志同道合的志士型人物，如后来被袁世凯派人暗杀的民国总理人选之一的宋教仁，从有关的记载上看，他二人过从甚密，都对孙中山和黄兴存有某种怨隙；以及后来成为烈士的光复会首领之一的陶成章（焕卿），他们之间也一度亲如手足。还有一批仰慕和追随他的弟子和晚辈，他们不仅在反清光复的思想上深受他的影响，而且，在学问传承上，也自愿师从于他——在弘扬国粹的同一话语系统中，他们之于他，是弟子，亦是朋友。这里，有后来非常有名的周氏兄弟（周树人和周作人）、钱玄同，以及许寿裳、汪东、黄侃、龚宝诠等，在下面谈到他的讲学活动时，我们还将提到他们。他们中一些人与他之间的情谊，在往后很长时间的交往中得以保持，胜于他在政界的许多朋友。作为古文经学的大学者，他非常重视自己的治学经验和成果，一旦发现这个领域中有造诣可观的学人，他都珍惜备至，并急于引为同道。他与大名鼎鼎的刘师培，便是在这种心态下订交的——而此人即将他拖入一个人际关系的漩涡。

刘是章太炎以前在上海"爱国学社"执教时就结识的，这个来自江苏仪征、家学很好的年轻学人，和他自己一样，早年即打下坚实的经学根底，而且，在古文经学的治学路数上，特别是对《春秋左传》以及训诂学的研究，与他有相同的趣向。章太炎对他是"深爱其学"，真诚希望能与他在革命和治学的道路上互相砥砺、切磋，并肩同行。就任《民报》主编后，他即致函邀刘师培夫妇来东京，刘即偕夫人何震翩然而来。章太炎满心欢喜，为此还搬出《民报》社，与他们同住另一住所，以便朝夕相见，关系是"情好无间"。这在章太炎与人交往的历史上,实为少见。一份爱才、怜才之心,倾注于刘师培之身,尤为深重。以刘师培嫁祸于章太炎之烈,得罪章太炎之深,后来,他因政治上种种反动行为而受革命党当局究治时,章太炎仍出面死保他,明言留此人治学于国有益,仅由此观之,实不是一般情结。

刘师培(1884—1919)
著名国学家

我们这里不是全面考察刘师培人品与思想,应该说,刘在此次东京之旅期间,特别是在章太炎的身边,也曾致力于《民报》的撰述,先后写了一些意气风发、鼓吹反清的文章,如《普告汉人》《辨满洲非中国之臣民》等,仅从题目上,即可看出与章太炎的排满复汉的民族主义思想如出一辙,故均受到章主编很高评价。

20世纪初的东京,正是西方各种思潮腾涌之地。云集于此的成千上万中国留学生、志士、学人,或志在救国,或立意趋新,本身思想毫无坚实根底,也缺乏批判功力,于目眩神迷之际,则任意汲取,极易堕入某种理论迷思。在此期间,刘师培忽而倾倒于盛行一时的无政府主义思潮,热衷于与张继、幸德秋水等开办"社会主义讲习会",发表演讲,连章太炎亦卷入其中,纷纷以激昂、热切的语言抨击立宪,也抨击一切国家政府形式,以无政府为理想之境界。有人说，刘师培是因信仰无政府主义，遂放弃反清革命，转而投靠清朝大吏，此间曲折似乎还有待澄清，或有更深的关节，已经埋没无闻，但可以肯定的事实是，稍后，他确实与两江总督端方暗中挂上了钩，乃至当上了端方的随员。当章太炎由于诸事不遂，一度意气沮丧，流露欲往印度出家研求佛经时，他即悄悄提议说："那你为何不向端方那里筹些钱作为资费呢？我知道，他那里有这样一笔用于资助学术的钱……"

我们即使从最坏方面想，章太炎也不会想到为获取这笔钱，卖身为他所最敌视的清政府做"侦探"和"内奸"，倘使他出此下策，他必还可选择更"辉煌"的"前程"，与更昂贵的代价。而当时，他对刘师培的提议竟然默允了，这只能是由于在经济上实在走投无路，或者，他认为这种与清朝官吏个人的关系，其间无任何卑污交易，并无碍于他的反清立场；甚至，可以推测，在一个具体的时代环境中，人与人的关系还很难绝对壁垒森严，某些丝丝缕缕人性、人情层面的东西，也会模糊、涣散理性认识与立场。然而，章太炎迈出这一步，即使不是失足，也是不太稳重，给了刘师培发力推动的机会，于是，就有了刘师培致端方的一份密信，盖谓如端方大老爷能给章氏一份固定资助，使其能在印度求经参佛，那么"以彼苦身励行，重于言诺，往印以后，决不至于有负于明公"。细心读信的人自然能看出，章太炎并未有允诺以某种条件作为报答，此处只是写信人刘师培的推论，毫不足以作为断定章太炎沦为"侦探""内奸"的证据。然而,时值同盟会"内乱"已起,章太炎、陶成章等人因经费等事由,对孙中山展开攻击,且演至令孙中山和拥孙一派忍无可忍的地步,遂起而反击。作为反击的"重磅炸弹",即是所谓章太炎投靠端方、出卖革命的信件。孙中山对此定下的调子是,以此来"证明太炎之所为,庶足以破其言之效力"(《致吴稚晖函》,《孙中山全集》第一卷第430页),要彻底轰毁章氏在革命阵营中俨然"泰山北斗"的地位和形象。

这枚"重磅炸弹"的提供者,即是刘师培。有记载说,刘师培与章太炎之间,因为家事而反目。这里闪出了一段市井通俗小说常见的情节:章太炎偶然间撞见了刘太太与人私通的场面,出于尽朋友义务的考虑,他告知了刘本人和他母亲,奇异的是,刘师培不去责难他风流冶荡的夫人,反而对章太炎怒目相向,甚至要夺其性命。章太炎迅即搬出了合住的住宅,但事情远远没有就此终结。一度是最好朋友的刘师培,伙同他太太,加入了搞臭、搞垮章太炎的"跨国"活动,章太炎写给刘师培的五封涉及向端方求款赴印信件,被影印寄往巴黎、美国和香港各报,并迅速见诸报端,赫赫有名的反清斗士章太炎,顿时成为一些人笔下的"满洲鹰犬"。

这里要特别提到的,是当时正在巴黎主编《新世纪》的吴敬恒(即吴稚晖)。吴在上海"爱国学社"当教员时,即是一位活跃人物,"爱国学社"许多学员皆为其追随者,呼朋引类,气焰颇高。此人甚为人侧目，章太炎知道他的一些不光彩的"老底"，如"康有为门下之小吏，盛宣怀校内之洋奴"之类，对他好慕虚荣、迹近钻营的行为很鄙薄。到与邹容因《苏报》案被捕入狱，却听得人说，吴敬恒实为真正出卖他们的人，对之不免深恨。在章太炎所著纪念邹容的《慰丹传》中，即以确凿不移的口吻，指称吴曾向率兵前来捕人的清吏俞明震"献策"，以捉拿章、邹二人替代自己。此事引起了二人之间一场激烈论战，章太炎是举世皆知的《苏报》案受害者，而涉嫌助官的吴敬恒极力洗白自己，则处于很不利的地位。吴亡命海外后，加盟同盟会，并受委在巴黎编辑《新世纪》报，与孙中山系关系甚好，章太炎发布其叛卖行为，想来也有"一石二鸟"之意，否则，从大局出发，此举似宜更慎重。章、邹是否为吴告密出卖，真情已不可求证，控告只凭传闻，也令人感到不可全信，但在革命派阵营中，使用这种"大杀伤力武器"，虽未必由章太炎开头，却不是好的垂范。尔后，他自己也被对方指为"侦探""内奸"，就是"一报还一报"了。正衔恨在心的吴敬恒，接到同盟会一号人物孙中山的指令，要以章太炎向端方求款赴印致刘师培的五封信，发动一场"搞臭"章太炎的斗争，自然喜出望外，立即破门而出，催马叫阵，推波助澜，不遗余力。

　　这是一场当时革命派阵营中的混战，除了伤害彼此感情外，不会有好的收场。就章太炎而言，当他以某种狭隘心理和不冷静的态度对待别人时，他自己也被置于极易受攻击和诋毁的地位，使他伤痕累累，并倍感怨抑悲愤。我们或会惊异于这样一位坐牢三年出来，以激情鼓吹反清革命著称的大英雄，未几竟然会灰心到要出家当和尚，此固然是他在深研佛经，难免蒙受其消极出世思想熏染，而若是他所置身的人际环境，鼓舞多于掊击，支持多于背弃，也或还能坚持初衷，不作此想。他的弟子黄侃解释道，他是"睹国事愈坏，党人无远略，则大愤，思适印度为浮屠"（《太炎先生行事记》，《制言》第41期），令章太炎此时心绪变坏的，当然，更直接的，还有上述纷至沓来的人事风波。

五

当章太炎被人诬为"内奸""侦探"时，他的好友陶成章为他辩诬说："彼居东京，每日讲学，所出入者止学堂，何有官场特派员？"（《致柱中、若愚手札》，1909年）诚然，当时东京认识章太炎的人，所见到的就是这样一位纯然的学者，《民报》被封禁后，他所能做的事，就是讲学和写作。

召集学生，传授学术，一直是他放不下的愿望。前面已经讲过，此次到东京不久，他就参与创办了"国学讲习会"，设置科目，延请教师，借东京神田区大成中学讲堂定期开讲，预科授文法、作文和历史，本科则授文史、学制、庋学、宋明理学、内典学等。《民报》被封禁之后，就有了更多的时间和精力用于讲学——讲学活动较多集中于他的一群弟子中，当时的情景，还在多人的回忆中被形象地加以描述：

> 每星期日清晨，步至牛达区新小川町二丁目八番地先师寓所。在一间陋室之内，师生席地而坐，环一小几。先师讲《说文解字注》、郝氏《尔雅义疏》等，精力过人，逐字讲解，滔滔不绝。或则阐明语原，或则推见本字，或则旁证以各处方言，以故新谊创见，层出不穷。即有时随便谈天，亦复诙谐间作，妙语解颐。（许寿裳：《纪念先师章太炎先生》，《制言》第 25 期）

> 一间八席的房子，当中放了一张矮桌子，先生坐在一面，学生围着三面听，用的书是《说文解字》，一个字一个字的讲下去，有的沿用旧说，有的发挥新义……太炎对于阔人要发脾气，可是对学生却极好，随便谈笑，同家人朋友一样，夏天盘膝坐在席上，光着膀子，只穿一件长背心，留着一点泥鳅须，笑嘻嘻的讲书，庄谐杂出，看上去好象是一尊庙里的哈喇菩萨。（周遐寿：《鲁迅的故家》第 171 页，人民文学出版社，1957）

这种讲学活动的直接成果，是出了几个后来在国学研究上很有造诣的学者或文化名人,像周树人(鲁迅)、周作人、钱玄同、黄侃、朱希祖等,这些人固然未必是听了他几节课,就此成为名家,却或蒙其在治学思想与路数上指点门径,或感受其治学作风与态度,复刻苦攻研,遂卓然自立。这一时期亲炙章太炎教诲,是他们终身难忘的。这就有点像孔子与他那些著名弟子的关系,他的东京讲学,成了中国教育史上的一段佳话。

讲学之外,他更是专心于学术研究与著述。

章太炎在学问之道上,或许比他在从政上更加自负。当年,在上海提篮桥监狱中以绝食拼死抗争时,他所首先想到的是,"支那闳硕壮美之学,而遂斩其统绪,国故民纪,绝于余手,是则余之罪也"(《癸卯狱中自记》)。类似的思想,后来,在他被袁世凯羁囚,绝食抗争时又重述过,他似乎很喜欢这样表述:他就是汉学,或者说,是中国固有文化的代表,如果失去他的传承,那么,这种文化即告断绝。他自觉负有传承国学的历史使命,一直不敢懈怠。

我们一般都能知道,他在进入《时务报》前,多年专心致志苦读和钻研,却不太能了解,他其实多年在从事反清革命活动之余,仍手不释卷地学习——这不但在坐三年西牢时如此,到日本之后,更是如此。他自己说:"及亡命东瀛,行箧惟《古经解汇函》《小学汇函》二书,客居寥寂,日披大徐《说文》,久之,觉段、桂、王、朱见俱未谛,适钱夏、黄侃、汪东辈相聚问学,遂成《小学答问》序一卷。"(诸祖耿:《记本师章公自述治学之功夫及志向》,《制言》第25期)。"客居寥寂"之时,他没有东游西逛,荒废时光,而是每天都在专业领域穷微究隐,发前人所未见,终写出具有很高学术价值的新作。

对于这一段学术著述,他这样总结过:

> 余学虽有师友讲习,然得于忧患者多。自三十九岁亡命日本,提奖光复,未尝废学。东国佛藏易致,购得读之,其思益深。始治小学音韵,遍览清世大师著撰,犹谓未至。久乃专读大徐原本,日缮(翻)数叶,至十余周。以《说解》正文比较,疑义冰释。先后成《小学答问》《新方言》《文始》三书,又为《国故论衡》《齐物论释》,《訄书》亦多所修治矣。(《自定年谱》)

这一时期实是他学术研究的丰收期,仅在语言文字学研究上,除《小学答问》外,另一些重要著作如《新方言》、《文始》、《国故论衡》(上)等,都作于此时,其学术创造力之旺盛和成果的丰硕,卓尔不凡。

《齐物论释》,1910年撰定,为章氏十分看重之著作

《国故论衡》1910年在日本首版

在谈到他在这方面的学术造诣和成就时,不能不看到,他在国学,尤其是"朴学"上的学养渊综宏博,在俞樾、孙诒让等老一代大学者陆续谢世之后,环顾神州,应是无出其右者。然而,若是仅从传承的角度看他这方面的学问,显然还是不够的,与他的前辈学者比较起来,他已拥有更具时代性的社会人文思想和广阔的知识视野。对于语言文字的研究,他更注重其起源、发展与内在规律性,并进而推进民族语言的建设,例如,他的《新方言》一书,就从语源学的角度,揭示古今各地方言演变的规律,"异日统一民言,以谂群众,必将有取于斯编矣"(刘师培:《〈新方言〉

序》），即是要为日后建设统一的民族语言做准备，而事实上，到1913年，民国政府教育部就一致通过，采用了他所拟定的汉字注音符号，足见其贡献之巨。

讲学、研究和著述——也许只有在这样生存的方式中，他才感到神闲气定，感到了自己生命价值的真正实现。对于所涉足的学术领域，他很有规略，曾自称："近所与学子讨论者，以音韵、训诂为基，以周秦诸子为极，外亦兼讲释典。盖学问以语言为本质，故音韵、训诂，其管籥（音约）也；以真理为归宿，故周、秦诸子，其堂奥也。经学繁博，非闭门十年，难以斠（音教）理，其门径虽可略说，而致力存乎其人，非口说之所能就，故且暂置弗讲。"（《致国粹学报社书二》，1909年）我们不能说他对从事政治活动兴趣消减，或属不得已，要看到他的本色就是学者，他的优长又特别显于学，一有余暇，他就会分秒必争地接续自己的学术研究。别的政客飘然下野，会有几多无奈和凄凉，而他则不然，即使在政治活动方面遭受挫折，他还会立即回归学术。学术领域是他真正的王国，在此，他反而会有"南面王"之感。又何况，他还高扬其学术研究与爱国保种、反清光复的关系，这使得他讲文字、讲诸子、讲历史、讲哲学，挟持者都很大，并据此升华出一个气场，一种境界。鲁迅后来在回忆文章中说："前去听讲也在这时候，但又并非因为他是学者，却为了他是有学问的革命家，所以直到现在，先生的音容笑貌，还在目前，而所讲的《说文解字》，却一句也不记得了"(《关于太炎先生二三事》)，颇能表达接受者真实自然的感受。

在东京的后期，章太炎又被推举为光复会的会长。

光复会最初成立于1904年末，同盟会成立时即以团体加入，章太炎是它的创始人之一。他在上海坐牢期间，该会主要领导人蔡元培等，于探监时，即频频与他讨论过有关光复会事宜。在某种意义上，章太炎乃是此会的精神导师。他反复宣传"光复"的理念，即他所致力追求的，首先是异族相代的"光复"，而不是同族相代的革命："同族相代，谓之革命；异族攘窃，谓之灭亡。改制同族，谓之革命；驱逐异族，谓之光复。今中国既灭亡于逆胡，所当谋者光复也，非革命云尔。"这一理念，成为一部分人士的共识——光复会以以下十六字为誓词："光复汉族，还我河山，以身许国，功成身退"，即体现这一理念。追溯起来，章太炎、陶成章等与同盟会孙中山一系的矛盾，固然或纠缠于种种具体事端，乃至于人品臧否，而最根本的，还是从结党缘起和目标就不完全契合，亦即人们常说的"一民主义"（民族主义）和"三民主义"之差异。同盟会名称很好，正因有部分是可相合的，故不妨碍同盟，但又因存在差异，到一定条件下，便会扩裂隙而为鸿沟，导致分崩离析。

同盟会内闹起了矛盾，矛盾且愈演愈烈。孙中山率领一部分人南下，并以"中华革命党"名义活动。陶成章对章太炎说，我看孙中山这人，也难得和他一起共图大事，我们主张光复，本来就在同盟会之先，何不分开设光复会？章太炎自然一拍即合，其他在东京的光复会旧人，和同盟会中不满孙中山的人也都附和，如此，1910年初，又重建了光复会。

重建后的光复会，除在东京设总部，又在南洋设"行总部"，扩大在各地华侨中的影响，并积极筹备在江浙一带发动武装起义。作为会长的章太炎，虽然参与全盘的擘画，而具体执行者还是陶成章、李燮和等人。陶成章对会中一位同志说："太炎先生既为总会长，可借以联络各埠，弟意自联络成后，可将太炎公改为教育会会长，方为合宜。盖彼之能力，在此不在彼，若久用违其长，又难持久矣。"（陶成章：《致石哥书》，1910年6月）而此时，章太炎也还是很安守本分，正如他后来所说："仆以下材，同人谓是故旧，举为会长，遥作依归，素不习南州风俗，惟知自守礼教而已。"（《致临时大总统书》，《章太炎政论选集》第557页）他自知自己的长项和弱项在何处，并不以会长的名义到处活动，只是"讲学如故"。

这一段时间，他也办刊，在他的主持下，创办了《教育今语杂志》，这份杂志的一大特色是力求"平民化"，章太炎的文章向来以古奥难读有名，他在这里发表的文章却多为白话文，目的是让更多的平民百姓能读和懂得，激发起爱国心。像这样一段段文字就是这样明白如话写来：

中国第一个开化的人，不是五千年前的老伏羲么？第一个造文字的人，不是四千年前的老苍颉么？第一个宣布历史的人，不是二千四百年前的孔子么？第一个发明哲理的人，不是二千四百年前的老子么？

....

假如没有孔子，后来就有司马迁、班固，也不能作史；没有司马迁、班固的史，也就没有后来的二十二部史，那么中国真是昏天黑地了。(《中国文化的根源和近代学术的发达》,《教育今语杂志》第1期)

一班无聊新党，本来看自国的人，是野蛮人；看自国的学问，是野蛮学问；近来听见德国人颇爱讲支那学，还说中国人民，是最自由的人民；中国政事，是最好的政事；回头一想文明人也看得起我们野蛮人，文明人也看得起我们野蛮学问。大概我们不是野蛮，中国的学问，不是野蛮学问了。在学校里边，恐怕该添课，国学汉文。有这一种转念，原说他好，并不说他不好，但是受教的人，本来胸中像一块白绢，惟有听受施教的话，施教的人却该自己有几分注意，不该听别人的话。何不想一想，本国的学问，本国人自然该学，就像自己家里的习惯，自己必定应该晓得，何必听他人的毁

誉?（《论教育的根本要从自国自心发出来》，《教育今语杂志》第3期）

只佩服别国的学说，对着本国的学说，不论精粗美恶，一概不采，这是第一种偏心。

在本国的学说里头，治了一项，其余各项，都以为无足重轻，并且还要诋毁。就像讲汉学的人，看见魏晋人讲的玄理，就说是空言，或说是异学；讲政事的人，看见专门求是，不求致用的学说，就说是废物，或说是假古玩；仿佛前人说的，一个人做弓，一个人做箭，做弓的说："只要有我的弓，就好射，不必用箭。"做箭的说："只要有我的箭，就好射，不必用弓。"这是第二种偏心。（同上）

如果不署章太炎的名字，简直不能相信这些通俗、流畅、活泼的白话文是他写的——由此看来，他虽不是第一个写白话论说文章的，但这也比胡适、陈独秀号召白话文革命要早好些年。后来，这些文章都收进一本《章太炎的白话文》的书里，明显展示出他的文字书写还有这一面。

第七章　纵横民初政坛

辛亥革命胜利——附轮返沪——上海两支革命军的"调人"——南京攻城战地视察——"中华民国联合会"会长——南京临时政府枢密顾问——力主定都北京——废止汉冶萍抵押借款案——陶成章之死——"中华民国联合会"改为统一党——初见袁世凯——初见黎元洪——向袁世凯建言——"剑骑临边塞"：就任"东三省筹边使"——兴办实业的壮志——宋教仁被刺——请诛"四凶"——又见黎元洪——又见袁世凯——授勋二位——辞差"东三省筹边使"

一

辛亥革命发生时，章太炎尚在东京。听到消息后，自是十分兴奋，也多少有些意外，武昌首义的主要领导人孙武是他的旧识，没想到他能成就这样一件大事。因为上海尚未光复，还不能立即回去，直到一个多月后，东南部差不多已成定局，他即乘轮船于12月间回到上海。上海起义成功，革命派的旗帜到处飘扬。报上刊登了章太炎归国的消息，并有热情洋溢的欢迎词：

章太炎，中国近代之大文豪，而亦革命家之巨子也。正气不灭，发为国光，文字成功日，全球革命潮，呜呼盛已。一国之亡，不亡于爱国男儿，文人学士之心，以发挥大义，存系统于书简，则其国必有光复之一日，故英雄可间世而有，文豪不可间世而无，留残碑于荒野，存正朔于空山，祖国得有今日，文豪之力也。（上海《民立报》1911年11月16日，转引自汤志钧：《章太炎年谱长编》第361页）

　　将"祖国得有今日"归之于"文豪之力"，显然过甚其辞，然而，革命的成功是长期宣传、酝酿的结果，就此而言，章太炎确实是有功的，只要提一下当年邹容的《革命军》一书，和章太炎为之作的序，以及随后轰动中外的《苏报》案，对于国人振聋发聩的作用。当革命胜利的局面已经打开之际，对于章太炎这样的元勋致以特别的敬意，是完全可以理解的。

　　对于辛亥革命突然爆发并获得成功，章太炎既感到意外，又深为鼓舞，以往，国内多少次起义均告失败，即在不久之前，广州黄花岗起义，便又留下七十二烈士的义冢，令人伤痛不已。现在，总算在清王朝统治壁垒上打开了一个大大的缺口，而且，接二连三又有胜利消息传来，清王朝分崩离析之声，已经盈盈在耳了。以章太炎在民众中的声望，以他在昔日同盟会与今日光复会中的地位，他当然应该在未来中国的政局中发挥重要作用。当时，上海起义中两股力量的领袖——被推为沪军都督的陈其美，与退居吴淞成立军政分府的光复军总司令李柱中，都与章太炎曾有较深关系，他此来的目的之一，便是以"调人"自居，协调起义力量的一致行动。

人们常批评章太炎搞分裂活动，而这时，他却显出很大度，很有大局观念，以至于有些事会让人觉得有点蹊跷。例如，他还在返国之前，就给沪军都督陈其美发去一电称："探悉大革命家孙君逸仙已于前日乘轮回国，不日即可抵埠。请贵处派员妥为招待，以便与之协商北伐攻宁之策，俾得早定大局，以苏民困。"（《致沪军都督电》，1911 年 11 月）陈其美的沪军，属同盟会中部总会势力范围，陈其美等或对孙中山有些不满情绪，但由章太炎以作指示口吻嘱其"派员妥为招待"，似乎有点"越位"。我们觉得这可能是做一种政治姿态——此前，他与孙中山反目，相互"恶攻"，几乎达到水火不容的地步，现在，都回到国内来了，最低限度还要见面，不如先行表示大度，捐弃前嫌，借以获得好的观感。章太炎是读书人，那些自以为老练的政客会嘲笑他太"老夫子气"，或太多"书生之见"，其实未必然。我们看他后来在各派政治势力间斡旋，频频发电，出谋划策，其中不免有"馊点子"，如若不是以成败论英雄，则也未必尽为迂阔之谈、陈腐之见。中国这一类传统人文知识分子，出经入史，都是时刻梦想一朝辅佐君王、治国济世的，政治上的经纶谋略，乃至纵横之术，肚子里装了不少。

况且，章太炎现已非昔日，身边还有他人的"外脑"，一起商讨聚议，从全局讲，他们要制订步骤，一致行动，而就光复会一方讲，也要在各派竞逐中力争多得分。

章太炎一到上海，就到李柱中（燮和）的吴淞司令部住了几日。当时，一家属于同盟会的报纸刊载消息，说他与李柱中议决，向某某富翁借银六十万两，作招募民兵二万人的开办费，另外，待克复南京后，将吴淞军政分府迁移他处。他立即声明，以正视听，指出：向某富翁借银完全是无根之谈，他本人极反对这种做法。至于劝告李柱中部，勿与陈其美部内斗，不要把上海作为"练兵之地"，这个意思，他是有的。上海起义胜利后，一下出

辛亥革命期间上海的革命军

了五个都督，他们各不买账，如何应对这局面？章太炎确实适时发挥了他的作用——他首先说服同属光复会的李柱中，放弃"都督"的称号，只称"总司令"，解决了上海的一大问题，同时，还让大家奉原江苏巡抚程德全为江苏都督。

这一段是章太炎一生中少有的政治上很有成就感的时期，他曾经为一群军事要员所簇拥，亲自前往南京郊外尧化门观军，颇有领袖人物做战地视察的气派。当南京被攻克之后，他立即与宋教仁、黄兴联名致电参战各军表示祝贺：

南京光复，谨贺。目下因敌兵有南下江北之信，且浦口贼敌未灭，林都督又已公推为出征临淮总司令，故众意推苏州程都督移驻江宁，为江苏都督，一以资镇守，一以便外交，谨闻。(《申报》1911年12月3日)

这与其说是贺电，毋宁说是一份委任状——此时，章太炎已事实上居于反清大本营领导地位。在接下来的战略部署上，他力主以武昌为首都，援救武昌，而与黄兴的北上主张对立，双方发生相当尖锐的冲突。即使从现在的眼光看，他的意见也是颇有道理的。武昌是首义之地，当时正遭到清军猛烈攻击，汉阳失守之后，起义部队仍在顽强抵抗，战况十分激烈。以武昌作为临时政府所在地的重要地位而言，以战事对全国民众的巨大心理影响而言，武昌不保，则革命全局也难保。在武昌保卫战的关键时刻，黄兴辞去总司令职，来到上海，他对武昌采取完全放弃的态度，认为"赴援无益"，而力主兴师北伐。南方军队衣裳单薄，难抵北方严寒天气，同时，北军军事实力甚强，南军与之相比众寡悬殊，仓促北上，无异于自投虎口。

平心而论，无论章太炎后来如何，此时恐怕并无什么故意与黄兴闹对立，借以削弱其权势的意思。他与黎元洪尚无一面之识，也还没有对黎的由衷拥戴之情。在讨论到黄兴和黎元洪的职位如何摆时，有人提出黄兴当大元帅，黎元洪为副，黄兴自己也有此意，章太炎极力反对，觉得事情总应该讲些道理，既然已经认武昌为中央，怎么可以又违背它？既然你黄兴已是黎元洪都督委任的汉阳总司令，怎么能"以部将先主帅"，自己又当大元帅？会场上气氛紧张，众人不开口，还有人借故溜之乎也，江苏有个军官叫顾忠琛的，竟然拔出刀来冲着众人说："你们为什么犹豫不决？我们是军人，不能容你们这样下去！"这时，与会的代表才举手推举黄兴当大元帅，章太炎即起身大声喝道："武昌是首先起义的，你们到底把黎都督放在什么位置？"于是，会上又才推举黎元洪当副元帅。江苏都督部总务厅军事负责人章驾时听说后，勃然大怒道："南方率先起义，有两方面立了大功，一是武昌发难，一是攻下南京，武昌是以黎元洪为首领，南京则靠程德全出了大力，黄兴凭什么当一把手？如果这样，我就调兵打你黄兴。"黄兴也有些怕,就要让位给程德全,程原是清朝官员,刚刚"反正",控制不住局面,也不敢接受。沪军都督陈其美立即派了四十人组成"禁卫军",保护黄兴。

以上是章太炎回忆中的当时一段会议现场情形,现在看来,这里应是隐略了一些细节。推举黄兴为大元帅,必是与会者中同盟会党人居多数,以是之故,一些虽不同意而"识时务者"才溜之大吉;章太炎意识到黄兴一派拿走了领导权,遂拉起黎元洪的大旗以对抗;而章驾时站出来力抗,也未尝没有与章太炎意见一致的人从旁鼓动。

黄兴(1874—1916)
同盟会领导人,曾任中华民国临时政府陆军总长

此时,围绕领导权的斗争已异常激烈,黄兴非为自己争大元帅位子,章太炎也非为自己争一个什么位子而反对黄兴,在这个人类政治活动最为敏感的问题上,谁也不是傻瓜,当时,必有许多各种形式的私下密议和策划,只不过不大可能留下任何资料了。

也许,最令章太炎未料到的是,这种还能容他在此类问题上有些话语权的机会,迅即没有了——那是在孙中山到上海之后。这一段章太炎在上海与黄兴指挥大局时,孙中山尚风尘仆仆在国外奔走,寻求外国政府对中国革命的支持,既然已有黄兴先期到达上海坐镇,他自然也很放心。回到国内后,他当然不会羁留于广东，按照既定方针，要以东南为重心，统筹全局，于是，就在1911年12月25日来到上海。抵达之时，受到盛大欢迎，这也是不待章太炎预先叮嘱安排的——此地本就是同盟会的势力范围。

到上海第二天，孙中山就召集同盟会最高干部会议，由核心层讨论政府组织形式及总统人选，这就已经没有章太炎什么事了。此时章太炎完全是异己势力，不仅被排斥在外，而且受到严厉批判。会上通过的《中国同盟会意见书》中，有一段说："吾党偏怯者流，乃唱为'革命事起，革命党消'之言，公然登诸报纸，至可怪也。此不特不明乎利害之势，于本会所持之主义而亦訾之，是儒生阘（音踏）茸之言，无一粲之值。"（《孙中山全集》第一卷第578页）明眼人一看即知，这是不点名批判章太炎的。说章太炎不明"利害之势"，不理解同盟会的"三民主义"，都未免轻看了他，事实上，章太炎颇了然于利害，他所提出的所谓"革命事起，革命党消"，就是针对同盟会的。无论从势力或影响而言，他所属的光复会，都无法与同盟会匹敌，前一段他们与孙、黄等人的矛盾，发展至相互猛烈攻击，又从同盟会分离出来，重组光复会，这个裂痕，短期内是无法修补的。或许是章太炎早已领教同盟会中对异己力量的威压与排斥，他必须要有应对之策。这个"革命事起，革命党消"，就是说现今形势已变，你同盟会可以不必存在了。这当然是同盟会的领袖绝不认可的，他们说这是"儒生"的蠢话，还是客气的，较早一些时候，黄兴就直截了当称章太炎是"神经病",是"疯子"。"疯子"的话,难道还有人去理会吗?

作为一个享有很高声望的全国性革命运动领袖人物,章太炎绝非没有自己的政治见解和主张,而且,几乎任何一个从事政治活动的知识分子都不会自认是低能的、人云亦云的。从日本回到上海后不久,章太炎就发表了他对时局的宣言。

这个宣言刊登在刚创办的《民国报》第2号上,共九则:

其一,主张民主共和国实行民选总统制度:"今日承认武昌为临时政府,但首领只当称元帅,不当称大总统;各省都督,亦不应称总统。以总统当由民选,非可自为题署。北方未定,民众未和,公选之事未行,则总统未能建号,元帅、都督,皆军官之称也。"

其二,主张地方实行军政统一的原则:"各省只应置一都督,其余统军之将,但当称司令、部长,与民政官同受都督节制。"

其三,主张建设真正共和政府,实行议会制度:"今虽急设中央政府,兵事未已,所布犹是军政,虽民政官亦当受其节制。各处谘议局议员,只当议及民政,无参预军国建置之事。……逮北廷既覆以后,建设真正共和政府,然后与议员以大权,未晚也。"

其四,主张尽早建立革命政府:"方今惟望早建政府,速推首领,一则内部减一日之棼乱,外人少一日之觊觎",认为黎元洪、黄兴可以任元帅和副元帅;大总统要在清朝倾覆以后,由国会选举。

其五，主张要保护知识分子，特别是继承国学的知识分子："今者文化陵迟，宿学凋丧，一二通博之材，如刘光汉辈，虽负小疵，不应深论。若拘执党见，思复前仇，杀一人无益于中国，而文学自此扫地，使禹域沦为夷裔者，谁之责耶？"

其六，不同意在上海设临时政府："近见某报以武昌危急，欲于上海设临时政府，鄙人决不赞成"，认为上海政府之说一成，则援鄂之心自懈。武昌不守，江左也不能安定。主张临时政府设在武昌。

其七，主张阁员应由总理提名，不由地方推举："今日但应由首领委任内阁总理，总理组织内阁各部。如是，权不外制，举不失才，庶于时局有济。若各都督以私意选举，彼此牵制，虽管（仲）、萧（何）不能任总理之职也。"

其八，关于阁员的选任，主张"阁员之选，当一任中央政府；若诸府争举，则意见滋生，而纷争自此起矣"。他不赞成浙江都督汤寿潜推举自己为阁员，"如仆一身之计，则愿处言论机关，以裁制少年浮议，教育、法律二事，所怀甚多，亦不能专处学部之任也"。

其九，品藻时贤，推荐革命政府内阁成员人选，谓"总理莫宜于宋教仁，邮传莫宜于汤寿潜，学部莫宜于蔡元培；其张謇任财政，伍廷芳任外交，则皆众所公推，不待论也。海陆军主干者，军人中当有所推，非儒人所能定。若求法部，惟有仍任沈家本，为能斟酌适宜耳"。

平心而论，这些主张对当时时局而言，并无过分不妥或保守、狭隘、迂阔之处。尽管相当长一段时间以来，他所追求的只是建立一个由汉族人主持的自己的国家，对于这个新的国家国体，还似乎在犹豫和探索之中，共和的理念也不是那样清晰。对议会制，他在日本时就写过《代议然否论》，曾予以非议，权力结构是按照法国模式，还是按照美国模式来搭建？他都不以为然。而现在处于建设新国家、新政府的关头，为大局着想，也只能由民选产生国家领导人，这正是共和的基础。无论他被人认为有多少封建思想（他确是有些留恋真正的"封建"，即周朝分封制下的统治秩序的），或如何留恋传统礼俗与文化（其实在《中华民国联合会成立大会上之演讲》中，他一方面要保存旧的"良法美俗"，另一方面也力主革除许多旧文化礼俗，如纳妾、早婚、赌博等），而这才是一个分水岭，在这一点上，他并未停留在排满反清的立场上原地不动，而是和时代，和当时的革命潮流合拍前进的。

遗憾的是，同盟会总部不再给予他在决策机构发表如是主张的机会，在上海举行的同盟会高层会议做出决定，由各省代表选举总统，17省代表有16票投给孙中山，章太炎不在代表的行列中——按他自己的说法，是他认为都督府的代表不由公民选举，就无权选举总统，所以他力辞当代表。纵然他认为孙中山"长于论议，此盖元老之才，不应屈之以任职事"，不同意孙中山当总统，也无济于事。1912年元旦，孙中山到南京就职，临时政府成立，政府成员的名单中，原来有章太炎担任教育总长，却未获通过，最终确定由蔡元培出任。此事对章太炎或许又是一个刺激，即使孙中山、黄兴考虑他在反清革命中的功绩与影响，有意对他做一"安排"，同盟会中的阻力仍然很大。

章太炎自己多次表示，他无意于谋一官职，他给自己定位在"民党"，在"言论机关"，也即是在野发表意见。当然，他也还是很不服气，在他看来，革命是靠多年宣传、鼓动而成功的，这多年的宣传、鼓动中，他出了大力，立了大功，论资历，论功绩，都不应该无视他的存在。后来袁世凯授他二等勋位，他也深为不快，拿自己与孙中山比，说："中山但有鼓吹而授大勋，吾虽庸懦，鼓吹之功，必贤于中山远矣。当庚辛扰攘以来，言革命者有二途：软弱者与君主立宪相混，激烈者流入自由平等之谬谈，弟《驳康有为书》一出，始归纯粹，因是入狱。出后至东京，欢迎者六千人。后作《民报》，天下闻风，而良吏宿儒亦駸駸趋向矣，此岂少年浮躁者所能冀，亦岂依违法政者所敢为耶？"（《与王揖唐书》，1912年12月23日）老实说，他是连孙中山也不大放在眼里的。

章太炎毕竟是反清运动有影响的领袖人物，是众人钦仰的革命先驱，临时政府中没有他的席位，也总应该有个安排，于是，孙中山就聘请他做枢密顾问，聘书文字写得很庄敬、典雅：

> 执事目空五蕴，心殚九流，撷百家之精英，为并世之仪表，敢奉国民景仰之诚，屈为枢密顾问。庶几顽懦闻风，英彦景附，昭大业于无穷，垂型范于九有，伫贮高风，无任向往，急惠轩车，以慰饥渴。(《临时政府公报》第13号，1912年2月11日，转引自汤志钧：《章太炎年谱长编》第388页)

所谓枢密顾问，是有名无实的一个位子，在孙中山这边，话说得很漂亮，其实，有他们的意图，章太炎心知肚明，他自然也不能一口回绝，做得过于小气。临时政府派专人来接，他也就敷衍地去了一趟，后来就不去了，说反正上海到南京交通方便，信函来去，半天即可，不必常驻南京。稍后，他又写信给孙中山，正式辞去这个职务，话也同样说得很漂亮："昨承驰书延引，猥以不材，厕身枢密，恐縻县官廪禄，名义所在，不敢承命，随时献替，乃所以尽国民之职分也。"(《致孙中山函》，1912年2月13日)意思是让我做这个官，恐怕会浪费俸禄，所以我不敢接受，至于随时提些建议什么的，那是国民应尽的义务，没有问题的。

南京临时政府成立的那天，章太炎正坐在"中华民国联合会"（以下简称"联合会"）成立会的主席台上，这个"联合会"主要由一批江浙人士组成，章太炎被推举为会长。现实的政治斗争很能教育人，他原是很反感于政党政治的，回国之前，还写过一篇《诛政党》的文章，矛头指向立宪党人，但也流露他对政党、政客的厌恶，声称"朋党之兴，必在季世"，"天下之至猥贱，莫如政客"，而现在，他也积极介入了政党政治。这个"联合会"即后来的"统一党"之前身，它成立的宗旨是"联合全国，扶助完全共和政府之成立"，对于南京临时政府，当仁不让负起监督、批评之责。"联合会"下设《大共和日报》，由章太炎任社长，如此也有了更多的话语权。例如，对于临时政府改正朔为阳历，他就批评说："凡事当决于民议，不决于是非，仆非反对阳历，乃反对用阳历者之不合法制。"（《宣言》，《大共和日报》1912年1月8日）又批评："临时政府成立以来，宪法未定，内阁既不设总理，总统府秘书长官乃真宰相矣。"（《时评》，《大共和日报》1912年1月8日）这些意见不能说没有道理，但毕竟万事肇始，各种条件尚不成熟，听起来未免有些过急。"联合会"还曾致书大总统孙中山，要求限制当时由各都督府代表组成的参议会"越权妄作"的行为，并立即通过民选，产生新的参议院。孙大总统回复说："目下光复各地，军政犹布，地方未靖，即欲召集省议会选举议员，机关、手续，俱无从着手"，"民选议会，当俟北虏破灭后议之"（《临时大总统复中华民国联合会书》，《辛亥革命在上海史料选辑》第775页，上海人民出版社，1981）。章太炎意在伸张民权，孙中山也并非虚与委蛇，在大的方面，他们是一致的，故也无继续争论的必要。

争论最大的，是定都的问题。南京临时政府的领袖们主张定都南京，尤其是在孙中山辞去临时大总统的职务，由袁世凯担任后，为了制约袁世凯，令其遵守《临时约法》，不致依仗其在北方的雄厚实力，背叛共和，坚主建都南京，迫袁到南京来就任，但老奸巨猾的袁世凯就是不肯就范。章太炎原来主张以武昌为首都，南京为陪都，这时则转而主张定都北京，而且是这方面主张最力者。他自有他的理由，在他看来，北京是最适合做首都的地方，从地理位置上说，"以全邦计，燕京则适居中点，东控辽、沈，北制蒙、回，其力足以相及"；从当时形势来看，若迫使袁世凯南来，"则北方失所观望"，外有日、俄强敌窥伺，以求一逞，内有清朝的宗社复辟势力，蠢蠢欲动，这是极不安定的因素，处理不好，还会有很大的后患。他的意见不能说没有一定道理，也不能说就是为支持和迎合袁世凯而提出的，然因正在袁世凯坚决不肯南来的节骨眼上，至少客观上是帮了袁的大忙。

南京参议院正式开会讨论建都地点，会场气氛紧张，投票者二十八人，主北京者二十人，主南京者五人，这个表决结果，令孙中山非常生气，立即交参议院复议。复议的结果颠倒了过来：主张建都南京的十九票，主北京的为六票。章太炎的"倔"劲上来，不依不饶，又以"中华民国联合会"的名义致电参议院："贵院决议临时政府建都北京，天下公论。政府驳令复议，务望坚持。"(《时报》1912年2月21日）同时还以众多政团、报纸名义致电说："都城地点，贵院为政府所牵制，舍北取南，帝党有死灰复燃之势，强敌有乘机侵略之虞。况立法为行政所侵，不能保其独立。民国开此恶例，尤可寒心，望君以去就力争，保全天职"（《民立报》1912年2月21日），公然鼓动参议员们以"走人"表示抗议。

临时政府方面，则有黄兴出马，发出《为主张建都南京驳庄蕴宽等电》，电文说："袁公虽与清廷脱离关系，尚与清廷共处一城。民国政府移就北京，有民军投降之嫌，军队必大鼓噪。""临时政府既立，万不能瞬息取消。清帝既退其统治权，统一政府未成立以前，当仍以南京为临时政府，自应受之于政府所在地，更无移政府而送其接收之理。"（《民立报》1912年2月24日）章太炎再发出《驳黄兴主张南都电》说："袁公已被选为大总统，大总统之所在，而百僚连袂归之，此自事理宜然，何投降之可能"，"袁公既被举为临时大总统，则名实自归之矣，何必移统一政府于金陵，然后为接收耶？"唇枪舌剑，你来我往，争论十分激烈。现在回头去看，黄兴等的主张着眼于当时与袁世凯的关系为多，袁氏力图维护其统治势力，定都南京也其奈他何，一国的定都似不宜如此作权宜之计，而章太炎更关注于全国的安危与大势，定都北京，有利于控制全局，特别是保障北方广大地区的安全，这一点也为后来的事实证明。至于说向袁世凯妥协、为袁帮忙云云，则当时政府举袁氏为大总统，已造成此种局面在先，就不能以此独责章太炎了。

引发章太炎作激烈批评的另一著名案例，是汉冶萍抵押借款案。新生的民国政权困难重重，最大、最急迫的问题是没有钱。章太炎忽听说孙中山拿汉冶萍公司作抵押，向日本财阀借款，并答应日方合资经营，十分气愤，立即发布"布告"，强烈表示反对，他写道："大冶之铁，萍乡之煤，为中国第一矿产，坐付他人，何以立国？公司虽由盛宣怀创办，而股本非出一人，地权犹在中国，纵使盛宣怀自行抵押，尚应出而禁制，况可扶同作事耶？""以执事之盛名，而令后来者指瑕抵隙，一朝蹉跌，自处何地？及今事未彰布，速与挽回，是所望于深思远计之英也。"（《布告反对汉冶萍抵押之真相》，《章太炎政论选集》第560—561页）

孙中山也专函诚恳地向他解释，前方部队正在浴血作战，而没有军饷就没有粮草、弹药，"每日到陆军部取饷者数十起，军事用票，非不可行，而现金太少，无以转换，虽强迫市人，亦复无益"。情况业已到了军士有可能哗变的地步，"弟坐视克兄之困，而环观各省，又无一钱供给，以言借债，南北交相破坏，非有私产，无能为役。似此紧急无术之际，如何能各方面兼顾"（转引自汤志钧编：《章太炎年谱长编》第387页）。他未尝不知道此举有损害国家利权，也有碍个人声名，影响不好，然而，就像冬天将衣服拿去典当，只好先解决饥饿的问题，总之，实在是走投无路，不得已而为之的。虽作了如此解释,章太炎的意见也很令孙中山震动,加上来自其他方面舆论压力很大,终于叫停了此举。

章太炎此时以在野党自居,对临时政府起监督作用,有论者批评他是"找碴""拆台""闹纠纷",其实是不谙或不习惯于政党政治的一种看法,无论他怀有多少个人情绪或派别怨隙,还要看其立论是否合法、合理,是否有可取之处,否则,一切不同意见都会因派别不同被拒之门外,或以所谓反对"新政"而被打压。

在这方面,孙中山还是表现出足够的度量的,他没有对章太炎的批评置之不理,而是能接受的则接受,能解释的则解释。一次,有人竟然冒用南京政府内务部印信,发一电报给各家报馆,说章太炎有功于袁世凯,袁世凯准备让他当教育总长或最高顾问,请他火速"晋京陛见"。这显然是对章太炎的一种恶意攻击,然而这样一封电报,何以能盖上内务部的印信呢?孙中山接到章太炎的"投诉"后,十分重视,立即着手进行调查,并亲自回复,严厉谴责此种"鬼蜮"行为。

当然,毋庸讳言,因党派不同而致的政见分歧乃至政党斗争是客观存在,在有些地方还非常激烈,以致发生了一系列令人痛心的严重事件。

光复会的副会长陶成章(焕卿)就

陶成章(1878—1912)
清末著名革命家,光复会领导人

在这种背景下被刺杀了。陶是章太炎非常亲密、相知很深的战友，同时也是同盟会中一些人深为忌恨的宿敌。章太炎反对孙、黄，或会因章是一介书生而可稍为宽容，而陶则是从事实际组织活动的实力派人物，如不及早除之，必有大患。这一点，被人们视为书生的章太炎倒是看出来了，当陶成章自设光复军总司令部于上海招兵买马时，他就曾婉转劝说陶，现在江南的战事已经结束，你招兵买马，师出无名。大丈夫应该有远大的志向，不必跟他人在蜗牛角这么大的地盘上争权，武昌那边情形还比较危急，你应从汤寿潜（浙江都督）那里要上千把人去支援，想来他也不会拒绝。这样你既可以避开他们的威逼，又可立功，贪恋这里不走，肯定你会有生命危险。但是，陶成章没有听他的话。临时政府成立后，汤寿潜被委任为交通总长，章太炎、陶成章和陈其美被他推荐"代理浙事"，章太炎则力荐陶成章代理浙江都督，他致电杭州方面说："英士（陈其美）志在北伐，炳麟愿作民党。焕卿（陶成章）奔走国事，险阻艰难，十年如一日。此次下江光复，微李燮和，上海不举；微朱价人，南京不下，而我浙之得力于敢死队者甚多，是皆焕卿平日经营联合之力。且浙中会党潜势，尤非焕卿不能拊慰。鄙意若令代理浙事，得诸公全力以助，必为吾浙之福。"（《致杭州电文》，《时报》1912年1月8日）这种呼声对于企图攫取浙江都督位子的陈其美实在不利，尽管陶成章致电各界力辞都督之任，他终难逃死劫，杀机已动的陈其美遂派刺客在广慈医院将他谋杀,据说刺客之一正是后来的蒋委员长蒋介石。

陶成章不死于清朝政权之手,而死于同盟会党人之手,这是何等令人悲愤的事情啊。章太炎满含悲痛之情写信给孙中山,请他考虑到光复会与同盟会共同的斗争目标,以及它为反清革命大业所立下的功勋,制止正在各地愈演愈烈(特别是广东)的对光复会党人的迫害事件:

> 纵令一二首领,政见稍殊,胥附群伦,岂因自相残贼。仆以吴、楚之人,教令不能行于南国,迩以中华民国联合会事,精力俱殚,不遑远及。执事挺生岭海,习其旧常,登高一呼,众山皆应,惟愿力谋调处,驰电传知,庶令海隅苍生,咸得安堵。(《致临时大总统书》,《章太炎政论选集》第557—558页)

孙中山也认为这样对待"同一战壕的战友"是不妥的,他特别致电广东都督陈炯明,讲了与章太炎完全一致的意见:

> 两会欣戴宗国,同仇建虏,非只良友,有如弟昆。纵前兹一二首领,政见稍殊,初无关于全体。今兹民国新立,建虏未平,正宜协力同心,以达共同之目的,岂有猜贰而生阋(音希)墙,为此驰电传知,应随时由贵都督解释调处。(《孙

中山全集》第二卷第 46—47 页）

　　孙中山是一个很有领袖襟度的人，他能从大局出发看问题，章太炎对他的心态是相当复杂的，一方面始终成见甚深，甚至反对甚力；另一方面，在紧要关头，他还是希求孙中山的援助——他能认识到孙中山功名卓著，在国内外有巨大号召力，同时，为人也确实"长厚"，即后面这一条，实在很了不得。他后来见袁世凯，谈了一席话，说起张之洞，袁世凯连死去的人都不容，就使他暗暗心惊，觉得此人心胸褊窄，不可信任。所以，批评归批评，他与孙中山有时也还是能做一些沟通的，在《复孙中山书》中，他特别披露自己的心曲，说我之所以这样批评临时政府，实在没有私心，是完全为了你，为了国民。房屋倒塌，我们都会被压（"栋折榱崩，身将被压"），革命失败，我们都要遭殃，我不能怕别人说我反对"新政"就不作声，你也不会以新政为名禁止别人批评，我所做的批评其实都是"平议之常"，是救弊，是补台。像现在这样的特殊转换时期，正是"承满政府腐败之余"，坏人兴风作浪（"贪墨生心，奸欺得志"）的时候，我们更不能不高度重视监督、监察的工作，我这人虽然很笨拙，也经历过许多变故，是生是死，就不在乎了。

二

　　章太炎从日本回国后，其人际环境已有很大变化。虽然他在临时政府中并无权位，以他的声望和影响，也还堪称有"势"，自然有不少人趋附于他。身边的人中，固然还有光复会的旧友，更多起来的，却是清朝的旧官吏和立宪派分子。他后来一位患难中可以依托的挚友汤寿潜，即是此时的一位"新知"。汤寿潜长太炎约十岁，中过进士，热心于清朝的立宪，辛亥革命爆发时，他是浙江咨议局的议长，随即被举为军政府的都督。章太炎对他印象甚好，认为他行事老成可靠，两人相当投契。汤去南京就职时，也特别推荐章太炎代理浙江省军政大事。另一位是大名鼎鼎的清朝状元张謇（字季直），此人也是立宪派的一员大将，在章太炎担任党魁的统一党中，他是一个有力人物。此外，像曾任过张之洞幕府总文案，也是立宪派中坚分子的赵凤昌，一度与章太炎亦过从甚密。

　　在一个政权更替的动荡时代，不可能阻止为旧政权服务的人重新选择立场，也不可能要求革命阵营中的人，人际关系纯而又纯，若是如此，南京临时政府组成人员成分就很复杂，更要严加甄别。然而，毋庸讳言，章太炎身边麇集太多此类人物，多少有些"同声相应，同气相求"，而且，反过来，他们所造成的氛围，也会深深浸润、笼罩他。当然，他们大多是同乡，或都是江浙人士，会有一些共同的利益诉求，但对于以孙中山为首的同盟会革命派，隐隐抱一种对抗态度，也成为一种识别标志。在以孙中山"诤友"身份进言时，不能怀疑章太炎确有满腔报国热忱，而有时，他又是那般过分任性、激切，其中不免夹杂以同盟会革命派为对手的在野派的某种敌意。例如，他曾经大骂同盟会"气焰犹盛，暴行孔多"（《致梁启超书》，1912年4—5月），指责临时政府"南京政府既设，一党专制，惟务阿谀，毂（音谷）转云旋，今又复于清时旧贯"（《参议员论》），甚至说："南京政府既成，任用非人，便佞在位，私鬻国产，侵牟万民，无一事足以对天下者"（《与张继书一》，1912年3月）等等，这些话就说得太重、太过。一件流传甚广的事情是，在南京的四川籍革命党人举行四川革命烈士追悼会，孙中山等政府首脑莅会致祭，章太炎横插一杆，送上一副挽联，赫然写着"群盗鼠窃狗偷，死者不瞑目；此地龙蟠虎踞，古人之虚言"，几乎引起在场人士的公愤，毕竟，以孙中山为首的革命党人还正在为新生中国而全力奋斗，纵有一些问题，尚不致像他所痛斥的那样。

　　章太炎就是在这种背景下，从事他的政党活动。袁世凯被推举为临时大总统后，"中华民国联合会"改为"统一党"。改党会议召开，"到会者二百人，章太炎君报告开会宗旨与联合会成立以来之历史及所以改为统一党之理由。熊君秉三演说政纲，张君季直演说组织政党，所以站稳共和脚步。黄君云鹏演说社会政策与社会主义之区别。遂投票选举理事五名：章太炎、程雪楼、张季直、熊秉三、宋遯初。又每省选评议院二名，当场选出十省"（《统一党之成立》，《民立报》1912年3月3日）。

章太炎在会上演说道：

> 本党前此名联合会者，因各省独立，恐形势涣散，不能统一，故设立此会，但尚未宣布政纲。数月以来，政府未成真正政府，故本会亦鲜大事可记。而对于建都、借债各问题，或明电力争，或暗中阻止，对于时病，盖已多所挽回。现在沪、宁两处，俱有政团发生，除社会党外，如民社、国民协会、共和统一会、国民共进会等，宗旨大约相同，本可合而为一，即仆亦甚望其并合。无如事实上微有阻碍，故一时不能即合，然将来必可联合也。
>
> 本会本部会员，现已达七百余人，南方各省，大抵皆已设支部，北方亦可渐次扩充，当此区夏廓清，真正政府，必当出现，故应此时期改名为统一党。至本党宗旨，不取急躁，不重保守，惟以稳健为第一要义。(《中华民国联合会改党大会演说辞》，《大共和日报》1912年3月3日）

他是这个党的真正的核心，由他宣布的统一党的宗旨是"统一全国建设，强固中央政府，促进完美共和政治"，这也是他自己的政治企图和抱负。在这一方面，他并不显得保守和落后。此时的章太炎，完全以一个积极有为的政治家现身，在中国亘古未有的政党政治舞台上，欲扮演一个重要角色。至于他所创立的这个政党，在思想与政治背景上，以同盟会为对照、为对峙，则原是政党政治中的题中之义，似也不必深责。

但是，章太炎所组建的政党成员成分很复杂，组织上也松散，他竭力提倡奉行"无故无新，惟善是与"，其实，前一半是做到了，不管新旧人物都可以进来，而后一半则未必做到——许多不善之辈也都乘机混进来了。特别是一些昔日的立宪党人和腐朽官僚，摇身一变，借组新党要大捞一把。

"统一党"虽经由"会"改党，尚在组建、发展过程中，党内就有人急于与其他一些小党团合并成立"共和党"，章太炎明确表示反对。那时，他人已到了北京，留在上海的分部负责人张謇擅自召开大会，又一次"改党"，将"统一党"与"民社""国民协进会""民国公会""国民党"等合并成为"共和党"，选举黎元洪为理事长，章太炎、张謇、伍廷芳、那彦图为理事。这种"强迫结婚"式的拼合遭到章太炎的抵制，他声称"此假合并之名，而无合并之实"，而且，越分，侵权，不合法，虽自己被举为理事，但不予承认。他并非反对合并，而是主张合并需有共同的基础，不可一意追求人数众多，强造声势，"大凡一党之精神，不在人数之多寡，而在分子之健全，即令统一党员散至二人，亦可独立"

(《统一党第一次报告》，转引自汤志钧《章太炎年谱长编》第409页），这真是组建政党的至理名言。张謇说章太炎是"槎（音叉）桠特甚"，意思是"事儿"特多，并感叹"文章之士"不能当"政治家"，其实错矣，这样的问题上，恰恰证明章太炎是颇有政治家见识的。

也许更令张謇们惊心的是，章太炎还产生了这样一重觉悟："仆在南方，于《大共和日报》中极斥同盟会办事不合，以南方政府之专横也，而穷途失志辈骂同盟会者，则为争官争衣食计。公私之辨，较然易知，岂能以政党为官僚派开辟门径哉！"更进一步，他又说："今日南方政府已消，同盟会亦鲜可诋之处，时有张弛，则对付不同。且同盟会之弊，不过暴乱，而老立宪党及官僚派，则为巧言令色足恭者。暴乱易灭，腐败难医。……然则立宪党、官僚派之害，过于同盟会远矣。"（同上）

正是在建党合并的斗争中，他看清了立宪党人和老官僚的真面目，他们实质上与同盟会人士并不同，看上去一个个"巧言令色"，态度恭谨，实则都是争官争衣食的腐败分子。张謇等人不顾章太炎的反对，将捏合而成的共和党本部设在北京，他们声称："非有绝大之党，不能有统一之政府出；非有统一之政府，不能有统一中国出。"实际上，他们的目的不过是拼凑成人数众多的大党，以与国会中的同盟会争夺席位。"共和党"甫出，即与同盟会势同水火，展开了激烈冲突。

面对这种党争，章太炎痛心疾首："国家新造，人材未兴，内阁则人不一意，相互连持；议员则工诃（音荷）在官，拙于定策。国门以外，赋税几许？官制何如？土田安在？几无有过问者"，"光复以来，号称平等，而得志者，惟在巨豪、无赖。人民无告，转甚于前，茹痛含辛，若在囹圄"（《统一党独立宣言书》，《章太炎政论选集》第595页）。他所要求于"统一党"的是要"代达民隐"，即是真正反映人民的真实情况和心声，标榜"统一党""于政策则有相竞，于势位则无相争"，在"党争"中，处于"中流"的地位。现实的情况是，"统一党"也不可能是铁板一块，有相当一部分人倾向或要求与其他党合并，事情闹到这样的地步：他们议决以党的名义开除章太炎。这个党事实上已处于分裂状态。

章太炎反对在合并中让"统一党""自行消亡"，不能说没有其他考虑，即从公心而言，要对政府负起言论监督的责任，没有自己的政党，或由自己控制的政党，不充任一个政治力量的代表，就不可能有足够的话语权。此时，他并没有从这个政党政治中出局的想法，在某种程度上，还非常想有所为，在给一个地方党支部的信中，他说："要之势位竞争，有心人必不能满意，吾党惟有持满不发，以待来年，国会之选既多，自能出人头地也。"（《致江西统一党支部函一》，1912年6月30日）他兴致勃勃地设计次年的国会总统选举："大约明年国会之剂，十三分中，同盟占六，统一占四，共和占二，无党者占一。"（《致伯中书一》，1912年8月12日）

民国的权柄虽已转移到袁世凯的手中，章太炎仍对孙中山、黄兴怀有很深的成见和戒备之心，他要以"统一党"联合"共和党"，形成相对优势对抗同盟会，"非统一党与共和党一致，则同盟会一致选孙，势遂无敌"（同上）。在他看来，这样一来，后果极其严重，以致可能导致中国的分裂和被列强瓜分。

7月下旬，他由北京到武昌，会见了黎元洪。这位他心仪已久的民国二号人物，留给他甚好的印象，二人交谈甚欢，素以强梗著名的他，竟也听从黎副总统劝告，答应接受"共和党"理事一职，而他也恳请黎副总统担任"统一党"名誉总理，黎也愉快地接受了，于是，两党"交叉相倚，以为联合之图"，事情似有了颇为完美的结局。

这一年的5月，章太炎来到民国新的首都北京。这是他第一次进京，也是第一次见袁世凯。以往的批评，总要说章太炎反孙、亲袁，对袁世凯抱有幻想，帮他的忙，等等，这个时间有多长？即从讨论定都问题起，到宋教仁案发生，他通电反袁，满打满算，时间不过一年左右。而在此期间，袁世凯刚刚被推举为临时大总统，他的真面目尚未揭开，以他的实力、地位、声望，正被许多人看好，以孙中山为首的南京临时政府领导核心，虽对他不放心，却也让位交权，毕竟是时势使然。就章太炎而言，与孙、黄宿怨甚多，而与袁氏却尚是零接触，他抱定的宗旨是，尽言官之责，无论你谁在台上，优游讽议，建言献策，如此而已。我们不能因为袁世凯后来种种倒行逆施,乃至窃国称帝,苛责包括章太炎在内的众多人士,在这个短暂期间有靠拢袁氏的趋向。彼时彼地,许多人心中,中国不分裂,不打内战,南北统一,有一个愿意接受民主、共和理念的强人来领导,终究是一大好事。

袁世凯在北京宣誓就任临时政府大总统之后,章太炎曾作《致袁世凯论治术书》,文中表达他对袁氏的殷殷期望:"励精图治,酬报有功,慎固边疆,抚宁南服,以厝中夏于泰山磐石之安,而复一等国之资格。"(《章太炎政论选集》第 584 页)这些都没有什么错,其中特别是强调了边疆问题,这是他一直关注的重点,之所以极力主张定都北京,也是基于对边疆问题的忧虑:北方强敌压

袁世凯(1859—1916)
北洋军阀首领,曾任中华民国大总统

境,边疆大片土地随时有丢失的危险。中国的统一、安定,实在太重要了。国家和民族的利益高于一切,作为当时一位高层政治活动家,这是章太炎从事一切政治活动的基本出发点。

继而,他又向新任大总统提出:"当今急务,盖有数端:以光武遇赤眉之术,解散狂狡;以汉高封雍齿之术,起用宿将;以宋祖律藩镇之术,安尉荆吴。大端既定,然后政治可施"(同上)。这里指点的,也都是当时政权建设中甚为尖锐的问题:辛亥首

义以来，包括起义队伍在内的各路人马，清朝政府留下的大量官吏和公职人员，以及武昌和南京方面反清、倒清的有功组织和人员——所有这些方面人员的妥善安置，都关系着国家的统一和安定，都是中央政府不可忽视的"大端"和急务。就"治术"而言，袁世凯久历官场，位居中枢，经历和经验不可谓不丰富，尤其于玩弄权术更是一等一的人物，还何劳他章太炎点拨？不过，章太炎一方面出于对大局的责任感，另一方面，也确实怀有一种强烈的自负，他自认为出经入史，谙熟于历来兴亡的经验教训和治平之术，自可将自己摆在"王佐""国师"的位置上发言。

他几乎是很快进入情况，不久，又致电袁世凯具体商榷官制，说："中书初建，必赖骨鲠胜任之人，非以位置阘茸，安慰反侧也。乃闻设官分部，数至十二，已开虚縻廪禄之端，商榷阁员，每下愈况。京外官僚中，非无清刚晓练之士，何取著名鬻国之曹□□（指曹汝霖）？发难首功者，非无稳健智略之人，何取弄兵潢池之陈其美？物议哗然，人心将去。""愿饬唐总理访求物望，询于老成，无故无新，惟善是与，杜奔竞者夤缘之路，削参议院干预之权，然后人无幸进，国有与立。"（《致袁世凯商榷官制电二》，1912 年 3 月）他的意见未必全对，但未出十年，曹汝霖再次在"五四"运动爱国学生"打倒卖国贼"怒吼中落荒而逃，而陈其美暗杀政敌陶成章，手段极其卑劣、残忍，又如何能重用？用人确实不能以人划线、以派划线，只是要真正做到"惟善是与"，实在太难了。对于袁政府以官位安排私人（"反侧"之人）、庸人（"阘茸"之人），增加职数，耗费国库（"虚縻廪禄"）的钱，他的这番话，则不啻当头棒喝。

进京之后，据说，他曾两次蒙袁大总统接见，谈了一些什么不得而详。大总统在就职之后，已任命章太炎做政府高等顾问，此次得以相见，对这位革命老英雄当然很客气，优礼有加——一来，自己要树立一种"礼贤下士"，特别是与反清阵营中的代表人士尤为亲善的形象；二来，他也深知此人身居政党领袖地位，又好"放言无忌"，社会影响甚大，宜设法收揽、利用之。想来两人并无太多很投契的共同语言，章太炎自居饱读诗书，又有反清先驱的老资格，依他平时的性格，见了大总统，也就不待敷衍，将他对时局的意见，特别是用人之道，侃侃宣讲了一番。大总统虚与委蛇，不时打打哈哈，旁边有人看了，对他就很生厌，据说，当时担任总长的袁氏大管家赵秉钧，就背地里骂他是"老学究"。

应该说，章太炎此时是真心希望袁氏政府能把中国事情做好的，他在7月间到武昌，见了黎元洪副总统，非常开心，说："见黎公之丰采，非特主持公道，且能遇事立断，真足与项城伯仲，以二公左提右挈，中国当不致沦亡。"（《致江西统一党支部函二》，1912年8月7日）他虽还是不断就国家大事发表自己的意见，却不似对孙、黄领导的南京临时政府那样——那时，他对同盟会的派别怨恨情绪太浓厚，对于孙、黄等人不信任，也很瞧不上，而现在，对袁则是苦心孤诣，建言献策。

前面说过，此时袁世凯的真面目尚未暴露，章太炎对以袁世凯为首的北京临时政府的这种倾向和态度，主要还是出于对国事的责任感，并非如一些人所诋毁的那样：他是个毫无理智、不顾一切的"疯子"。恰恰相反，他具有相当清醒的理性，知道在南北已经统一的形势下，应该如何完善、巩固中央政权，并使之建立一套民主制度，以合理运转，将中国导向真正的独立、自由和富强。

袁世凯政府的第一任内阁总理唐绍仪，因为在任命直隶总督的问题上，与袁世凯产生分歧而辞职，这个危机的深层原因，还是在于党争。加入了同盟会的唐绍仪，在其内阁中，让同盟会党人占了一半，因而引起袁世凯的猜忌。唐总理要任用王芝祥为直隶总督，袁总统则对他另有任用，将他派到南京去做宣慰使，协助解散军队，并不待总理副署，即行宣布。唐总理知道干不下去了，只好离任。这件事令朝野震动，它所提出的一个大问题是：今后的内阁究竟如何组成？要不要再有政党内阁？章太炎给予的答案是："吾意政党内阁，在今日有百害而无一利，两党交构，亦有轧轹（音扎立）之忧。乘兹废置之间，以建无党总理，犹足以持危定倾。（此谓本无党籍，其临时脱党之人，则名亡而实犹在，非其例。）各部总长，虽数党杂糅也，调和于无党总理之下，则意见销而事举。"（《内阁进退论》，1912年6月）

处在当时的情势下，可以有若干方案：一、建立以同盟会为第一大党的责任内阁。这不但是袁世凯所不会允许的，同盟会内部也会进一步裂变，产生新的党争。二、两党（多党）轮流执政或共同执政，这就是章太炎所说的不断摩擦、"轧铄"下去，闹得什么事也干不了。最后，也就是他所提的这个方案，由一个无党派人士担任总理。但这样就能行么？在这个有几千年专制主义传统，刚刚结束帝制的中国，只能由历史来回答这个问题了。

三

在政治上颇有一番抱负的章太炎不能满足于"优游讽议"，在一旁提提意见，他希望能做点实事，有所建树。

当时的革命派领袖们将权力交出后，纷纷转向实业，孙中山受袁世凯委任做全国铁路督办，他准备以十年时间，筹款60万元，修筑20万里铁路，造福于社会和人民；黄兴也步其后尘，担任汉粤川铁路督办。他们这种毅然退出政治、致力实业的举动，既是表明自己的志向和襟怀，也对前革命党人起一种表率和引导作用。袁世凯就任总统后，曾给章太炎一个政府高等顾问的虚职，这个职位带有较浓厚的参政色彩，孙、黄都转投实业了，他也不便继续挂此虚衔，仿孙、黄之例，袁大总统拟安排他去做"仓场总督"，也就是管管漕粮收贮的一些事，这就很容易让人想起玉皇大帝命孙悟空当"弼马温"的故事来，老袁也是想把这位常常"疯疯癫癫"，以造反著称的革命元老笼络住，但是，章太炎没接受这个差事，却承允了后来提议的"东三省筹边使"一职。

在做此决定时，他并非不知道这一职务所有的权限和职责，并非不知道这不是凌驾于三省总督之上总揽大权的高官，"筹边"的意思还是重在边疆建设，对此他既有兴趣，也有干劲。他原是一个地地道道在书斋里讨生活的书生，这种想法想必产生于他投身反清革命之后，正是后来，他的目光越出了他的家乡，而关注于全中国的广袤疆域。他特别重视中国东、西部的领土完整，日、俄两个强敌的窥伺和野心，令他忧心忡忡。革命成功之后，从事实业建设，特别是在东三省，以实力建成捍卫自己的长城，符合他的愿望。

在拿到委任状后，章太炎不顾隆冬时节的严寒，立即走马上任。听说章太炎要来当筹边使，东三省的当权者从心里是抵制的，他们的担心是，他来后会不会分享他们手中的权力？奉天和吉林的总督电询袁世凯，筹边使的权力究竟有多大？他们的关系怎么摆？袁世凯复电说："该使不过筹办边陲实业，所有一切内政、外交、行政不在其权限内。惟该使系由中央委任，应受上级之待遇"（《筹边使筹备边事》，《顺天时报》1913年1月28日），这才使他们放下心来。

章太炎到任后，吉林总督勉强来敷衍了一下，即再不照面。

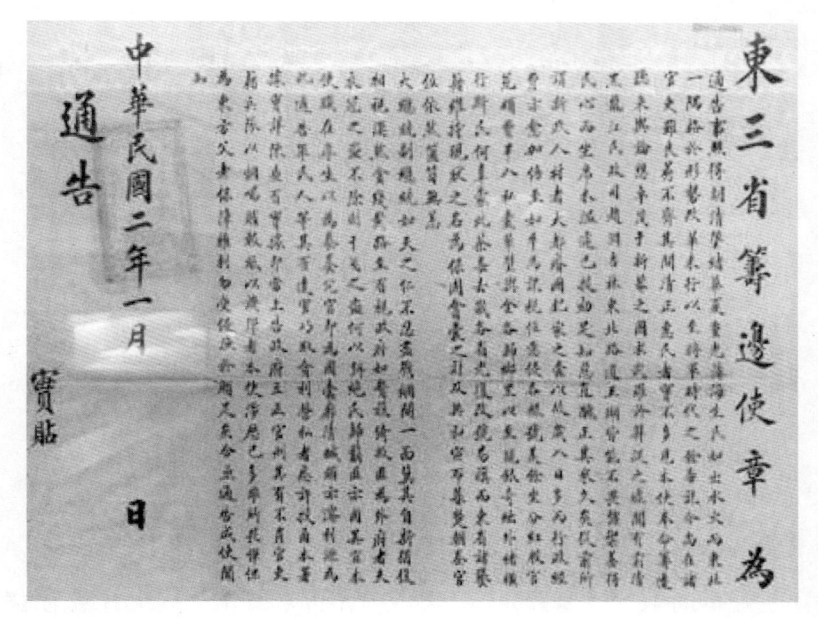

章太炎任东三省筹边使时发布的通告

他虽然极为恼火，却也无可奈何。筹边使署设在长春，他的身边只有一个调查员，一个书记员，一个庶务员，景况极差，后来陆续添到十来个人，经费又奇少，每月只有3000元，要做事是十分困难的。应该说，这个差事多半是他自己找来的，他对于困难一定有思想准备，在他所写的一份实业计划书中，他重述自己的决心道："炳麟本革命党人，从前所以出生入死者，只为政令之苛残，民生之憔悴耳，今者持节临边，期偿始愿，以鹰鹯（音占）搏击之心，副云霓救旱之望。"（《东省实业计划书》）他形容自己是一只正在搏击的雄鹰，要做成几件造福于人民的事情，只有勇敢地去战胜困难。

章太炎在别人眼中，无非是一个研究经学出身的迂夫子式人物，其实，他自己决不这样认为，事实上也非如此，他对经世之道颇有研究，也可以说有一手。在离京赴任前夕，他就在"统一党"本部欢送会上宣布说："鄙人此次进行手续，第一统一币政，其次兴矿，其次开垦。"（《统一党第一次报告》）从现实条件出发，他认识到："兴利之道多端，若屯垦铁冶，皆艰阻未易猝举。铁道亦多隶外人，虽欲新辟无由。要以利水道、平钱币为主。"（《〈东三省政要〉序》，《太炎文录》卷二）他做事有条不紊，根据轻重缓急和难易程度排出了次序，首先就是抓钱币和水利。

钱币问题，用今天的话说就是金融问题，与民生大计最为相关。而它之作为一个问题，在当时的东三省也最为迫切。现在的人已经无法想象，那时该地使用的货币有多么混乱，什么官帖、纸票、铜圆、羌帖、老头票，各种中国币、日币、俄币都混合使用，物价不断上涨，货币贬值，"纸钱满街，实与诈欺取财无异"（《东省实业计划书》），受害最大还是普通老百姓。章太炎冒着从未经受过的严寒天气，往来于长春和吉林两地实地调查，查见"三四日中，银价日涨一吊，自八吊到十一吊而后止。民间怀钞票者，皆失利三分之二，道路怨咨，商场冷淡"（同上），他的心情十分沉重，眉头揪得紧紧的，究竟如何应对这种情况呢？

他思虑良久，提出要开办东三省银行，逐渐统一币制。短期内，完全统一纸币可能还做不到，但终归会产生一定效用。为此须请求中央政府，从外国借款中拿出一部分来解燃眉之急。报告打上去了，他心中非常着急，不停催问，竟似泥牛入海，一直也无消息。如果不是亲身住在东北，日日目睹民生艰难状况，他或许还不会有这种心情，而现今，他觉得不早一天解决这个问题，实在太对不起东三省的人民了。

另一个大问题是兴修水利。东三省有辽河、黑龙江、松花江等大河，水力资源丰沛，如果善加利用，能带来巨大的社会和民生效益。这一点，他过去就听说并注意到了，来到东北，他又征询本地人士意见，并去做一些实地考察，开始酝酿建设蓝图。他设想在伊通州和怀德县之间，开凿一条运河，沟通辽河和松花江，其间不过一百多里距离，耗资不大，却能获取很大回报："斯道一通，帆轮辐辏，流转不穷，屯垦则易以集人，林矿则易以出口，庶地无广漠不治之忧，货无积滞不销之患，其为利泽，深矣远矣。"（《东省实业计划书》）这个计划并未能实施，因为他派人又去进行勘查，结果发现两河之间，确有一块高地，以当时的财力和技术手段，难以打穿。

无论这些计划能否付诸实施，我们都能看出章太炎当时是何等投入，仅仅两三个月时间，他已着手构想并实际操作一系列实事。除了上述若干大的工程，小至绘制吉林和黑龙江地图，他也亲自延聘专才，务求其精。此外，还又筹办《筹边日报》和"筹边研究会"，更要从外缘上扩大"筹边"作为一项事业的影响，以推动其发展。以往我们看他讲佛法，论虚无，此时可还有了？没有，一点儿也没有了。他对于同盟会党人的杯葛和攻讦，此时可还有了？没有，也一点儿没有了。这可谓是他的爱国主义精神高度升华的一个时期，"听其言而观其行"，一个人无论他讲过什么，唯有这种自觉自愿的行动，最足以显示他真正的内心境界和情怀。

与之恰成鲜明对照的，正是袁世凯政府那班高官和地方军阀，他们正千方百计地争权夺利，借以营私自肥。袁世凯和他的高级幕僚们将章太炎打发到冰天雪地的东北去，并非真心指望他"筹边"，原也以为这个好发议论的家伙，就此知难而退，息事宁人罢了，不承想他会如此认真，又是上"计划书"，又是从东北跑回来要开发款，还"面谒大总统，痛陈东省官吏之庸碌无能，且到处遇事掣肘各情"（《回京后之章太炎》，《顺天时报》1913年1月29日），甚至对在东北很有权势的高官陈昭常一再弹劾，然而，他绝不可能得到任何支持和援助，回答他的只有推诿、冷漠和奚落。这一切仍未能动摇他的决心，一如自古以来许许多多为民请命的志士仁人那样，他以满腔赤忱诉说于社会："官于一方，即于一方人民情同休戚，负贩乞儿皆吾肺腑……惟贪污官吏有似殷顽，本革命之初心，自不能与之浮沉上下。所自愧者，志有余而权不足，乃无以对两千万人民也。"（《东三省近事零拾》，《大共和日报》1913年2月26日）

在东北这个令人难忘的寒冬，他的这一份心肠是何等炽热啊！

  剑骑临边塞，风尘起大荒。
  回头望北极，轩翮（音赫）欲南翔。
  墨袂哀元后，黄金换议郎。
  殷顽殊未尽，何以慰三殇。

这首题为《癸丑长春筹边》的五言诗作于1913年4月，我用现代文试译如下：

  仗剑骑马来到遥远边塞，
  风尘卷起在荒漠大地上，
  不得不再回望极远北方，
  马上要展翅向南飞翔。
  那些人刚刚还悲痛于清亡，
  又用金钱混进新朝官场，
  坏种们至今没有除净，
  如何能安慰英烈于天上？

这时候发生了什么非常事故了吗？是的，在上海，发生了宋教仁被刺杀的惊天大案。

宋教仁是同盟会重要领袖人物之一,章太炎以前在东京和他过从很密,在许多问题上,他们的意见相投契,彼此有一段永难忘怀的战斗情谊。宋教仁年轻,能干,有大志,是为章太炎属意堪做民国总理的最佳人选。此时,正是他踌躇满志,欲在民国政治舞台大展拳脚之际,在他的筹组努力下,同盟会改成了国民党,业已在年初的大选中一举胜出,有望由他出来组阁。

宋教仁(1882—1913)
曾任民国法制局局长,民初政坛重要人物

然而,他太轻忽了袁世凯的本性和心计,他不知道,袁世凯已命杀手在他的身后伏伺,在上海火车站,正当他与送行的友人挥手告别时,罪恶的枪声响了,他倒在血泊之中。

这件事极大地震惊了章太炎,他曾亲睹年轻的邹容死于清朝统治者和西方殖民者的魔爪,也曾见到自己亲密战友陶成章,死于同一阵营中怨敌的暗杀,现在,又看到了如此一位有为的年轻政治家死于非命,他实在是悲愤莫名,这是一个怎样的至暗时刻啊!他立即拿起笔来,写下《宋教仁哀辞》,辞曰:

炳麟不佞,七年与君子同游,钧石之重,凤所推毂。如何苍天,前我名世。姐(音促)殁(音莫)之夕,犹口念鄙生，非诚心相应，胡彤（音尔）感于万里哉！即日去官奔赴，躬与执绋（音扶），拜持羽扇，君所好也。若犹有知，当见颜色。

他深情回忆与宋教仁长达七年的交往，清楚记得宋教仁喜欢手持羽毛扇，要亲自到他的灵前为他持扇，感念于他在临终前还喊过自己的名字——"殂（音促）殁（音莫）之夕，犹口念鄙生"，多么希望这位英姿飒爽的弟兄在天有知，能再赐一见。"哀辞"虽是短短几句，却凝聚心头多少倾注不尽的血泪啊。

不久，宋案的侦讯有了迅速进展，凶手就擒了，由凶手武士英而至在沪的指使人应桂馨，再至北京的授意者洪述祖，一直就追溯到了袁世凯的心腹、时任总理的赵秉钧，以及袁世凯本人。一份份密电电文具在：真正的主凶就是袁世凯！无论如何掩饰和狡赖，他的真实面目还是曝光了。他就是前面章太炎诗中所指的"殷顽"（殷代不服从周朝统治的遗民，借指前清留下的顽固派）的总头目。

袁世凯心狠手辣，是绝不可再信任了，然而，他此时还手握重权，位居大总统之尊，究竟应该如何处理与他的关系呢？章太炎觉得此实关系大局，未可莽撞行事，便托言有事，离开东北，回到南方，专程来到武昌，面见黎元洪，商议了一番。在他的心目中，黎元洪是当时中国最堪担任大事的人，他很希望黎能出来收拾天下，取袁世凯而代之。宋案的发生，已令黎惶惶不可终日，生怕袁氏杀手的下一个目标锁定为他，若听从章太炎的话，岂不是将自己往死路上领？据说，他当时并不接话，而只是把话题岔开，一再问章太炎：你对个人婚姻问题到底做何考虑？也不能再拖下去了，我来替你做个大媒如何？一副熙熙仁厚的样子，显得很有人情味。再谈到正题，实在躲不过去了，便口气舒缓地说，那你就先去京城看看。

宋案发生之后，章太炎就不断有一些对袁氏政权不利的言论发表，他甚至公然提出要袁世凯退位，不再担任总统。在武昌期间，还致电袁世凯，要求他除去"四凶"。这"四凶"是：时任国务总理的赵秉钧，政府秘书长梁士诒，陆军次长陈宦和京都警备司令段芝贵，即由职位观之，这四人都位居要津，是袁世凯的心腹。他告诫袁世凯，如不除这四个小人，你就是再英明、伟大，也是不行的。他还有意地"分化"他们说，本来宋案、借款都没有你的事，他们偏偏散播谣言，目的是掀起风潮，由他们出来调和，借以自重。这些小人实在太坏，你还不该果断采取行动吗？

这本是古来就有的"清君侧"的办法，袁世凯岂能不知，他所做的回应是避而不谈此事，反而郑重请章太炎来北京，授给他二等勋位。章太炎对于授给他勋位之事，原本心情就比较复杂：一来革命成功，他这样的有功人员，论功行赏，理所当然，对于生者和死者，都是一种交代，不必矫情不受；二来只授给他二等勋位,他很不服气,觉得自己功劳决不在孙中山、黄兴之下,如果他们得大勋位,自己只得二等,那就绝不接受。然而,这次通知他进京授勋,他就很痛快地跑去了。在袁大总统想来,给他一点甜头,或能拉拢住他,至少,或少发一些不利于自己的议论;而在章太炎,则是借授勋要当面与他"理论",至少"劝说"一番。

授勋的经过,一切如仪。章太炎向来不衫不履,不重修饰,这次也换上一套簇新洋装,打上领结,头戴圆顶礼帽,胸前挂上亮闪闪的勋带,人也顿时精神奕奕。来到勤政殿上,大总统对他嘉勖甚殷,并致祝贺,他也一再申谢,同时,回首革命历程,不胜感慨。礼毕之后,他还希望屏退他人,与大总统略作叙谈,以下的谈话就渐次露出了各自本色。章氏在其《自定年谱》中有一段详细描写,堪称有"春秋"文章的笔致,兹录于下,以供鉴赏:

袁公已下令授余勋二位,冀以歆动。入府,袁公问曰:"克强意何如?"余曰:"遯初之死,忧惧者不止克强一人。"袁公曰:"报纸传克强欲举兵,称为遯初复仇,何诬缪如是。"余曰:"南方报纸亦传公将称帝。道听涂说,南北一也。"袁公曰:"吾以清运既去,不得已处此坐,常惧不称,亦安敢行帝制。人之诬我,乃至于是。"余曰:"以愚意度之,言公将称帝者,非毁公,乃重公耳。夫非能安内攘外者,妄而称帝,适以覆其宗族，前史所载则然矣。法之拿坡仑，雄略冠世，克戡大敌，是以国人乐推。今中国积弱，俄、日横于东北。诚能战胜一国，则大号自归，民间焉有异议，特患公无称帝之能耳。诚有其能，岂独吾辈所乐从，孙、黄亦焉能立异也。故曰言公将称帝者，非毁公，乃重公也。"袁公默然，两目视余，色悻悻。时辰钟过三分，乃曰："明日来受勋耳。"遂出。

他二人对谈——袁世凯言不由衷，极力掩饰、辩诬；章太炎单刀直入，话题直接转到了"称帝"上，攻势凌厉，却又在此巧作一转，纵横颠倒，说这个"谣传"不是"毁"你，而是"重"你，是把你看高了，你哪有"称帝"的本事和资格？看似也为袁世凯辩诬，实则尽带讽刺，说得袁氏哑口无言，呆若木鸡，竟然直愣愣看了他好几分钟。事后，章太炎也曾对人说，那天，袁世凯还是显得很有涵养，一直没有发作，他也知道自己的话说得未免过重。只是他不知道，此类政治家多和一般人不一样，他们胸有甲兵，会暂时隐忍不发，只待过后再刀剑齐下收拾你。

从北京回到上海，国民党上海交通部举行茶话会，邀请章太炎出席发表演说，在这个会上，他以沉郁、凝重的语调陈述：

而一年以来，从各方面观察，又将民国人物一一比较，觉吾民党，终算是有良心的，自始至终，尚不违背"国利民福"四字。所最堪叹息者：一，民党当日不应退步，遗留腐败官僚之根株；二，民党不应互相猜忌，争先利用不良政府，使彼得乘机利用政党，此民党失败之总因。(《国民党上海交通部茶话会演说辞》,《民立报》1913年6月11日）

这表明由于事实的教训，章太炎对于自己以往的政见做了深刻反省，并萌生了新的认识。过去，有人讥刺梁启超，惯"以今日之我战胜昔日之我"，其实，如果不是有意投机，那么处此急剧变动的时世，许多事物是一时未能认识到的。新起的变化又太多，不断修正、改变原有的认识，既是必然的，也是可取的，否则，就成了胶柱鼓瑟，顽固不化了。章太炎"觉今是而昨非"，勇于修正自己的意见，由拥袁而反袁，并能深刻地认识到，"昔日为民权激战时期，今日为民党与官僚激战时期。一进一退，均关系共和之真伪"，正是一种非常可贵的见地。

此时，他还没有辞去东北筹边使的职务，毕竟，这还可借以为人民做一点实事。他还有所期待，前一段费尽周折与法商洽谈，双方已达成合作意向，对方答应借款，设立东北筹边银行，现在，只等政府方面盖印批准了。这种漫长的等待，本已令他十分焦灼、恼火，多次催促，只是被推以尚待研究，终于，财政总长梁士诒来电了，电文称："法商以日、俄之故，不愿承办，特转达。"

阅此电文，他不由得怒火中烧，一把将电文撕个粉碎，分明是梁士诒从中阻挠，数月以来，苦苦等待的，竟是这个结果！在奸人当权、忌疾甚深的政府控制下，还何谈为东北人民做什么实事呢？他立即提笔写下"辞呈"，决然"奉身而退"：

> 炳麟从政以来，除奸无效，从昏不能。宋教仁无辜被戕，大借款损失过巨，麟岂不知奸究，但以司法不可妄参，国命不可自戾，故隐忍不言耳。迩者实业银行借款，已有成言，而梁竖士诒怵法商以日、俄之衅，从中破坏。忌疾如此，更何一事可成。即日辞差，冀遂初志，恳乞将东三省筹边使开去，死生之分，一听尊裁。（《电辞东三省筹边使》，《民立报》1913年6月20日）

如果是一般的辞职也就罢了，这份辞职信中，却是将当道的权奸痛骂了一顿，岂能不触怒他们，而章太炎就是这个脾气，他说了，是死是活，由你们罢，我不在乎——毅然踏上了与袁世凯政权决裂的道路。

四

世间的事有时也像小说家编织的情节，正当急鼓繁弦，金戈铁马之际，忽而又穿插一段日丽风和，轻斟款唱。

1913年6月间，愤然辞去袁氏政府的差事后，四十六岁的章太炎结婚了。

　　前面已经提到，还在"诂经精舍"求学期间，家里曾为他纳过一位王氏女子，两性关系中，他被证明一切正常，陆续有三位千金顺利诞育。这三个女儿都以非常冷僻的汉字命名，寄寓他对古国语文的独特情趣。在那位未曾扶正的夫人谢世之后，长达十来年时间里，他一直未再择偶。当然，三载铁窗生涯，数年日本羁旅，清朝未推翻，何以家为，是他不能考虑此事的主要原因，不过，众多亲朋好友也经常关心，热心作伐，他一概淡然置之，毕竟，心里已有自己选偶的理想和标准，只是佳偶难觅罢了。如今，反清革命成功，也到了应该解决这个问题的时候了。湖北有他大批崇拜者，他对湖北也有特殊好感，每次来到武昌，都有朋友向他半开玩笑地夸说湖北的女子好；他也乘兴在报上刊登一则征婚启事，声称要娶一位识文断字、讲新文明的湖北女子为妻，一时传为佳话。

　　不过，这位大龄征婚者最终接到的绣球，不是湖北女子，而是他浙籍的一位出色女子所抛。在他的《自定年谱》中，有非常简约的几个字记述，曰："汤夫人来归。"

　　汤夫人名国梨，浙江桐乡人，她有很好的学识修养，曾经主编《神州女报》，并主持神州女校的教务，是近代最早的妇女活动家之一。以她的教育背景和资质，与章太炎无疑是相当匹配的。

像章太炎这样一个历经劫难的革命志士，如果说在其他方面还都不能称意，而今能有一桩如此美好婚姻，岂不值得旧雨新知好好庆贺？

1913年6月15日是大喜之日，上海爱俪园（即哈同花园）披红挂彩，嘉宾云集，特别是前同盟会的诸多领袖人物都陆续到场了：孙中山、黄兴、陈其美、蔡元培……真是极一时之盛。当时这些人物有一大好处，无论章太炎骂他们如何之狠，之恶，情急时真恨不得将他灭了，但转过身来，又会与他笑脸对待。他们有时也会骂他是"疯子"，话固然难听，却也不妨作为开脱、见谅的托词。大关节处，他们还是很认可章太炎的志向与人品的。此刻，见到新人，旧怨统统抛开，衷心贺喜之外，有的还免不了打趣几句。不用说，新郎自是脸上一派喜气，身着崭新西式黑呢礼服，雪白的衬衫上，打着颇具灵气的领结，只是皮鞋可能选大了一点，据说，人多时还踩掉了一只，慌乱中，一只脚又没能顺利套进去，弄得颇为狼狈，一时纷纷传为笑谈。章太炎本来就是一位诗人，际此盛典，岂能无诗？婚礼既毕，到一品香酒楼宴客时，他即席赋诗一首，诗曰：

吾身虽稊米，
亦知天地宽。
振衣陟高冈，

1913年6月15日章太炎与汤国梨在上海哈同花园举行婚礼

招君云之端。

意思是说，我虽然渺小凡庸，也知道天地宽阔，抖擞衣服，登上高冈，向在云端的你招手。对他来说，新娘正像是天上的仙人，可想而知，他对她是何等爱慕，心情又何等欣悦。

按照中国的礼数，此时，新人尤要万分感激媒人，他又赋诗道：

> 龙蛇兴大陆，
>
> 云雨致江河。
>
> 极目龟山峻，
>
> 于今有斧柯。

诗中景象宏深，使人联想起他这一辈老革命党人的生活背景——那气势磅礴的反清革命大业，远望龟山雄峻的武昌，那里是首义成功之地，而今，又有媒人作合此美好姻缘，他的心情真是陶陶然之极。

然而，正当章太炎的"世纪婚礼"举行之时，盘旋在中国上空的政治风云却越来越晦暗、险恶，就任临时大总统的袁世凯，权力欲望一直未能完全餍足，面对企图制约和反对他的各种势力，特别是前同盟会势力，他磨刀霍霍，准备施展更大规模的杀伐手段，予以剿除，为此，他不惜以牺牲主权为代价，不经议会程序，向外国银行大举借款，以充作发动内战的军费开支。尽管反对声浪高涨，他的主意已定，和所有的独裁者一样，他们都是实力至上主义和铁血政策的信奉者，深信在夺取绝对权力的道路上，谁也不能挡住他的脚步。

摊牌的时刻已经到了。

孙中山和他的同志们决定背水一战，兴兵讨袁。1913年7月

12日，江西都督李烈钧在湖口举义。15日，南京宣布独立，黄兴任江苏讨袁军总司令，历史上著名的"二次革命"爆发了。章太炎在他的《自定年谱》中有如下叙述：

> 七月十二日人定，溥泉、行严突至余宅，以讨袁檄相示。余曰："冒昧作此，将何为？"行严曰："兵将动矣，檄文何如？"余曰："此何必工，如弟所属草可也。"

12日那天深夜，张继和章士钊两位兄弟突然到他家来，出示讨袁的檄文，章太炎看了后说，你们二位既已拟好了，就不必我再动手改了。他自己则立即起草、发表了《宣言书》，谴责袁氏政权"政以贿成，为全国所指目，而厉行暗杀，贼害勋良，借外力以制同胞，远贤智而近谀佞，肆无忌惮，不恤人言"，指出这样的政府遭到普遍反对是必然的，如果它还"怙恶不悛，任用狼虎"，那么"义师所指，固当无坚不摧"，它就必定遭到覆亡。同时，他也希望起义军队要"为国司直，不为利回"，注意分辨亲日的分裂势力和企图复辟清朝的宗社势力，不可与他们联合，并特别不可危及黎元洪所在的湖北的安定。

这个《宣言书》的发表，表明章太炎对袁世凯的认识已经发生了根本性变化。仅在一年多以前，他还对袁世凯抱有幻想。那时候，也有人对他说，袁这个人是有称帝的野心的，你们要防他。

他不信,他想,要称帝谈何容易,"非战胜强邻,得其土地重器,固不足以极威望而驯民志"(《敬告对待间谍者》),他袁世凯没有这个本事。然而,事情后来的发展,越看越不对了——袁世凯固然没有什么本事,野心却大得很,他手持屠刀,一步步径直朝着皇帝的龙椅奔去。章太炎投身光复大业,最初目标只是要推翻清朝皇帝,而辛亥革命的最重要的成果是不但推翻了清朝皇帝,还在中国结束了绵延两千年的帝制,作为这场革命先驱的章太炎,自然也是这一重要成果的坚定捍卫者,他看得很清楚,在当时的国际形势下,"项城不去,中国必亡"(《致伯中书八》,1913年7月3日),走回头路,开历史的倒车,是根本没有前途的。现在是已经到了危急关头,到了必须发动一次新的革命挽救中国命运的时候了。

这里,还必须提一提他在此时制止了一个立宪派与宗社党人复辟阴谋的事:

十五日,克强(黄兴)果起兵江宁。初,克强自知力不制北,又以江苏人怨之,尝欲以军事属云阶。云阶语余:"事若克捷,宜以清宗室为大总统,庶几袁氏旧部不能为变。"余曰:"君欲复辟耶?"云阶曰:"非也。宣统帝不可为元首。属之恭亲王,暂主大政,不为子孙万世基。"因说春时刘廷琛、于式枚等来谋复辟,冯国璋、张勋皆与谋,今乘其机以覆袁氏，易为力。余曰："项城之罪，在杀宋教仁，非得罪民国也。覆项城而戴清之宗室，名曰总统，实与天子无异。倒行逆施，谁助公者。"云阶曰："尝问诸有经验者，皆善是策。"余曰："有经验者，非郑孝胥耶。彼有大清之经验，未有民国之经验也。是策行，则南北皆割刃于君矣。"云阶议始寝。
（《自定年谱》）

这个"云阶"是何许人呢？他就是忠心"勤王"的清王朝高官岑春煊，此时，他也混入"二次革命"的阵营，与同伙密谋将袁世凯拉下台，将清宗室扶上"总统"宝座，口头上是说"不为子孙万世基"，实则一旦掌权，"实与天子无异"。章太炎一针见血地指出，他们这是"倒行逆施"，绝不能得逞。因他坚决反对，这个阴谋才未能实施。

7月26日，章太炎发表了《第二次宣言》。这个宣言中，他在原先提出的"四凶"之外，又加上三人，即当时担任袁世凯秘书的王揖唐，任国务院秘书长的陈汉第，和任国务院总理兼财政总长的熊希龄，一共是"七凶"。这些人，无论南军胜利或北军胜利，都在该杀之列。这些袁世凯身边的帮凶，令他深恶痛绝，在他看来，这一次革命，既然是一次政治革命，那么，只要是危害革命的，都应该坚决铲除。

发表这个宣言之时，江西起义部队已被袁军击溃，在力量众寡悬殊形势下,"二次革命"很快就烟销灰灭,孙中山、黄兴等领袖人物再次逃亡国外。像历史上所有革命运动失败以后一样,参与和附和革命者都被视为"乱党"和"暴徒",受到当局搜捕。此时章太炎的处境是很危险的,他对此不可能没有察觉,但他并不准备像在前清时代那样流亡海外。他认为,中国既然已经从清朝统治下光复,自己没有理由再向外国求得庇护。这时,他还没有完全放弃对民国政治的希望,新建的共和党让他看到了一线曙光。

前已说过,早先,他是反对代议制和政党政治的,后来,民国的共和政治体制建立,他就"成事不说"了,且也转向从事政党政治。经过这一段时间的观察,还是觉得政党对于中国不是有益的,甚至说"中国之有政党,害有百端,利无毛末"(《与副总统论政党》,1913年5月)。然而,其他政党不撤销,他所在的党自然也不能撤销,而且,事态近一段的发展,让他觉得还犹有可为。

在不久前举行的国会选举中,国民党获得参、众两院多数票,为应付此种形势,共和党、统一党、民主党合并为进步党,然而,不出一月,这种"捏合"即告破裂。原统一党和民社的部分成员组成新共和党,并推举章太炎为理事。这件事令他甚为兴奋,他对这个新共和党成员评价颇高,并寄予厚望,迅即致函该党本部说:"不意诸君子愤发其所,为天下雄,将率群才,云蒸龙变。卷葹(音市)拔心而不死,秋菊晚岁而愈馨,逖(音替)听风声,欢喜踊跃。所愿众志成城，贞固干事，不屈威武，不挠利权。旗帜鲜明，则群伦自附。风雨不已，斯精色自开。"(《致共和党本部函》，1913年7月2日)在他看来，在当时中国政治舞台上，还是需要借助于一个有着统一意志的群体力量，现在，孙中山和黄兴都已败走海外，民国共和政体躯壳还在，唯有借重政党的力量，才能阻遏袁世凯权力政治的无限扩张。想到这一切，章太炎愈加感到自己肩头责任的沉重。

是的，他不能走，非但不能走，还要直入政治漩涡中心地带——到京城去。北京的共和党本部已有急电来，说是那里形势有些孤危，亟盼他能去亲自主持党务，给处于惶惑动荡中的党员们以信心支撑，又说，国民党意欲与共和党联合，需要他去商谈定夺——这件事后来被证明是一个阴谋，一个陷阱。有人回忆说："太炎先生居沪，常发表反袁文字，报章轰载，袁恨而畏之。鄂人陈某献策，谓彼有法致太炎于北京，袁额之。陈商之共和党郑某、胡某，于党中集会，谓党势孤危，不如请太炎先生来京主持党事，党议题之。未一月，先生来京，寓化石桥共和党本部。抵京后，一往晤元洪，袁遣人招之往见，弗应也。"(刘成禺：《洪宪纪事诗本事簿注》卷二)此情真伪，已无法考订，但从章太炎自己的想法而言，即使是那里确有危险，以自己的特殊身份和在时局中的重要性，他都要挺身而出。

他将自己的决定告诉新婚妻子时，汤夫人相当惊诧，她对神色沉郁而悲壮的夫君说:"你已经多次公开发表宣言反袁,袁世凯岂能饶得了你,你这不是自投虎口吗?"

章太炎道:"事出非常,义不容辞,明知虎穴,我也一定要去了,你不要太担心,我若没回来,你不要回浙江,免得发生意外,对我有牵制。"

章太炎一生中有过多次英雄主义行动,像张园割辫、《苏报》案入狱、东京反封禁等等,前面是刀山火海,他也敢闯,了解他以往的历史,这一次"偏向虎山行"的行动之于他,也就不难理解了。

最能表明他当时心境的,是他留下的这一首诗:

时危挺剑入长安,
流血先争五步看。
谁道江南徐骑省,
不容卧榻有人鼾。

想来,当时袁世凯还未能得睹这首诗,否则,定然大惊失色——他固然是卧榻之旁不容他人酣睡的赵匡胤,绝不会听从南唐后主特使徐铉的宽容请求,而今,却有一个效法战国时代著名使臣唐雎的人,挺剑大步来到了。他是要以"伏尸二人,流血五步"的"自杀"行动,申说他维护尊严、万死不辞的决心啊。

第八章 "在贼中"

入住北京化石桥共和党总部——"京师冠盖之区，暗如幽谷"——被禁离开北京——开办"国学讲习会"——出逃未果——大闹总统府——幽禁龙泉寺——绝食抗争——赁居钱粮胡同——《訄书》改订为《检论》——再次绝食抗争——袁世凯称帝闹剧上演——再次出逃未成——袁世凯死——获释

一

章太炎乘轮船从上海经天津，来到位于北京化石桥的共和党总部。化石桥这个地名，现在已从北京地图上消失了，当年确还有过一个小桥，横跨在溷浊、暗黑的污水河上。共和党本部占据了离小桥不远一个不大的院落，章太炎抵达的那一天，院子里曾有过一阵不小的躁动，一位大名鼎鼎的人物，在这样乌云压顶之时，就要出入于此，在他出现之后，将会发生什么？周围的人，多少有些惴惴不安地期待。

也有几个人是异样的高兴，前面已有交代，是他们暗中设下了陷阱，以党内急务为名，骗章太炎到京，章氏到来之日，也是

他们从袁氏政府领到的赏银哗哗落袋之时。后来，虽然他们也败露了，受到共和党除名的处分，但一切俱已晚矣，章太炎成了袁世凯陷阱中挣脱不得的猎物。

然而，初到之时，章太炎对这一切还懵然不觉。他甚至对于所见共和党的振兴气象深感鼓舞——新组的共和党，除了支部越来越多，还有不少议员也加盟进来，他不由得想到自己："骥老伏枥，志在千里，况吾犹未老耶？"（《家书》，1913年8月26日）他的心中，再次升起对于中国民主、共和政治的希望，以他的春秋鼎盛之年（当时他才四十岁出头），竭尽一切努力，或许还有可为。然而，现实不但很骨感，而且严酷无情，他的这种希望，很快就如五彩泡沫般被彻底击碎了。他到达的当天，京师警备部队已按照最高当局指示对他实施了全面监控，有四个戎装的军警日夜守卫在他的驻地，至于便衣之数，就更无可指认。据说，章太炎是在一次乘马车去友人处时，军警寸步不离，才发觉他处在这样严密"保护"下，他当时气愤已极，便拿起手杖赶这些人走，然而，这根本无济于事，被手杖击痛的军警"打不还手"，在没有接到上峰指令之前，也决不会离开其"岗位"。不用多少考证，章太炎知道，自己已实际上被软禁了。

章太炎后来在一封家书中，说袁世凯实际上算不上是一个奸雄，只是"腐败官僚"的"魁首"，这话有一定道理，却也未尽然。袁世凯身上有很强烈的"奸雄"性，他懂得审时度势，以不同的手段对待不同的人。章太炎是名高望重的光复先驱，国学泰斗，他手中没有武器，不同于参与"二次革命"的党人，将他或关、或杀，都会激起舆论很大反响，对自己极为不利。然而，正如深知袁世凯的人所言，他"由重生畏，由畏生忌"，对章太炎也决不会放，放他回去就是放虎归山，他就不再只是一人，而会聚集起许多人与自己作对。上策自然是能诱其为自己效劳，这恐怕未必能做到。比较现实的，就是对他施行变相羁押，限制其人身自由，对外还可以"保护"为名，显示一个宽宏、仁厚的形象。长期的羁縻必然摧折他的心性，或能使他改弦易辙，投到自己麾下；或者不堪忍受，终于一命呜呼——这都是他乐于看到的结果，而不必由自己背负骂名。秉承他的旨意，京都警备司令手下的官兵，才例外对这个傲气十足的文人予以忍气吞声的"礼遇"。

章太炎住在共和党本部右院一间斗室中，平时少有客来，心情非常郁闷。他曾经设想过，自己要以大无畏气概去说服袁世凯，"流血先争五步看"，看来，也只是一厢情愿的想象而已。袁世凯作为"窃国大盗"的真面目日益暴露，在通往专制、独裁的道路上，他正一路狂奔，要说服他改弦更张是不可能的。章太炎到京之时，全城已处于戒严中，"枪杆子"君临一切，对于袁世凯来说，镇压反对派变得非常简单、易行。在给汤夫人的信中，章太炎不断以极为愤懑、沉痛的口气报告：

章太炎家书

此间警备犹严，一切政论，无由发舒。选举、宪法诸大端，无非在军人掌握中耳。（《家书》，1913年9月14日）

北方政党情形，气已萧索，国会徒存形式，莫能自主，盖迫于军警之威，救死不暇，何论国事？前所逮捕议员，近闻已枪毙五人，神龙作醢（音海），灵龟刳肠。吁！实吾生所未见也。（《家书》，1913年9月18日）

京师冠盖之区，暗如幽谷，……大抵北京当事者，皆二三无赖下流，内阁虽修饰名誉，而匡救之力甚少。近则军警又宣告两院九大罪，且欲逼迫宪法草案，延总统任期至七年，且许连任矣。议员已全无力量，恐不能不受其威胁。共和党名为中流砥柱，人数既少，亦不能济此横流也。(《家书》，1913年10月9日）

近因解散国民党议员，都下人情惶乱，闻湖南所杀革命党，皆非此次创独立者，而即辛亥举义之人也。诚如是，则吾辈安有生路？(《家书》，1913年11月8日）

这些文字是中国近代史上一个非常时期最切近的见证，也真实呈现出章太炎被羁囚的直接背景。

无数志士仁人出生入死、前仆后继努力缔造的中华民国，就这样断送在一个独夫民贼的手中，岂能不激起他的无限愤恨？章太炎在居住的斗室中，像一头被困的猛兽，心如鼎沸，坐卧不宁。常来谈话的，只有党部人员吴宗慈等三数人，他与他们谈时局，斥政府，话题既穷，继以狂饮，醉则更骂。有时，他又在窗壁间到处写上"袁贼"二字以泄愤；有时，则在纸张上大书"袁贼"二字，焚而埋之，大呼："袁贼烧死矣！"由当时朝夕伴同他的吴宗慈记述的这些细节，很具真实性，符合章太炎固有的性情和他当时的心境，须知，他不只是一般的狷狂名士，便是更加"狷狂"

的行为，他也会做得出来——他就曾经打算模仿明代方孝孺故事，手执丧杖，身穿麻衣，痛哭于国门，以哀共和之将亡（后被身边友人阻止未成行）。

虽然没有正式关押，然而，外面有虎狼守门——当局禁止他离开北京，这与关押实质上一样。他非常想念新婚燕尔的妻子，每封信几乎都要叮嘱她保重身体，注意衣食起居。他多么希望能尽早回到她身边，相伴她度常人的岁月，但这一切看来很遥远，很渺茫，他不知道这种困守的日子何时是头。他清醒认识到自己处境的险恶，且无从脱身："当今之时，苟夙隶革命党籍及开国有功者，自非变节效媚，无不在嫌疑中，非独吾一人也。……殆非杀其身、败其名不已。"（《家书》，1913年10月2日）有一次，他的心情极度恶劣，在信中提到自己准备自杀："吾处此正如荆棘，终日无生人意趣，共和党亦徒托清流，未能济事。……展转思之，唯有自杀，负君深矣。"（《家书》，1913年9月23日）

这引起夫人和朋友们大惊，赶紧写信来劝慰，事后，他也颇感内疚，解释说："前书自言求死，乃悲愁过当之言。昔人云：人生实难，其有不获死乎？吾亦非惧祸而为此言也，蛰居一室，都不自由，感激佗傺之余，情自中发，乃欲以此快意耳。内念夫人零丁之苦，外思蛰公劝戒之言，亦不能不抑情而止也。"（《家书》，1913年10月17日）

对于他后来漫漫三年的羁囚生涯而言，这还仅仅是开始。这期间，他也不断进行交涉、抗争，提出可否让他去青岛常住，或者移居国外，不再过问国事，上面都像一个巨大的黑洞，毫无回应。曾经有个要人带信来说，大总统有意让他担任国史馆馆长，未知意下如何。他明白了袁世凯的意思，立即写一信回答：

> 炳麟以深山大泽之夫，天性不能为人门客。游于孙公者，旧交也；游于公者，初定也。既而食客千人，珠履相耀，炳麟之愚，岂能与鸡鸣狗盗从事耶？史官之职，盖以直笔绳人，既为群伦所不便。方今上无奸雄，下无大佞，都邑之内，攘攘者摸金穿窬皆是也。纵作史官，亦倡优之数耳。（《致袁世凯书》，1913年11月22日）

这已经到了什么时候？他的口气竟还是那样尖刻、凌厉，说袁世凯及其追随者连"奸雄""大佞"也够不上，他们只不过是一些"穿窬（音与，爬墙）摸金"的盗贼，把为他们作"史官"说成是"倡优"之辈，明白宣告：自己不慕荣华，决不会昧着良心，替你们干那些"鸡鸣狗盗"的勾当。是的，他也曾考虑可以做一点"考文苑"（相当于研究院）的事，这主要是从事语言文字和学术上的一些项目，这件事是早就有人发起过的——"独考文苑一事，经纬国常，著书传世，其职在民而不在官，犹古九两师儒之业。迩者方言国音、字典文例、文学史、哲学史等，皆未编成，而教育部群吏，又盲瞽未有知识，国华日消，民不知本，实愿有以拯济之"（同上）。此事"在民而不在官"，只需要解决一笔经费，而当国史馆馆长则不一样，这意味着要去为袁世凯一伙涂脂抹粉，颠倒黑白，把邪恶说成正义，把魔鬼画成天使，丧失自己的气节与人格，虽然会立即换得荣华富贵，却要因而遗臭万年，这是万万不能答应的。非常搞笑的是，袁世凯后来只好请出一位大名士王闿运出任国史馆馆长。王先生做了一阵子，大约是觉得实在颜面无光，主动以自己有生活作风问题影响不好（"帷薄不修"）为名辞职不干了。

办"考文苑"的事终未谈成，表面上是在经费数额多少上不能一致，实际上，还是袁世凯并无心让他做这件事，如果不是考虑其他种种因素，早就要以别的手段来对待他了，怎么还能让他如此得遂心愿？纵使袁世凯故作大度，他的心腹梁士诒、陈宧等辈，都是章太炎多次声言必杀之以谢天下的奸人，他们都恨不能置他于死地，如当时报章所载："梁士诒因章太炎首斥其奸，目为四凶之一，切齿忿恨，日与赵秉钧、王赓聚议倾陷之策，闻将捏造证据，置章于死"（《民立报》1913年8月23日），此辈岂能如此优容他？

袁世凯以暴力手段强迫国会选举自己做了大总统，随即，又下令解散国民党，取消国民党议员资格，政治空气与气候一样，一天比一天更加寒冽，初来时所见共和党的振兴气象，早已消失得无影无踪。党派政治已经一无可为,那么,往下还能做什么呢?一段时间里,他还读读书,写写诗,他喜欢研求医道,也翻翻医书,聊以度日,可是,时间一长,内心的烦躁、痛苦仍难以排遣。

正如前面已经谈到的,章太炎是政治活动家,同时,他又是一位大学问家,这是他与其他许多政治活动家不同之处——在从事政治活动时,他会不忘以学术为武器,让学术在现实斗争中发挥作用,而在政治活动不能进行下去时,自然也会重拾学术研究,并以之为自己主要的社会活动方式。于是,他就和身边几个弟子,在共和党本部的会议厅里,开办起"国学讲习会"。章太炎一直认为,文化很重要,舆论宣传也很重要,辛亥革命之成功,他就归之于以他为主力的长期"摩荡人心"的反清宣传。国粹—国学—国性,是他诲人不倦的主题。现在,他再次走上国学讲坛:"讲学次序,星期一至三讲文学科的小学,星期四讲文科的文学,星期五讲史科,星期六讲玄科。"(吴宗慈:《癸丙之间太炎言行轶录》,《洪宪纪事诗本末簿注》卷二)尽管手边没有大量资料可供翻阅,浩博、宏富的腹笥也足够他左采右撷、旁征博引,"讲授时源源本本,如数家珍,贯串经史,融和新旧,阐明义理,剖析精要,多独到创见之处"(同上),令听众深为折服。据说,混迹于听众中执行监视之责的暗探,也觉得讲课很精彩,忘了他们的来意。

作为这次讲学活动"点睛之笔",是赫然贴在门口的他手书的一张通告,该通告称:"余主讲国学会,踵门来学之士亦云不少。

本会专以开通智识,昌大国性为宗,与宗教绝对不能相混。其已入孔教会而后愿入本会者,须先脱离孔教会,庶免薰莸杂糅之病。章炳麟白。"这个"通告"明确宣布加入"孔教会"者禁入,表明坚决反对"孔教"的立场。那时,康有为、陈焕章之流创建的"孔教会"正甚嚣尘上,我们知道,章太炎并不一概反孔,而对建立孔教,则是旗帜鲜明反对的。他已看出,主张建立孔教者,其实别有所图,政教相糅,种种"民国所必不当行者,亦可借名圣教,悍然言之"(《示国学会诸生》)。事实是不久后,袁世凯的确乎利用这股尊孔势力,袍笏登场,上演了一场恢复帝制的闹剧。

二

还在讲学活动断断续续进行过程中,章太炎曾密谋逃离虎口,从这个角度看,讲学之举,亦未尝不是转移视线的烟幕。他的计划是,先行坐火车逃到天津,他的几个朋友和门生都觉得他把事情想得好简单,街头巷尾到处都是军警和便衣,你如何逃得出他们的天罗地网?若是逃不出去,岂不要引致更大麻烦?然而,章太炎的主意已定,很难劝转,唯有使用一个小计谋,才能帮助他躲过此祸。于是,在为他饯行时,有人提议,以斥骂袁贼为酒令喝酒,大家传杯换盏,喝喝骂骂,兴致极高。此时,章太炎的婞直性情也显露得最真率,他骂要骂个痛快,喝要喝个尽兴,这样一来，到他酒醒赶车时，火车早已离站了。没赶上火车，他也执意不回共和党本部，而住在离车站不远的一家日本旅馆，次日，独自一人去大闹了总统府。

这是在民国史上一段有声有色的故事，虽然，不同版本在细节描述上各有差异，而整体上是真实而清晰的：

那一天，他穿着普通的蓝布长袍，手持一把大折扇，故意将大总统颁发的二等勋章缀于扇柄，大摇大摆来到总统府。他此行的目的，是要见袁世凯，当面问问他，自己究竟犯了什么罪，受此羁押？也要问问他，无视议会和约法，一意倒行逆施，究竟想干什么？袁世凯若是对他不客气，他也不惜这条命了，就将这枚勋章掷还他，或者，就躺在你总统府不走了——据他自己说，这也是一位友人给他出的主意："张伯烈亚农为余谋，直往谒袁公辞别，不见，则以襆被宿其门下。"（《自定年谱》）

总统府门禁森严，门卫即使不认识他，也知道他的大名，看他这副怒气冲冲又有点疯疯癫癫的样子，绝不敢太怠慢。他被安排在接待室等候通报，据说，不久就有秘书长梁士诒出来接见，章太炎翻了翻眼睛，没好气地说，我又没有要见你，你来干什么？弄得梁秘书长好生没趣，悻悻而退。

他在接待室被"晾"了很长时间，极为不耐，多次叫人去催，后来，总算出来一个秘书，他问："总统为何不见，在做什么？"秘书答："会客。"他问："会见何人？"答："向瑞琨。"他道："向瑞琨一个小孩子可以见得，难道我见不得么？"一气之下，就抡起手杖，将接待室的器物砸个稀里哗啦，好不容易被人拦住。也有人说，他还在院子里大叫大嚷，闹得很凶——这就是有名的"大闹总统府"一节。实际上，当时袁大总统就在不远处一个办公室里，当然，已不断获知章太炎"大闹"的信息，"龙颜"一直阴沉沉的，随即派军政执法处处长陆建章——此人当时以抓捕和处决前革命党人的恐怖形象令人生畏——出马，佯称总统在居仁堂见章，由他陪同驱车前往。陆建章根本没有把他带到居仁堂，而是把他带到石虎胡同京卫军司令部，在那里打开一间空房，加上一把大锁，任由他去大喊大闹了。

可以想见，章太炎会是如何悲愤，他在那里呼天不应，叫地不灵，平生遇到多次暴力侵凌，唯以此次为最。他早先曾不无悲壮地宣称过："吾虽微末，以一身撄暴人之刃，使天下皆晓然于彼之凶戾，亦何惜此羼形为！"（《致伯中书十三》，1913 年 8 月 20 日）而今看来，对方根本没有什么堂堂正正之阵，能让他的牺牲起到揭露和震动的作用，这一点比当年《苏报》案时的清朝政权还不如，袁世凯一伙会神不知鬼不觉秘密处死你，犹如处死许多前革命党人一样。像他这样一个为中华民国创建立下大功的人，未死于清朝政权的虎口，却死于这些所谓民国官吏之手，这是何等可悲啊！

在京卫军司令部营房关押数日之后，他又被押往北京南城位于陶然亭旁的龙泉寺。这是一个颇为清幽而兼园林之胜所在,选择这样一个地方作为软禁章太炎之地,显示袁世凯还相当在意自己的形象——他想告诉外界,这不过是帮助章太炎怡养心性而已。看管他的任务,由军政执法处陆建章转交京师警察总监吴炳湘承担,后者也同时看到了来自大总统一份相当周详的手示,其中包括:"一,饮食起居用款多少不计;二,说经讲学文字不禁传抄,关于时局文字,不得外传,设法销毁;三,毁物骂人,听其自便,毁后再购,骂则听之;四,出入人等,严禁挑拨之徒;五,何人与彼最善,而不妨碍政府者,任其来往;六,早晚必派人巡视,恐出意外;七,求见者必持许可证;八,保护全权完全交汝。"(刘成禺:《癸丙之间太炎先生记事》,《洪宪纪事诗本末簿注》卷

北京龙泉寺 章太炎曾被袁世凯派人囚禁于此

二）这份手示足以表明大总统对于章太炎的用心之深，或如陆建章对他人所说，章氏虽为文人，而其作用则直抵数师军队，大总统不能不为之煞费心思。后来，长达三年对章太炎的幽禁，基本上是按照这个"最高指示"精神执行的，只是鉴于章太炎不断指斥和抗拒，执行者还要做一些"创造性"变通，例如，他们会将警察充作门房、杂役和厨工，借以达到对他全天候、全方位的控制。章太炎拒不接受袁世凯派人送来的钱，既然是自己掏钱付日常开支，雇用杂役人等就应由自主，他厉声斥退那些隐瞒身份的秘密警察，然而没有用，警方竟立即调派四五十人前来"耀威"，这种场面令手无寸铁的章太炎既气愤又感到可笑，他写信给京师警察总监吴炳湘说：

……吾生平虽有性气，苟以礼来，断无抗扦（音感），若不合规则，违背约法之事，而强以施行于我，则自有正当防卫，虽威力绝人，亦必御扦而后止。……遵法而施，则官吏视之；违法而行，则盗贼视之。卿等所为，无异于马贼绑票，而可借口命令乎？自作不法，干犯常人，而可言防卫者性气太甚乎？……昨者以斥退役人，卿遣巡警四五十人，一时麇集，此不足以耀威，乃适形其暴乱耳。忧患之余，见卿所为，反不得不胡卢一笑也。(《与吴炳湘书》，1914年1月23日）

这期间，袁世凯曾授意他未来的"皇太子"袁克定亲自前来看望章氏，给他送来锦缎被褥，他立即点烟焚烧，扔出门外。袁克定不甘心，又托人带信说，在龙泉寺是暂住，也可以迁住他在彰德的老家，章太炎没有同意。试想，这样一来，不就告知天下人，他与袁家是一家人了吗？

章太炎不但坚拒迁住袁世凯老家，还坚持要用自己的钱支付生活开销，他身边带来的一点旅费也渐告罄，那么，钱又从哪里来？他依法向当局要求赔偿自己因非法拘押遭到的损失，他认为，"彼既违背约法，制人迁居，在京一日，彼即当赔偿损害一日，焉能放弃权利而任彼恣睢也。"（《家书》，1914年2月21日）向袁氏政府索赔是完全合法且是正义的，然而，这也无异于与虎谋皮。他在京城并无可以借贷的朋友，经济上没有来源，使他再次面对绝境，到5月下旬，即在龙泉寺被幽禁三个月之后，他决定绝食，"以死争之"。他将自己一件当年在日本穿的旧衣服拣出，寄给亲爱的夫人，此衣标有汉字圆规标章，是当年与同志们共举大义时，请日本裁缝特制的，被他珍藏了十年，甚富纪念意义，他写道："吾虽陨毙，魂魄当在斯衣也。"（《家书》，1914年5月23日）从这时起，他就拒绝进食，七八天下来，神色转清，然身体已极为虚弱，随时都有生命危险。

负责监禁他的京师警察部门长官闻讯前来，只见他闭目静坐，状似入定，无论谁与他说话，他都不应，他们面面相觑，对此束手无策。袁世凯和他的谋士们亦颇感惊恐,若是章太炎真就这样绝食而死,外间一定认为是不堪虐待所致,无以对天下人交代。于是,他们一面寻求章太炎的好友频频前去劝食,一面也开始考虑为他改换环境。稍后,他终于在朋友们劝说下恢复进食,并被迁出龙泉寺,住进东四本司胡同铁如意轩医院,由一个徐姓医生"照管",进入一个身体和精神的恢复期。

三

绝食斗争在他这三年幽禁期间不是唯一一次,后来,又有过一次,是在他赁居钱粮胡同之后。

由幽禁在龙泉寺改成由其赁居民宅加以软禁,不过是换个形式,由一个笼子转到另一个笼子,人身约束并无改变。促使他再次做绝食斗争的,仍是这个主要因由。

虽然新赁居的房屋高大、宽敞,奈何警察、暗探还是置身左右,他最器重的弟子黄侃应聘到北京大学执教,曾来宅中陪住,随时就学问之事与他切磋,忽于一日深夜被一群警察架走,并不准再来。数日之后,章先生方才得知此事,他岂能不心如刀绞?最是这种时刻,他才更真切地

黄侃(1886—1935)
著名学者,章太炎弟子

看到自己生存的真相，原是如此孤危，如此严酷。他不是一个脆弱、易折的人，但在一种无以解脱的困境或绝境中，生死大计确乎常常浮升脑际，一方面，他会参悟佛家经义了身达命；另一方面，有太多舍身取义的前贤为样板，都使他对于弃生就死毫无惧意。他有太深、太多怨愤和抗议要以死来宣泄，对于他所遭遇的暴力，死或可以成为最后一搏的武器。他的确已在安排后事，因为仰慕明代的刘伯温，他希望自己死后能安葬在这位先贤的墓葬附近，写信托人去找青田县刘氏后裔，谈妥条件，买下了安葬之地，随时准备慷慨赴死。

然而，这两次绝食都被友人们劝止了，他绝食求死的决心不可谓不大，而另一面，他的朋友们、弟子们和所有关心他的人们，那种至情至性的百般劝说乃至哀告，也实是令人感动，常常是"其时弟子们环吁床前，请进食，先生始尝梨一片"。据说，有一次，友人马叙伦去慰问他，天很晚了，马叙伦已饥肠辘辘，欲离去，章太炎说："我为垂死之人，此后恐不再见，君可稍留，再话片刻。"马叙伦说："饥甚，亟须回寓进餐。"章太炎说："此间亦有厨房，可令为君备饭，即在此晚餐。"马叙伦说："对绝食之人，如何能吃得下！君如必欲留我在此吃饭，最好君亦陪我略吃少许，则我即从命而在君旁进餐。"又说："君能略进饮食，甚善，惟绝食有日，不宜太骤，当先啜米汤之类，方无患。"（徐一士：《章炳麟被羁北京轶事》）如此诱劝之下，他才松动，喝下几口米汤，渐渐地改变了绝食之念。

在钱粮胡同幽囚岁月中，他竭力平复心境，重理书箧，托人将存放在上海的藏书送来，专心阅读，一面着手删革旧著《訄书》。1902年从日本回国后，他对于《訄书》已"多所修治"，时隔十多年，他"感事既多"，觉得有必要再次修订。这一次修订改动较大，他把它易名为《检论》。"检"本身有检视的意思——不但对这本书要检视，对他所研究的中华历史和学术文化等等也都要检视一番。此外，这一时期他还修改《国故论衡》，写作《菿汉微言》，选编《章氏丛书》等。

有关删改《訄书》为《检论》，世间有一些说法，似乎这一次修订削弱了前期的锋芒，一些颇具战斗性的文章被删落了，这是否意味他此时思想正在倒退？诚然，在回首往事时，他会有一些省思；在近观时局时，也会有一些憬悟，这都很正常，在删减、增写之间，可能会留下一些痕迹。不过，换一个角度看，《訄书》中一些篇章，在清朝是要被禁的，而于袁氏当道还未必太干时忌，这一次再编为《检论》，将一些当年报刊上攻讦、辩难的文字，以往反清革命中，一些战斗性强的文章如《解辫发》《客帝匡谬》《分镇匡谬》等删除（或移入其他文集），倒也不像是一种政治上或思想上的倒退，更可能是出于著作体例的考虑——此书虽还是由众多单篇文章合成，可以看出，从一开始，就力求有一个较为完整而严密的体系。与《訄书》不一样，它共分九卷，上溯

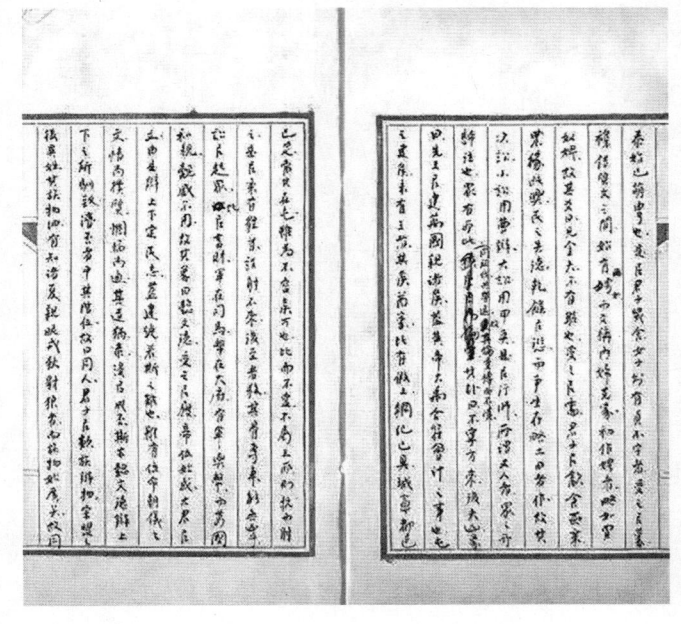

《检论》手稿

中华民族的形成与文化的源流,沿至各个历史时期学术文化的特征与评价,直到现实面临的问题,落脚点仍在现实与未来,作者的心愿是要在这个基础上建立和提出救国和兴国的方策,这是他毕生为之奋斗的目标,他之所以对此书一遍遍不断修订,与时俱进,也是因此之故。

从他当时思想的基本倾向上看,他坚决反对袁世凯的倒行逆施,与之做强烈抗争,已足以表明他并不曾倒退;从写作上看,就在这个时期,他还撰写了《大过》《非所宜言》等具有现实针对性的文章,都收入了《检论》,新写如《宋武帝颂》《魏武帝颂》

《巡警总监箴》《肃政史箴》等借古讽今，指斥袁世凯及其帮凶的文字，也俱收录于同时编订的《太炎文录》，很显然，他的文章战斗锋芒仍在。

相对于寄寓化石桥共和党本部和幽禁龙泉寺，赁居钱粮胡同的院落，生活环境是较好的——这里可以读书、会客，可以散步，尽管仍在软禁状态，也使得章太炎一颗漂泊无依的心稍为安定。这里要讲一讲他的经济来源，按他自述："当事惧余饿死，复令医工来省，得移东城钱粮胡同。政府月致银币五百圆，赁屋治食，悉自主之。以巡警充阍人，稽察出入。书札必付总厅检视，宾客必由总厅与证，而书贾与日本人出入不与焉"（《自定年谱》），就是说当局每月付给他五百元，这是他的基本生活来源。这笔钱是副总统黎元洪与若干友人为他游说，向袁世凯争取来的。从章太炎这一方来说，前已提到，他向袁世凯政府提出过索赔的要求，因为他受到的是非法羁囚——"赔偿损害，实彼所当行，吾所当要求者"。这不是"受彼官佐，营求禄仕"，以往提出办"考文苑"，也只是"名目"，"但避去赔偿损害之名词耳"。即使现在争取到这笔生活费，他也并不真心愿意，而仍要千方百计去向友人筹款，以免受到袁世凯的挟制。这种以索赔所获享有的生活，使他得到精神上一定程度的独立和支持。有一则纪事说，章氏幽禁在北京钱粮胡同时，"服役之人"，是军政执法处长陆建章派去的密探，据传章氏曾发表"约仆规则"六条："一，每日早晚必向我请安；二，见我时须垂手鹄立；三，称我四大人，自称曰奴仆；四，来客统称曰老爷；五，来客必须回明定夺，不得擅行拦阻，亦不得擅行引入；六，每逢朔望，必向我一跪三叩首。"还说："你们要吃这碗饭，就照做，要不就滚蛋。""这些特务中间，有一个是京师警察厅的副课长，他每逢初一、十五，遵照规则，向太炎一跪三叩首，太炎特别要和他讲一段《大戴礼》，以示'有教无类'云。"（风楚：《章太炎有他对付特务的一套办法》）现在的人，或会觉得他太"摆谱"，其实，这正是他以一种特殊形式向袁世凯及其爪牙表达的抗议。

在钱粮胡同居住期间，他撰写、整理和编订自己各种学术著作的计划得以逐步实施。对于命运的安排，在抗争无果又无奈的情势下，也许只有随遇而安，何况，对于他，学术研究也是一项重要的事业，更是精神的寄托。然而，他不会，也不可能从此"两耳不闻窗外事"，在心上筑起与外界隔绝的高墙。外间不断有消息传来，袁世凯已加快恢复帝制的步伐，到这一年夏末，以杨度、孙毓筠为正、副会长的"筹安会"宣告成立，黄袍加身的"洪宪皇帝"，在紧锣密鼓中呼之欲出。

事态的发展既在意中，也在意外。袁世凯最终要毁弃民国，篡位称帝，可以说是在他的意料之中，而这一切来得如此之快，又在意外。听到这个消息，他愤恨、悲怆，难以自抑，身为民国缔建者之一，眼见此人公然窃国，却无力阻挡，岂不太令人难堪了？苟延残喘于斯世，还有什么意义？他拿起笔，在七尺宣纸上书写篆体"速死"二字，悬于壁上，并自跋云："含识之类，动止则息，苟念念趣死，死则自至，故书此二字，在自观省，不必为士燮之祷也。乙卯孟秋，章炳麟识。"他希望，也相信，有知觉的人停止了动作，只要看着这二字，一直想着死，死就会自然到来。

稍后数日，他在致夫人的信中说得更明确："京师议论日纷，彼冒昧主张者，徒造成亡国之基础，虽暂得富贵，其覆可待。仆以性情素峻，人亦不敢强迫。两女虽已成年，大事安危，终非所晓，未生暂当留此，以备意外之虞。仆今忧患虽深，而坐待死亡，转无烦恼，惟以力薄身羁，坐视危亡而不能救，以此自愧而已。余复何言。"（《家书》，1915年9月1日）这信上提到了两个女儿：大女儿叕和小女儿㠭，当时都在他的身边，大女儿已许配给龚未生，龚既是他的女婿，也是共事多年的战友，故特别交代，要留他们在京照料。他其实是在做最坏的打算，深知自己和身边的人们，都面临一场很大的危机。一旦袁世凯登上皇帝宝座，如果自己仍然坚持节操，不肯臣服，她们终会被连累。不幸的是，他的大女儿叕，由于目睹太多可悲的事情，周遭氛围过于压抑，焦虑过度，突然上吊自尽。他追溯其死因是："成章之死，与其他故旧无穷失据之状，皆叕所亲睹也。身处其间，若终身负疢疾者，其厌患人世则宜然"（《亡女叕事略》），实是革命党人惨遭袁世凯政权迫害的恶劣环境造成的，为此自然万分悲戚，"猝遭此变，心绪恶劣,又异前时"(《家书》,1915年9月10日),而外间则纷传是他身亡,夫人急电"问安",他则回复说:"在贼中,岂能安"——在袁世凯这个大贼的魔爪之中,他既不可能有稍久的身安,也不可能有一刻的心安。

作为这句短讯的注脚,当时还流传这样一件事:有个人曾自告奋勇来说服章太炎,只要他肯写一份"劝进"(拥护袁世凯称帝)请愿书,就可以换得自由,放他回去,先生居然答应了。未几,果然有一份出自章太炎手笔的信交给了袁世凯,他接过来一看,差点气得背过气去,上面写道:"某忆元年四月八日之誓词,言犹在耳。公今忽萌野心,妄僭天位,匪惟民国之叛逆,亦且清室之罪人。某困处京师,生不如死,但冀公见此书,予以极刑,较当日死于满清恶官僚之手,尤有荣耀。"说袁公然称帝,不但违背他自己的誓言,是民国的叛徒,而且也是清王朝的罪人,你就是杀了我,我也为之感到荣耀。袁世凯看罢,真恨不能立即杀了他,而一想到小不忍则乱大谋,反正他在自己手掌心里,也就权当他是个疯子,强压怒火放下了。种种事实都显示,他要坚持自己的立场,不与袁世凯的拥戴者们同流合污,处境必然是非常危险的。

未过多久,袁世凯称帝的闹剧终于上演了。这是一件冒天下之大不韪的事,举世一片哗然。蔡锷、唐继尧、李烈钧等率先举起讨袁护国的义旗,局势的这一骤变,令章太炎兴奋难安,他更加急于从京城逃离，希望能与各地的反袁力量取得联系，让自己也能投身到这一场斗争的洪流中去，以他的声望和影响，以他的经验和智略，做出自己的贡献。他听说，西南方面有人策划迎黎元洪到广西主持护国运动，立即秘密致书黎副总统，劝他早做决策。又设法存款到日本正金银行，借其职员出入之便，携带密信给西南军务院副抚军长、两广护国军都司令岑春煊，向他"示以方略"，特别是有一份《对于时局之意见书》，要求南方讨袁军队切不可妥协，不要半途而废。我们可以看到，章太炎在逆境中虽可能有暂时的消极和悲观，也会一时随遇而安，寄情学术，但他不会钻进"象牙之塔"，将国族大事抛到九霄云外。相反，他是一个使命感、责任感很强的人——如何才能挽救民国的命运，将刚刚结束帝制的中国，导向真正的自由、民主和富强，是时时萦绕在他心头的头等大事，这使他的心态既非常沉重，又很容易激动。

5月间，他又一次试图逃离居住地，以期南下。与两年多以前那一次未成功的逃跑不同的是，这一次更加秘密、谨慎，朋友中知道的人极少。出走那天，他削发，剃须，换上和服，扮成日本人，叫上马车，说要去赴日本人之约，随即就有暗探尾随。待到达宴会之地"长春亭"后，他又施放"烟幕"，派马车往招日妓，希图迷惑暗探，乘机出门，叫上人力车，直奔火车站。

殊不知他的动向早被警方侦知，就在将登车之顷，忽然，拥来十余人，将他又拉又拽，声称："你欠我的钱不还，怎么就想跑？"一边说着，一边将他身上一块常佩的古玉和一个指环抢去。他身边的几个友人挺身阻拦也拦不住，眼睁睁看他被这群人强行带走。来到警察厅，只见从里面出来一个科长级官员，章太炎大声呵斥道，你们真不晓得死活，也不看看现今是什么时候了，还敢这样行事，就不为自己留点后路？该官员道，我们是执行上司命令保护先生，先生还请回家吧。他被送回去后，警方更加强了看守。此时，离袁世凯死已不到一个月，尽管这个短命皇帝在四面楚歌声中已不得不宣布取消帝位，而当局对付和镇压前革命党人，尚未尝有所放松。

6月上旬一天，天气燠热，弟子朱逖先汗涔涔地赶来报信，说看见街上学校和公署门前都下了半旗，人们在议论，可能是袁世凯死了。听到这个消息，章太炎长出了一口气，大有云开日出之感。果不其然，稍后，即有正式消息传来，身患重病的"洪宪皇帝"得知心腹陈宦也在四川宣告独立，加入讨袁阵营，急火攻心，一命呜呼了。若按宿命说法，这正是上苍给他的报应。他执掌最高权柄不过四年，就囚禁了章太炎长达三年，囚禁并杀害革命党人更是无数。如今此害已除，岂不要普天同庆？

然而，事情竟有如此荒唐之至的，袁世凯死，并未带来章太炎立即开释。虽然，继任的总统黎元洪可称是章太炎好友，他即日微服上门，拜望了章太炎，也向内务总长王揖唐发话，王却推说大局未定，出于安全考虑，章太炎尚需"保护"，未可撤警。章太炎气愤至极——明明是"非法监禁",却还要美其名曰"保护";明明是加害,却还要说是"优待"!实际上,就是他们不愿看到他重返政坛,害怕他揭露他们的鬼蜮行径,看来,真是袁贼虽死,阴魂犹在。毕竟,时势已发生重大变化,章太炎是有重大影响的人物,他被袁世凯非法囚禁,是众所瞩目的大案,要求立即恢复章太炎自由的电文纷纷传来,舆论压力一时骤升,他的家乡浙江也传出消息,准备派人前来迎接他回省,内务部顶不住了,不得不灰溜溜地撤警。

被羁囚三年之久的章太炎,重获自由了。

第九章 "护法"——行走的旗帜

归来——"今日所患,不在殷遗,而在帝孽"——"府院之争"白热化——张勋复辟——南下广州参与"护法"——出任军政府秘书长——膺命赴云南联络唐继尧——由昆明到毕节:"穷荒之地"的征程——南北军阀的交易与"护法"运动折戟——"联省自治"的构想——军阀混战中的呼号和"调人"——为孙中山北伐献言——被国民党政权通缉的"反动分子"

一

在中国近现代历史上,上海虽未做过首都,却当之无愧是政治活动中心。正如前面屡次提到的,章太炎的政治经历,不仅是从上海出发的,而且时时与上海相关联。1913年夏,他告别上海,勇闯京城,将近三年之后才被放归,又一次回到上海。这一次归来,虽没有像在上海坐三年西牢后,来到东京,受到英雄凯旋般的盛大欢迎,而在各界人士中,也还洋溢着对他一种慰问和致敬的热情,许多人争着去码头迎接他。

毕竟,在袁世凯称帝复辟的狂潮恶浪中,身受囚禁和死亡的威逼,他没有任何屈服、失节的表现,仅此一点,已足以令人仰止。此时，围绕他的种种谣诼和流言，曲解和非难，都悄然止息。一个人一生中，有一次如此的表现就已经很不错了，而章太炎，多次在生死关头有这样大义凛然的表现，他的见地和胆力，他的襟怀和风骨，都在强力的碰撞中爆发出耀目的光华，谁还敢对他误断和低估呢？在往下的叙述里，章太炎的政治生涯，以及他对国内政军实际事务的影响力，都达到了一个顶点——在孙中山南下组成的军政府中，他担任秘书长的要职，其基础就在于他以自己这种令人敬重的实际表现所赢得的威望。

国家、民族和个人的这一段经历给章太炎以太多的感受，见到那么多关心他的命运的朋友和亲人，他的情绪如浪潮起伏，难以平抑。在有上百人参加的浙江省国会议员欢迎宴会上，他所切切申告的，还是对于今后国事的忧虑。他决不认为袁世凯一死，中国的问题就解决了，他看到了京城还为腐败官僚、帝制余孽所盘踞，"其数之众多，又非议员所能比拟"，斗争十分艰难。同时，还有更深层的问题，是"唯中国人有一极坏性质，则可与共患难不可与共安乐是也，当危难之际，彼此尚能同德同心，及至事稍有成，于是萌攘夺权力之念，而互相嫉视，或其人劳苦，又必思所以挫抑之，凡此皆取败之道也"（《欢迎章太炎先生纪闻》，《中华新报》1916年7月4日）。说到这里，想必是触动了自己的伤心事，这个一生艰辛、备受挫抑的人，竟失声痛哭起来，场上之人，无不动容。

血的教训擦亮了章太炎的眼睛,敌我问题,同一阵营中人的问题,成为他关注的重点。如果说"二次革命"发生之际,他已有许多"觉今是而昨非"的检视,那么,现在,他就有了更多、更深入和透彻的反省和考量。在有孙中山和前革命党领袖多人出席的国会议员北上欢送会上,他有过一番非常警辟、激越的陈辞,其思想含量和精神价值,有过于当年他在东京留学生欢迎会上的讲话,现场的热烈气氛,我们至今犹可感觉得到:

今日诸君在会,有国会以内人,亦有国会以外人,要皆袁政府所谓暴徒也。国民党人,暴徒之称,布满天壤,而共和党亦有"武汉暴徒"名号,进步党人,名未显著,其自腐败官僚视之,未尝戴红顶、插翎毛,而猝然出身与政者,皆暴徒之比类也(拍掌)。总之,凡在民党,官僚必以暴徒相视(拍掌)。三年以来,诸君子备尝艰苦,轻肆之气渐衰,沉毅之略渐生,诚可为前途庆贺(拍掌)。然必力避暴徒之名,阳为和平,以求庸人之许可,鄙意以为未然也(拍掌)。袁政府时以吸烟赌博为良民(大拍掌)。今日此风虽去,而俗人所谓和平者,则偷安耳,苟且耳,不辨是非耳(大拍掌)。以偷安苟且、不辨是非为和平,则和平适为国蠹,而所谓暴徒者,乃严毅刚明之代名也(大拍掌)。尝观水流迅急,则有暴流、暴布诸名,而一切尘垢秽污,不容停滞,若水道迂回,绝无暴势，则淤泥腐草，早填塞于其中矣。是故欲见清明气象，非暴徒不为功（大拍掌）。流俗浮言，岂志士所畏哉。比见同志主张激烈者，其表面多为软美之词，虽于实行无碍，而全国之广，不可家至户见。众人见其发言如此，即以软美为当。然而民气因以销沉，国势因以堕落，此非细故也。论者徒见壬子、癸丑之间，议员凌厉，被目为暴民政治，以为循此不改，必成乱阶。鄙人则恨囊日议员未尽暴徒之资格矣（大拍掌）。尝见登坛演说，锋利无前，旦暮之间，而噤若寒蝉者有矣。下者或为猰（音协）诈金钱，上者亦为畏祸中止，以是锐气挫折，而国家既受其弊，己身亦不为人民推重。若能持续稍久，至数星期，纵使语多率意，未惬事情，要必多益而少害也（拍掌）。由是言之，壬、癸之败，患在暴未充分，而岂以暴为患哉！今者帝制余孽，犹未剿除，墨吏贪人，布满朝列，非震以雷霆霹雳之威，仕途何自而廓清，政治何由而循轨，而欲厉行此事，必不能避暴徒之名（大拍掌）。诸君果能详思事理，信心直前，则知官僚所谓暴徒者，非于吾党名誉有伤，而徒愧难副此美名耳（拍掌）。若魸（音旅）缩于悠悠之议，迁延于流俗之言，强作老成，自失素志，则举世所称为进化者，乃适为退化矣。鄙人所以外儆同志、内儆一身者如此。（《沪上名流欢送国会议员志盛·章太炎之暴徒解》，《中华新报》，1916年7月14日）

这里，他对所谓"暴徒"的新解，实为前所未有，充满一种坚定、猛厉的战斗精神，令人闻之大为振奋。它既来自历史的深刻教训，也来自他自己的亲身经历——辛亥革命之后的1912（壬子）、1913（癸丑）年，革命派失去警惕，胜利果实被袁世凯夺取，遂遭血腥镇压，此番教训可谓字字带血。他强烈呼吁，一定要吸取教训，不要"软美"，不要避"暴徒"之名，要以雷霆霹雳之威对待敌人，否则，革命党人就一定要吃大亏。这一时期，他的文章和演说中，出现频率很高的一个词就是"帝孽"。所谓"帝孽"，除了清王朝的孤臣孽子，当时的宗社党人、保皇党人，也还包括一大批拥护帝制、梦想复辟的官僚、军阀和政客等，他们不但是袁世凯称帝的社会基础和支撑力量，也是今后毁弃共和、恢复帝制的主要危险。他们存在一日，共和的命运就一日不得保障。他从自身经历中切实感到，对他们一味妥协、迁就，必将贻患无穷。如同鲁迅后来所尖锐指出的那样，再也不能将他们当作"落水狗"轻轻放过，任由他们上岸之后，咬啮如自己一样良善的人们。

7月3日，他刚到上海，即致电黎元洪，希望他"勿宴息以图苟安，勿委权以便豪贵"，8月10日，又致电殷殷嘱咐他的这位偶像："今日所患，不在殷遗，而在帝孽；不在塞外，而在中原。"一定要"攻讨宜速"，"宣谕宜勤"，特别须重视那些新宗社党人，他们"财力雄厚,萌蘖潜滋,动员令可以自主选举事,可以妄干怀抱,与清室遗臣绝异。若非严令征剿,必将滋蔓难图",尤不可希图利用这些人去对付民党,须知他们狼子野心,"非可自由操纵,祸机一发,岂独中华民国荡无孑遗,即今之执政,亦将无以自处"(《章太炎致大总统电》,《时报》1916年8月11日)。虽然获得了自由,他的忧思却并未舒解,身在上海,他还时时瞻望京城,彼处政坛波谲云诡,险象环生。北洋军阀凭借军事实力,依然我行我素,袁世凯的得力干将之一段祺瑞,时任国务总理,他与总统黎元洪明争暗斗,正在上演一场"府院之争"。其时,第一次世界大战狼烟已起,黎元洪亲美,段祺瑞亲日,在是否表态"参战"的问题上,二人主张截然对立。段祺瑞不仅引督军团自重,而且公然搬出袁世凯故技,以上千人的所谓"公民请愿团"包围国会,逼迫国会议员通过"参战"案。没有袁世凯的袁世凯权力运作方式,仍在继续。

黎元洪(1864—1928)
曾任民国大总统

眼看着这样的政局,章太炎的心情非常沉重,每每想起为了缔建共和而牺牲的众多烈士,心头真有泣血之感。在参加追悼"二次革命"烈士大会上,他想到民国元年开黄花岗烈士追悼会时,袁世凯也假惺惺派人前来致祭,但那全是假的,在那些人的心中，烈士们皆是"乱党"，一旦时机成熟，他们就会剥下伪装，挥动屠刀，置革命党人于死地。只要军阀强势不除，军人干政仍在，历史还会一再重演。他所撰写的《告癸丑以来死义诸君文》中说："某等以为武昌之师，以戋（音见，通'残'）异族；云南之师，以荡帝制。事虽暂济，而皆不可谓有成功，则何也？异族帝制之势，非一人能成之，其支党槃（音盘，通'盘'）结于京师者，不可胜计。京师未拔，正阳之闉（门，音因）未摧，虽仆一姓，毙一人，余孽犹鸟兽屯聚其间，故用力如转山，而收效如毫毛，遽以是为成功者，是夸诞自诬之论也。"（《章太炎政论选集》第741页）他认识到，清王朝的统治有一个庞大的社会基础，而过去的革命并未能铲除这个基础，因而，革命还远未成功，对于那些像鸟兽一般屯聚在京城的"帝孽"，一定要穷追猛打。

"府院之争"进入白热化阶段，黎元洪一度将段祺瑞免职，请李经羲出来组阁。李不但是清朝旧官僚，而且追随、阿附袁世凯，以其所制定的"新约法"替代"临时约法"，是有名的"嵩山四友"（袁世凯称帝时，特封其四个老友的称号）之一。章太炎深知此人的底细：他就是一个不折不扣的"帝孽"，怎么能指望这种人来为民国行政，维护共和呢？他立即致电在京的国会议员，毫不客气地责问他们："李经羲系嵩山四友，首倡变乱约法之人，君赖约法而生存，乃汲汲同意于李，果主张民政耶，抑愿恢复袁氏帝制耶？"又执笔写公开信给李经羲，说你这个人总应该知道自己是什么货色,你不说,我就替你将你跟袁世凯做过的坏事摆一摆,如此如此,你怎么能以"赞帝之身",摇身一变来做"民国首辅"呢?听说到现在你鸦片烟瘾也未戒,我看你还是回去休息吧。然而,当时这种声音还是比较薄弱,京城政坛仍然一片乌烟瘴气,李经羲私下以官位相许,又有一位烟酒专卖局局长还拿出重金为其行贿、疏通,虽然是"帝孽凶徒",却也居然登上了民国总理宝座。

倒是章太炎这样一位坚定的民国捍卫者,绝不被官场所接纳。他回到上海不久,孙中山就致函黎元洪,特别推荐章太炎担任国史馆馆长。这个职务,袁世凯曾经属意于叫他担任,被他一口回绝了——他不能卖身求荣,为袁氏及其走狗对国史做隐瞒和窜改。他手中的笔是一支直笔,绝不是一支曲笔,仅就这一点,无疑是国史馆馆长的最佳人选,正如孙中山电文中所说:"以文所见,则章君太炎,硕学卓识,不畏强御,古之良史,无以过之。为事择人,窃谓最当。"(《致黎元洪电》,《孙中山全集》第三卷401—402页)身为大总统的黎元洪,虽然也未必不同意,无奈反对的声音太大,尤其那些旧党、"帝孽",深恐章太炎的一支直笔,会将他们钉在历史耻辱柱上,遂群起阻挠,反而栽赃说"某党"(指国民党)之所以推荐他,是为了替自己涂脂抹粉。最终,当局还是遴选了前清一位遗老接任。

此时,章太炎正在南洋做华侨的工作,得知此事,他的反应是孙中山还不了解他的真实思想，他并不愿意做这个国史馆馆长。在给友人信中，他写道："鄙意今之中央，已如破甑（音赠），不须复顾。阿附当事者，诚无人格，而抗志猛争者，亦为未达时务，豺狼当道，不能尽捕，而诛之驱狼延虎，亦何益焉。待其恶熟，将必自焚。异时大计，宜以迁都为主。仆在今日，且欲闲处数年，或东游日本，宣布国华。"（《中华新报》1917年2月7日）大意是国家的政治形势没有太大的好转，现今的中央，就和一口破锅一样，实在不值得再回头看。阿附那些当权者，没有人格；而坚决抗争，也有点不识"时务"。当道的豺狼太多，你也抓不过来，即使是杀几个，也不过是赶走了豺狼，又迎来了老虎，有什么用呢？所以，他决定赋闲几年，也可能东游日本，去讲讲国学。说此话时，正是他从南洋回来之后，他曾经希望到南方以及南洋，找到一些支持的力量，以求改变国内状况，然而，他的希望很快成了泡影，那些有实力或实权的人并无心于此，失望的情绪深深笼罩着他。

二

事势的变化常常违乎人们所愿，章太炎尚未来得及东游日本，又一件国内大事发生了，这就是历史上有名的张勋复辟的闹剧。被称为"辫帅"的张勋，始终就未放弃盘在头上的辫子，恭迎清帝复辟是他寤寐求之的"义举",在段祺瑞一伙纵容下,一夜之间,他竟然梦想成真。这场闹剧虽然也是很短命的,却给古老神州大地以巨大震惊——人们亲眼看见了帝制阴影如何挥之不去,而那些被章太炎称为"帝孽"的人,又如何地猖獗、顽悍。在有两千年专制主义传统的这块土地上,欲拔除帝制的恶根,革命党人前此所做的艰苦卓绝斗争,以及辛亥革命掀起的一时风暴,力量都还是太不够了。

没有什么时刻比这样的时刻更令章太炎感到任重道远,必须更加倍努力,保卫民主与共和既有的果实。在张勋闹复辟时,他立即与孙中山联名发通电坚决反对,严词制止,并要求严惩倡乱、叛逆者:

>……总之,伪政府首领徐世昌及各省倡乱督军、省长、护军使辈,以及去岁帝制罪犯指嗾叛乱之段祺瑞、冯国璋、张勋,身为谋主之梁启超、汤化龙、熊希龄等,有一不诛,兵必不罢。若总统宣布赦令,亦以矫诏视之,种种维持统一之迂言,列强干涉之危语,并宜绝止,勿听操纵,在我不在降贼之中央,是非在法,不在伪造之舆论。(《时报》1917年6月10日)

他抛开赋闲之念,如同一个听到召唤的老战士,立即来到孙中山身边，在上海环龙路孙宅中，和当时的海军总长程璧光以及多位重要人士一起，研究时势和对策，一致决定出师讨逆。章太炎精神昂扬，那些天，正是夫人刚刚生下爱子章导之时，他顾不上在家守护。在他的心中，守护这个新生的共和国，守护这个国家人人必须遵守的"约法"，更加重要。在接下来的日子里，他更义无反顾地随孙中山、廖仲恺、朱执信、何香凝一起，乘军舰南下广州，开始了一生中堪称十分宏壮的护法历程。

对于护法和讨逆，他在广州接受记者采访时，说过一段至今犹令人们如雷贯耳的话："余此次偕孙中山来粤，所抱之希望颇大，简言之，即切实结合西南各省，扫除妖孽，新组一真正共和国家。"又说："夫共和国家，以法律为要素，法存则国存，法亡则国亡，合法者则为顺，违法者则为逆，持一法字以为标准，则可判别一切顺逆矣。故讨逆之举，即为护法而起，惟不违法之人而后可以讨逆，否则以逆为顺，或以逆讨逆，成为大逆不道之世界如今日者。今日救亡之策，即在护法，护法即先讨逆。余此次与孙中山来粤，即欲结合多数有力者，大起讨逆之师，扫荡群逆，凡乱法者必诛，违法者必逐，然后真正共和之国家，始得成立。所谓法治精神，人民幸福，庶有实现之一日。"记者又问："张逆现下已败，民国政府将重新组织，岂容再有讨逆之师？"他回答道："子言过矣，是将认逆为顺矣，一张勋败则众张勋起，余所谓群逆者此也，非将此群逆从根本而廓清之，不足以言共和也。"

(《章太炎之讨逆解》,《时报》1917年7月28日)

　　章太炎的认识非常明确和深刻，但他毕竟只是一个手无寸铁的知识分子，充其量也只是一个有较大社会影响和话语权的知识分子，他希求找到能有共识的"有力者"。为此，他曾于不久前亲赴广东肇庆，试图游说两广都司令岑春煊发兵北上护法，然而，岑氏一心只系于与军阀龙济光争夺地盘，哪里肯听他的意见，结果无功而返。现在，"有力者"总算出现了，讨逆、护法，有了实现的可能，他的心情呈现从未有过的昂奋。在黄埔港口，他看见永丰号、同安号和豫章号军舰徐徐驶来，不禁为之热烈鼓掌和欢呼。海军的到来，使会集于广州的护法人士士气倍增，陆续南来的国会议员召开了非常会议，决定组成护法军和军政府，出兵讨伐段祺瑞，公举孙中山为大元帅，章太炎出任军政府秘书长，这是章太炎首次担任全国性政府机构的最高职务，也是对于他作为民初杰出政治家角色的认定。

　　作为秘书长，他责无旁贷为大元帅草拟了一份气壮山河的就职宣言，《宣言》以孙文（中山）的口吻写道："文忝为首建之人，谬膺澄清之责，敢谓神州之广，无有豪杰先我而起也哉！徒以身为与共和死生相系，黄陂（指黎元洪）为同建民国之人，与文犹一体也，生命伤而手足折，何痛如之。艰难之际，不敢以谦让自洁，即于六年九月十日就职。冀二三君子同德协力，共赴大义。文虽衰老，犹当荷戈援秘（古时兵器之柄，音必）为士卒先，与天下共击破坏共和者。"我们不知道该宣言起草之前，孙中山是否与他详细切磋过，显然章太炎非常注意摆正孙中山与黎元洪之间的关系，他坚主奉迎黎元洪，不可动摇其法统地位，强调孙中山不过是不得已而替代于一时，孙中山即使另有考虑，也只能默认这种说法——而这正代表了当时一部分人的意见，护法阵营中的派别歧见仍然存在。

秘书长一职，其实也是高级幕僚，可以有实权，亦可以无实权，居于中枢，更多的是要做各方面联络、协调工作。章太炎曾往来于广州和香港，想争取军阀龙济光参加护法军，却不能如愿。他又表示愿为军政府去争取外援，赴西南联络军阀唐继尧，孙中山给他以军政府总代表的名义，去向唐继尧颁送元帅印信，取道越南，进入云南。

唐继尧（1883—1927）滇系军阀

正在办理护照，准备启程之际，北京段祺瑞政府对法国驻京大使施压，电告安南（即越南）总督，不得允许军政府人员过境，广州、香港领事亦不予签证，于是，一行人只得改名换姓，章太炎易名为"张海泉"，以应付检查。一路上，大家就叫他"海泉"，他也响亮地应答，终于得以通过越南边防，来到云南。

唐继尧对之非常礼遇，身着上将军服，率领仪仗队，出郊外隆重迎迓。唐首鼠两端，一直推托不接受元帅的称号，如今，面对这位不辞劳苦前来劝说的民国元老，实在推托不了了。那一段时间，宾主相处，可称相当愉快，云南佳酿，味醇性烈，章太炎每每喝得大醉。有一次，他竟然在宿醉中卧睡了三天，醒来深责自己，再不能如此贪杯，否则就要误事了。由于他的有力推动，事情有了积极进展，其一醉方休的欣悦之情也是可以理解的。唐继尧的下一步骤，就是以川、滇、黔三省联军总司令名义移驻贵州毕节。章太炎与大部队一同出发，富有戏剧性的是，他叫人特制了一面大旗，上面写着"大元帅府秘书长"几个大字，比主帅的旗子还大许多，招展于队列之前，十分抢眼，副官告诉唐继尧，唐也只是笑了笑，只当是一种书呆子的傻气罢了。

"十一月，发昆明，渡可渡河，从丛菁中行数日，至毕节。"（《自定年谱》）由昆明到毕节，一路上需翻山越岭，涉水渡河，有时则要穿过密密的丛林，晓行夜宿，行军十分艰苦，这是章太炎一生中头一次，也是唯一一次这种经历。虽然他任东三省筹边使时，在松花江沿岸也曾跋涉过，也不如此次吃苦更多。

他写有一首题为《黑龙潭》的诗描述道：

昔践松花岸，今临黑水祠。
穷荒行欲匝，垂老策无奇。
载重看黄马，供厨致白黑。

五华山下宿，扶杖转支离。

（原注：云南皆以马任重）

所谓"穷荒行欲匝"，"匝"（音杂）是环绕一周，意思说几乎将穷荒之地走遍，当然有些过甚其词，然而，他扶着拐杖，拖着自己羸弱而几乎支离的身体，投宿五华山下，肯定认为自己已是走尽了穷荒之地。后来，他回忆说："自六年七月以还，跋涉所至，一万四千余里；中间山水狞恶者几三千里"——他为护法救国确实是不怕苦，我们今天遥想，这位国学大师当年以大旗为导引，身边簇拥着大队护法的兵士，或骑马，或步行，在云、贵穷山恶水之间，虽并不一定如何英姿焕发，却带着一种奋力杀敌的征战气概，神色一定也是非常壮烈的吧。

当时四川军阀混战，乱成一团，犬牙交错，形势甚为复杂。章太炎说服唐继尧出师四川，援助前同盟会干部、重庆镇守使熊克武，迅速占领巴县及重庆，继而，唐继尧部队又从川南兵分四路，猛攻另一军阀刘存厚部，迫使其撤离成都。四川基本上落入唐继尧控制之中。受唐继尧委托，章太炎又风尘仆仆赶往巴县和重庆，向熊克武面授机宜。巴县是他的难友邹容的家乡，这位自称是"革命军马前卒"的亲爱的兄弟，不觉去世已经十多个年头，世事沧桑，抚今思昔，令人何其感慨。他特地来到邹容祠堂，瞻望烈士遗容，一时间真觉有千言万语要奔涌而出，许久许久，方满含泪水，转身离去。

然而，尽管章太炎不辞辛劳地奔走与游说，那些"有力者"们的想法与他并不一致。他们所想的是，利用护法运动的旗号，拥兵自重，割据一方，实行"部落主义"。章太炎曾经苦口婆心劝说唐继尧，要适时出兵湖北，与桂军会师武汉，一旦南方巩固，即可北伐，真正实现讨逆、护法的目标。唐表面上做出虚心倾听之态，其实并不真心纳言。四川局势初定之后，孙中山一再电促唐继尧督师东下，出三峡，联荆、襄，占武汉，章太炎也做出战国苏秦一类策士的姿态，为唐出谋划策，跟他说，现在形势很好，你要抓住时机，与湘、桂、鄂三军直下武汉，可以胜券在握。你因为云南穷，所以想得到四川的资源，四川人恨你，而湖北的富，实不弱于四川，湖北人欢迎你去，从此军饷不愁匮乏，又不得罪四川人，这不是两全其美吗？唐却只是犹疑、观望，迟迟不肯发兵。

那时，南北军阀之间正在酝酿一笔交易，护法阵营内部，一部分实力派人物主张"联冯倒段"，即联合冯国璋，推翻段祺瑞。冯、段同属袁世凯的"四杰"，本质上并无不同，只是此时冯国璋在对待南方护法运动手法上，更显阴柔一点，倾向于收买与分化南方军事实力人物，借以削弱和瓦解护法阵营。曾经是清朝两广总督，现又混迹于护法运动的岑春煊，与他暗通款曲，由岑出面，积极拉拢唐继尧等，各各偃旗息鼓，停战议和。岑又在广州成立由他自己任都司令的湘、粤、桂三省"都司令部",继则策划另组"中华民国各省护法联合会",与护法军政府形成对峙,采取种种手段排挤孙中山。在他所提出的议和条件中,他拿"以唐(继尧)为川滇黔巡阅使""以陆(荣廷)为粤桂湘巡阅使"之类,作为对南方军阀的高价回报,同时,自然也有对自己的上好安排,即是后来发布的——由他出任国务总理。

章太炎深感自己再一次遭到背叛和侮辱,他清楚地看到了,原来南方和北方的军阀皆为"一丘之貉",他们"言和不过希恩泽,言战不过谋吓诈",不过是打着护法的旗号,以行"蚕食鹰攫"之实。自己"血战经年,于国家无毫发之益",反被他们利用来达到一己目的,说穿了,就是被他们"耍"了,这真令人愤慨之至。可是面对这种情况,他除了一再通电揭露、谴责,还能做什么呢?

接下来一段时间,他从重庆出发,到过宜昌、恩施、湘西、常德等地,一为考察各地响应护法运动的军队实力状况,一为他们出谋划策,希冀仍有所推动,然而,主帅耽于议和、谋私,各处士气又焉能高涨?一路山川形胜,天道、天险,看了许多,而所见官兵状况,却实令人难以提起意兴,他写有一首题为《桃源叹》的五言诗,其中生动地记述道:

…………

> 长官日卷卧，
> 黄金勒膺前，
> 昨者起军府，
> 罜䍡（音隆）不盈千。

当长官的胸前戴着黄金饰品，大白天还高卧不起，将整个部队集中起来，连同病弱的，也不满一千人，这就是他看到的护法军队现状。他的心真的凉透了。而这时，广州方面又有坏消息传来：大元帅孙中山受到岑春煊一干军阀的排挤，终于愤而离去。北京方面，居然抬出了拥护帝制最卖力的徐世昌担任总统。徐世昌又派出代表同护法军政府的代表会谈议和。一度轰轰烈烈的护法运动眼看就这样断送了。

整整一年多，章太炎为护法运动殚精竭虑，茹苦含辛，最后大失所望。

他沉默了，回到上海，久久杜门不出。

三

南方护法运动失败之后，军阀混战愈演愈烈，盘踞京城的军阀，有人力主武力统一，而外省军阀则愈来愈倾向于拥兵割据，其口号是"自治"。面对如此艰难时局，章太炎做过长久和深入的思考。清朝政权推翻之后，中国无一日之安宁，先是出现一个窃国大盗袁世凯，而后，则有许多大大小小"袁世凯"，都企图攘夺中央权柄，进而激起一场又一场内战。中国实在不能再这样乱下去了，就连列强都出于各自利益对中国政局频发警告，然而，这几乎是一个走不出的怪圈：以武力谋统一，迫各方屈从一人、一派，其结果必无安定与和平。章太炎是民国创建期一位思想型政治家，比起实际政治活动来说，他或更有兴趣，更自信有能力谋划国家建构方略。

此时，他越来越被"联省自治"的构想所吸引。他想，如果各省都有很大的自治权，由各省人民自己管理自己的事情，将中央政府虚置起来，使其不再成为那些袁世凯式人物觊觎的对象，是不是局面会好起来呢？"今所最痛心者，莫如中央集权，借款卖国，驻防贪横，浚（压榨，音峻）民以生，自非各省自治，则必沦胥（牵连、沦陷之意）以尽。为此计者，内以自卫土著之人民，外以共保全国之领土，卫人民则无害于统一，保领土则且足以维持统一矣。"（《各省自治共保全国领土说》，《章太炎政论选集》第755页）在他的设想中，这样做不是将中国分裂成许多小国，而是分三步走："自治云者，必以本省人充军民长官，本省人充军队、警察，而长官尚需本省人民公举，不由政府除授，斯为名实相称。如是层累以成联省政府，则根本巩固，不可动摇。是故各省自治为第一步，联省自治为第二步，联省政府为第三步。"

(《章太炎与各省区自治联合会电》,《申报》1921年1月6日)

1920年,湘军总司令谭延闿举兵赶走督军张敬尧,宣布湖南实行"自治",保境安民。章太炎听到这个消息,甚为高兴,立即给谭延闿发去贺电表示支持,谭延闿也邀请他到长沙来看看,这年秋天,他大病初愈,欣然成行。

长沙原是他旧游之地,那里的民众,这些年饱受战乱之苦,尤其那个军阀张敬尧"磨牙吮血,杀人如麻",更是带来无穷祸害,如今,终于得以自治,有望于休养复苏,此情此景,更加坚定了章太炎的想法。不久,他就发表了一篇《联省自治虚置政府议》(《益世报》1920年11月9日),将他的想法更加具体化和完善化了。

他设计的方案是:一、中央政府只有颁给勋章、授予军官之权。二、军政分于各省督军,中央不得有一兵一骑。三、外交条约由该省督军、省长副署,然后有效。四、币制银行,由各省委托中央监督造币,成色审核,银行发券之权在各省。他认为:"此种联省制度,为各国所未有,要之中国所宜,无过于此。若但如德、美联邦之制,则中央尚有大权,行之中土,祸乱正未有艾也。"(《章太炎政论选集》第752—753页)他的出发点就是避祸乱,以他对中国历史和现实的观察,要解决中央集权带来的问题是太难了。早年他就写过"分镇"的文章,主张扩大地方督抚的权力,防止列强挟制中央政府来吞并中国。后来,他又认识到地方督抚

"色厉中干",不足信任和依靠,故而又否定了这种想法。而今,他再实行"否定之否定",甚至,其主张比西方国家的联邦制走得更远,可以看出中国的特殊国情所赋予这个问题的巨大难度。

自治或联省自治,成为当时社会舆论的一股重要潮流。人们热烈议论自治的话题,若干省都提出了自治的要求,章太炎是这股潮流有力的推动者。有人认为,他的这一主张,有碍于孙中山为首的阵营北伐统一中国,不过,就当时局势而言,他更多是要以此阻挡北方军阀的武力统一行动。1923年,他就致电南方十省,要求他们"以自治名义联拒抗仇",此议迅即获得各方热烈回应,有多省实力派代表奉命在上海发出一份"寒日通电",称:"自今以后,我西南各省决以推诚相见,共议图存。"在当时的军阀混战的炮火中,西南各省借这一层保护衣,多少减轻了一些地方上的财产损毁和人员伤亡。

然而,军阀混战仍在如火如荼进行:直皖战争、直奉战争、第二次直奉战争、江浙战争……一波一波,无休无止。章太炎对这些战争无疑是深恶痛绝的,从交战双方来说,都是为了一己私利,即使有些是非之争,也不过是"鹬蚌相持",真正受害者却是平民百姓。虽然,他只是一个无拳无勇的知识分子,无力制止战争,却不能回避自己道义上的责任,必须及时表明自己的态度。我们不要以为他自护法失败回来以后就断念世事、逍遥度日,事实上,他一直还在为国事奔走呼号。他曾专门发布一则启事,称:

"国事蜩螗（纷扰之意，音条堂），人思拨乱，鄙人虽端居里巷，而不能不以此撄心，凡以学校事状相商、专家著述相示者，请暂时停止。"（《章太炎专心国事之通启》，转引自《章太炎生平与学术自述》第207页，江苏人民出版社，1999）意思是说，他虽然住在里巷之间，却还是要为乱糟糟的国事操心，其他的事，先放一放罢。

他是一个"布衣"，却不是一个普通的"布衣"，他人还在，影响还在。他有一支在中国政坛上纵横多年的劲笔，政要和军阀们或对他有所戒惧，怕他放言评论，肆意曝光，头脑灵活一点的，抑或希图拉拢，对他做些姿态，借以美化自己的形象，总之，在这一时期的中国政界，他仍然是一个受人瞩目的重量级人物。历史上很有名的曹锟贿选发生之后，章太炎立即向报界发表谈话说："至以身触刑典，罪迹昭著之人，宁复能假托于法，与以原宥，此在根本上曹锟无论如何不能为我中华民国之大总统。"（《汇纪反对贿选总统之消息——章太炎之意见》，《申报》1923年10月7日）他的反对令曹锟甚为不安，曾派说客登门求见，章太炎弄明其来意，原来是要他不再为难"曹大帅"，立即拍案而起，大骂来人瞎了眼，也不看看章某是何种人，怎么能和下三烂的"曹大帅"同流合污，说着，还叫家人拿手杖来，吓得来人屁滚尿流地跑了。

1924年第二次直奉战争时，冯玉祥回师北京，发动政变，赶走了用贿选手段上台的大总统曹锟，段祺瑞再度出山，担任临时执政,他聘任章太炎为高等顾问,这是当年袁世凯给他的职位,料想章太炎会欣然应命,没想到竟碰了大大一个钉子。章太炎回信说,我这个人爱说实话,还是学学历史上的那些先贤,不干这类差事为好。后来,段执政又要开"善后会议",频频来电,要章太炎北上列席会议,显示对他的看重远过于前,然而,仍遭他的峻拒。他始终认为段祺瑞政府没有合法性,他所召集的"善后会议"以及该会议通过的《国民代表会议条例》,不符合程序,都是非法的。他这个人认死理,合法的他支持,不合法的,他一定反对。他在自己的言行中,一直以《临时约法》为准绳,是一个铁杆"护法"者。

与北洋军阀政府形成对峙的另一阵营,是以孙中山为首的国民党人。在以广州为大本营的护法运动偃旗息鼓之后,孙中山又两度回到广州,重建护法的大本营。1920年11月末,他重返广州,誓言要造成真正民国,将辛亥革命未了的事业做成功。稍后,国会非常会议选举他担任非常大总统,孙中山随即写信给章太炎,希望他能再次南下,与自己并肩战斗。孙大总统显然对他寄予厚望,态度十分恳切,想必前次章太炎西南之行中所展现的能力、谋略和毅力,给他留下深刻印象,而今次护法的成功,很大程度上,还要依赖西南各省的团结和支持。然而,章太炎表示谢绝,他认为,孙中山这一次组建的政府合法性值得怀疑——黎元洪任期未满,从法统而言,黎才是合法的总统,而且,他对孙中山身边围绕的一些"小人"不无担忧。应该说,他与孙中山真诚合作过,在许多重大问题上立场是一致的,但他始终未能抛弃成见,有些时候,还会为成见所左右。

不过,在现今这个节骨眼上,护法是大事,他并不因为抱有成见,也不因为不去广州,而做隔岸观火状。其时,北上护法是兵出湖南,还是兵出江西?对这个问题,远在上海的他,兴许比在广州大本营的人们更上心,争辩的声音也最高。他对孙中山说,你不要从湖南走,现在,岳州已在北军手中,他们由铁路到株洲,不过半天时间。株洲到衡阳只百十里,而广东的军队经韶关、零陵去衡阳还远得很,这只能是将长沙拱手交给敌人。而江西的陈光远早失众心,容易攻取,从江西也可以拿下武汉。孙中山听了深以为然,采纳了他的意见,重新调整部署,将大本营设在韶关,东进江西,事实证明,这个意见确实不错。

在奉、直两派相斗中,孙中山想利用矛盾,联奉反直,遂私下和张作霖派来的代表秘密商谈。章太炎看出其中存在的危机,指出直系中吴佩孚是个很能打仗的人,之所以现在未南下,是因为有张作霖牵制之故,认为还是避开他一点为好,直、奉迟早有一拼,奉系胜了固然好,若失败了如何是好,最要紧的还是培植自己的势力。这一次不幸而言中,吴佩孚的直系打败了奉系,接着就拉拢广州心怀不满的陈炯明发动叛乱,孙中山败离广州。

关于这一段历史,在他的《自定年谱》中有如下描述文字,颇见他经略全局、深谋熟计的军师风貌：

孙公将北伐。遣伍朝枢之奉天，与张作霖和，谋南北同起，攻吴佩孚。既成言，自桂林东下，以竞存异议，罢其省长。自将趣韶关，设大本营，令协和督许崇智、黄大伟、朱培德等出南雄。五月，兵抵赣州，陈光远之卒大崩。转战至吉安，无守者，伪廷命蔡成勋救之，亦不进。而张作霖入关，与曹、吴战，兵大挫。吴佩孚知徐世昌在，则南方讨伐无已时也，谋迎黎公复位。属长江上游军孙传芳言之，北方诸帅皆应。电信来，余覆言："曹、吴不自解兵柄。而请黎公复位，是谓囚尧。"六月二日，闻徐世昌已走。急电致黎公于天津，言将帅过骄，难为其上。公于段阁，已有前车，切勿复系北京，自同囚锢。且致密书，言但高卧数旬，则京师自乱，然后权在我。黎公六日发电，以废督裁兵为主。限诸督军十日解职，已乃正位。余知其挟以求退，甚喜。曰："是必陈宦之谋也。"已而果然。十日，得黎公电称入都就职，大惊。盖黠者乘陈宦不在，破其谋矣。

方徐世昌未走时，溥泉来问计。余曰："竞存阴鸷，恨孙公罢其职，必报仇。徐世昌在，彼不欲居逐主名；世昌退。孙公亦黜矣。"亟电孙公，劝以去名号，勿负气忿争，以招反动，溥泉犹不信。十二日，黎公已复位。十七日，竞存部将叶举发难广东，孙公走。溥泉复来，言当电致北伐诸军，归讨陈氏。余曰："不可。军士前则气盛，归则气衰。今下南昌，其势如破竹，既定江西，与竞存争曲直，未晚也，归讨必败。"溥泉曰："竞存大逆无道，发电痛斥之，何如？"余曰："亦不可。其人阴鸷，然犹好名，今虽通吴佩孚，未显也。痛斥之，则遂往矣，此危及西南，非一省之事。"然孙公部党皆与溥泉同计，尽反余策，卒弃江西，而旋归之师亦败。小不忍，乱大谋，有如此也。

黎公数电召余，余知不可为，辞之，独以勿下讨伐南方令、勿借外款为戒。告西南则言坚持自治，勿遽受命，为曹、吴所弄，幸西南犹信吾言耳。

黎公始不知利害，力主统一；余数以鸟尽弓藏为戒，久之亦渐悟。

这一段读来真大有《春秋左传》的行文风格，在此不妨大略串讲一下：

那时候，孙中山要发兵北上，派伍朝枢做使者，去与奉系军阀张作霖商议，一起攻打吴佩孚，但他的阵营中，陈炯明不同意，于是，孙就罢免了陈的省长职务。北伐部队打到江西，守军大败，一路很顺利，而张作霖入关，却遭遇重大挫折。吴佩孚知道，只要徐世昌还任总统，那么，南方的讨伐就不会停止，于是谋划，仍请黎元洪复总统位。章太炎知道后,立即致电黎元洪,叫他不要接受,只要吴佩孚、曹锟掌兵权,黎就还在他们囚笼中,这已有前车之鉴了,所以,这时不要回北京,就在天津"躺平",京城必然大乱,然后,再出来收拾局面。

接着,黎元洪果然向拥有武力的军阀提出"废督裁兵",作为自己复位的条件,章太炎不禁为之高兴,却未承想,他的这一计谋被他人从中破坏,黎竟回京就职了。后来,黎又数次来电,要他入京议事,他知道事不可为,一概都辞了,还劝告黎元洪,不要下讨伐南方的命令,不要借外国的钱打仗。黎元洪在事实教训面前才渐渐觉悟。

孙中山阵营这边,张继来向章问计。章太炎知道,陈炯明这个人性情阴鸷,孙中山罢了他省长的官,是一定要报仇的,要请孙高度警惕,不要负气忿争。果然,不久陈炯明发动兵变,孙中山败走。张继又来,说要将北上各部队调回来,讨伐陈炯明,章太炎着眼北上护法大计,认为部队正向前推进,士气旺盛,一旦往回走,士气就衰退了,不如继续打南昌,待平定江西,再讨伐陈炯明不迟。张继又说,要发电文痛斥陈炯明,他也觉得不好,因为陈炯明这个人虽然阴鸷,却也看重名声,他这时虽然暗中与吴佩孚勾结,却未公开,若这样一来,他就会公然站到吴佩孚一边,对大局是不利的。结果,孙中山阵营这边不听他的意见,放弃进军江西，回过来打陈炯明，遭到了失败，这就是"小不忍，乱大谋"的例证。所幸，还有西南这边几个省，比较听得进他的意见。

确实，他的意见并不全对，有些也并未被各方实力人物虚心采纳，但是，我们能从中看出，章太炎虽不是诸葛亮，然由于他熟读文史，勤于思考，又有长时期的政治斗争经历，确也不是一个纸上谈兵的迂阔书生。在当时风云变幻的南北政局中，他力主护法，对抗北洋军阀政府武力统一主义，为以孙中山为首的护法讨逆阵营出谋划策，是显露出具有一定战略眼光和战术智慧的。通过向当时南北军政要员授计，在这一段发生的诸多历史事件中，他确曾发挥过独特作用。

1923年2月，孙中山再次回到广州，在东郊安营扎寨，就任大元帅职，这是他第三次在此组建政府，同样还是决心再造统一的中华民国。章太炎近年来苦心"赞画"的建国新方案是"联省自治"，与孙中山的路线分歧是明显的，由这个因素萌生了种种不愉快。诚然，他也表示过，孙中山此去于大局"有益无害"，希望时任大总统的黎元洪要予以理解和合作，但一旦感到他的北伐计划败坏了自己"联省自治"的"理想国"，又不免有一股怒火中烧。

应该看到，这一段时间，章太炎最热衷的事就是联省自治。一方面，他力抗"北廷"（即在北京的北洋军阀政府），对南方各省的自治势力爱护有加，为他们出谋划策，在各省军阀的争斗中，极力扮演"调人"的角色，虽然一如他自己所说："吾辈在此，只如药中甘草，调和群味"（《致李根源书五十》，1925年7月11日），常常并无大用，却也仍然乐此不疲；另一方面，他也对南下的直系军阀吴佩孚、孙传芳等抱有幻想，希图依靠他们实现区域性的"抱团"。军阀中，直系军阀吴佩孚大概是

吴佩孚（1874—1939）
直系军阀

他较能另眼相看的人，他曾乘受邀到湖南主持知事考试之便，到岳州与吴做过长谈。后来，吴起兵响应孙传芳的反奉战争，在汉口就任十四省联军总司令，想延请章太炎做总参赞，被他婉拒了。他表示，我愿意以国民的资格赞成义举，并请你容纳几件事：一、顺从民意；二、牺牲个人名位；三、与湖北当局合作。吴佩孚都点头赞成。在向他辞行时，章太炎又殷殷叮嘱，请他务必处处以国家民意为重。孙传芳移驻南京任五省联军总司令后，他也曾应邀去讨论时局，还受聘为江苏修订礼制会会长。从种种迹象看，在与这些军阀的周旋中，他还是胸有城府，丘壑内营，善于把握分寸，适度运用影响力，以达到维护国家和民众利益的目的的。

很快，形势又有了新变——1924年国民党改组，孙中山实行"联俄、联共、扶助农工"三大政策，国共统一战线形成。这是一

个新的阵营，新的景象，从反清、反袁一路走过来的章太炎，一下还转不过弯来。毋庸讳言，他拒绝、反对共产主义的学说，反对从俄国输入的革命"赤化"中国，他不去区别新生的苏俄与旧时代的沙俄，对这只"北极熊"始终不放心。在他看来，俄国的红色政权之所以援助中国革命，一定包藏着进一步侵略的企图。实在说，他有太沉重的旧思想包袱，这些包袱左右着他的言行，使他落在时代潮流后面，乃至站到革命阵营的对立面。这个阶段，他甚至还很活跃，发表"护党救国公函"，组织"辛亥同志俱乐部"，参与"反赤救国大联合"，扮演着一个又边缘、又重要的"右翼"角色。所有关于他的传记写作，到此都使用了重重的顿笔，掩盖不住深深的叹息。的确，在后来的岁月中，除了抗日救亡的战鼓敲响时，他又再次崛起，他在中国政坛上所发出的声音，已越来越缺乏勇猛进取的、令人振奋的力量，许多时候还是非常刺耳的噪声。

有一个事实，很足以表明章太炎在当时政治形势中的定位——当国民党新军阀取得对中国国土大部分控制权之后，鉴于章太炎的现实表现，曾经一再议决，要将其作为"学阀"和"反动分子"予以"通缉"。国民党上海市三区党务指导委员会的呈文中说："乃辛亥以还，总理远瞰世界潮流之奋进，内鉴民智之企发，其革命方策，乃益宏远精进。而章逆故步自封，不悟本身思想之落后，自是日事诋毁总理。民十后奔走湘鄂汴洛，竟甘为吴逆佩孚之爪牙。迨吴逆失势，乃乞食于孙逆传芳之门，谋以阻抑本党势力之发展。迨本党统一东南，吴、孙崩溃，该逆乃匿迹沪滨。当时中央曾有通缉之议，后以该逆行将就木，不欲诛求，惟冀其闭门悔过，不复为军阀傀儡。乃顷据职会委员汤德民呈称，昨午招商局轮船公司股东代表蒋尊簋（音鬼）等招待新闻界，席上章逆又大放其荒谬万端之言词……"（《三区党部呈请通缉章太炎》，《申报》1928年11月22日）这一段话，是以国民党当权者的眼光，对章太炎的"现实表现"所做的概括和报告，很显然，章太炎依然故我，对新政权完全采取不依附、不合作的姿态，而且，按照他的老脾气，一有机会就放肆攻击，令国民党当局不能容忍。对于蒋介石，他一时也没有看出其真实面目，甚至曾称之为"赤蒋"，而加以反对，到蒋介石露出了真面目，对共产党人和工农群众挥起屠刀，他也决不拥蒋。他的心中，中华民国是以黎元洪为大总统，以五色旗为国旗的民国，现在，以国民党的青天白日旗取代五色旗，无异于叛逆。他常常仰天长叹，真正的中华民国已经沦亡了，他，以及所有忠于"中华民国"的人，只是"中华民国的遗民"。他曾经勉励友人要"守身如玉"，"除五色旗下之中华民国，更无可与"（《致李根源书七二》，1928年5月27日）。唐继尧的儿子从日本回来，对他父亲去世未能待以国葬很不满，他声严色厉地训斥了唐公子一通，说你怎么这样不懂事，你父亲功在民国，如今，民国已经没有了，你要求哪个国家给你国葬呀？从这些话里，可以体会出他的愤懑之深。

　　章太炎这一生，是真正忠贞于一个国家的，这就是他参与缔造的中华民国。他的某些言谈举止，或许显得有些保守和古旧，而在政治理念上，他选择了民主、共和，就始终不渝维护之，他那份近于迂执的固守，为同时代人中所少见。1928年6月初，黎元洪在天津去世，消息传来，章太炎极为悲痛，简直如同"地圻天崩"一般，他和几个武昌首义时期的朋友一起，为黎大总统设奠祭灵，不与那些"党国要人"掺和。在祭文中，他明目张胆地说出所想说出的话，不存一点忌讳，深深寄托他的缅怀与哀思。我们见过明亡后的"遗民"，见过清亡后的"遗民"，现在，又见到这位未取消"中华民国"名号的中华民国的"遗民"。在"新朝"的统治下，"遗民"如果不是自尽，不是抗争，就只能沉默。此后，有好些年，确实很少再能看到章太炎的演讲和通电，他在上海同孚路的寓所中，关起门来读书和打坐，自我实行又一次的"幽居"。

第十章　抗战强音

"九一八"事变，奋起号召抗日—寇深祸急，函电飙发—重返北京，会晤张学良—辞当局"国难会议"—斥蒋介石集团"勇于私斗，怯于公战"—嘉勉爱国将士抗日—支持爱国学生—"治史"与"读经"—"章氏国学讲习会"—溘然长逝

一

1931年9月18日，日本侵略军侵犯东北的炮声打响了。炮声震惊了章太炎，他知道，这是国难当头的时刻，祖国需要他，即使是一个普通国民，他也应该站出来，表达自己的愤怒和决心。他的一生中，纵使有种种可批评之处，唯有一点，爱国、爱民族的高风亮节，无可訾议。而他对于别人，无论有多少怨隙，都可以捐弃，唯有背叛国家和民族，他绝不宽宥。很久、很久以来，他对位于北方的俄国和日本，都保持高度警觉，当年，他力排众议，主张建都北京，其主要考量就是在此。为此，他还背负了"亲袁"的骂名。现在，日寇果然动手了，此时此刻，必须竭尽自

己努力,号召全民族起来抗战——他可以是"中华民国"的"遗民",但绝不要成为亡国的中国"遗民"。他立即和许多有社会影响的人士串联起来,成立了"中华民国国难救济会",通电全国,要求国民党政府和各地军政首脑,"立集首都,负起国防责任,联合全民总动员,收复失地,以延国命"(《国难救济会请政府决大计》,《申报》1932年1月15日)。稍后,日本侵略者卵翼下的"伪满洲国"登场,国际上竟有人篡改历史,否认东北是中国领土,托言"共管",欲使其存在合法化,章太炎和马相伯发表联合宣言痛加驳斥。他们学贯古今,精通史实,一一列举,指出:"论古来历史,汉时已有辽东(原注:今锦州)、玄菟(原注:今东边道)二郡;明时亦设辽东都指挥司,驻沈阳。是其地原为中国内地,非同藩属"(《马相伯章太炎联合宣言》,《申报》1933年2月10日),确证自古以来东北就是中国不可分割的领土,绝不容这些别有用心者信口雌黄。

战火很快延烧到了他所住的上海,日军于1932年1月28日向上海闸北大举进攻,十九路军奋起反击,战斗打得很激烈,日军伤亡惨重,不得不三易司令官。章太炎急切地关注战事进展,十九路军的每一战绩都令他很振奋,特别是上海人民组织义勇军、敢死队、运输队、救护队,支援前线将士,民气如此高扬,更令他感到鼓舞。有了这样的人民和军队,怎么不能战胜一切来犯之敌?他兴奋地展纸挥毫写下《书十九路军御日本事》,他要以近距离目击者的身份,将十九路军将士的英雄事迹告诉世人,借以激励更多人投身神圣的抗战。他在文章中写道:十九路军之所以能制胜,就是由于将帅果断,士卒奋励,不怕苦,不怕死,最紧张时,五天五夜不睡觉,也毫无怨言。而人民群众同仇敌忾,倾力相助,也是不可不大书特书的。

在上海军民的抗战中,他实实在在看见了救亡的希望之光,虽然已经步入衰弱老年,却感到又有活力如泉涌般回到自己身上。他决定北上,重返北京——那个他阔别许久的地方,有他的门生、故旧,有他的声名、影响,今天,他以东南民众代言人身份一现真身,或能对抗日局势有所推动。到京城后,他会晤了少帅张学良。面对这位资深的民国元老,少帅敬意有加。章太炎对他说,对日本的侵略,目前中国只有一条路可走,就是决一死战;不战,则死路一条。战胜自不必说,即使战败,至少也可以一变世界的视听,争取到更多同情和援助,所以,请少帅尽快出兵东北。张学良后来的转变,与章太炎这番谈话是否有关,虽不好说,但至少在他的权衡与犹豫中,对他不会无一点触动与启发。名高望重的国学大师也被迎请到燕京大学等学府去做演讲,他对莘莘学子所做的告诫,不离救亡和爱国,他要求他们将"求是"与"致用"结合起来,认清所处的这个时代和自己的责任,竭尽自己一切力量,去拯救国家和民族。

在北京停留期间,他被南京当局邀请参加所谓"国难会议"。

他一眼看穿，这不过是国民党蒋介石集团掩饰其不抵抗政策的拙劣伎俩，他回信说，军事贵速，能断，一句话就可以了；不能断，找再多的人议，开多少会，又有什么用？如果你们本来就不想抵抗，要用这些会议为你们分担批评，那么，对不起，我一个赋闲在家的民国老百姓，哪里能替你们党国要人去承担罪过呀！他还是老脾气，口无遮拦地申斥当局和要人。1933年3月，他又发表《致全国军民电》，斥责国民党政府"勇于私斗，怯于公战"，沈阳事变发生的时候，你们不加抵抗，说尚未准备好；到上海"一·二八"抗战之后，边疆一带，八九个月没有什么战斗，那时间，正可以抓紧进行军备，以图做最后一战，然而，你们根本无心于此，反而以"剿匪"为名，有意回避抗日大计，到现在，日军又进攻热河，一个多星期时间，十五万军队同时溃退，你们难道还不该认罪吗？他强烈要求将弃地逃跑的热河省主席汤玉麟处以死刑，并严惩负有责任的其他军政官员。

寇深祸急，形势越来越紧迫，眼看国民党军队节节败退，大片国土沦陷，章太炎无限悲愤，在和朋友们聚谈中，他戟指大骂蒋介石、汪精卫是秦桧，是石敬瑭，甚至比他们更坏，更无耻，他们奉行"攘外必先安内"，与慈禧太后"宁赠友邦，不予家奴"如出一辙。无奈中国的统治权在这些人手中，亡国大祸何能幸免？"天下兴亡，匹夫有责"，他是民初以来在中国政坛拥有很大影响力和号召力的人物，深明自己身负的使命。这一时期，他抗日斥奸，函电飙发，又仿佛回到与北洋军阀政府抗争的前一时期，这就引得南京当局高层十分恼怒，与他有"金兰之交"的张继受命来劝告他安心讲学，勿议时政，他断然拒绝，斥张继这样做是"效厉王之监谤"，并悲愤地说："唯望以中华民国人民之名表吾墓道，乃今亦几不可得"，意思是我曾经还期望以"中华民国人民"的字样刻在墓石上，而今国家都要亡了，连这个也做不到，我还有什么顾虑呢。

他一如既往地关注战局进展，关注前线将士的英勇抗战，一颗心始终与前方抗战将士共搏动。宋哲元部在长城沿线喜峰口阻击日军，取得小胜，他深感鼓舞，与马相伯联合通电嘉勉，并告诫国人，毋幸喜峰口小胜，警告当局"勿幸小胜而忘大虞，勿狃近忧而忽远虑"。他过去曾对冯玉祥做过很严厉的批评，而现在，冯玉祥奋起抗日，他即予以坚定支持，在他与马相伯发给冯玉祥的电文中，有过如下掷地作金石声之言："执事之心，足以代表全国有血气者之心；执事之言，足以代表全国有血气者之言；执事之行，必能彻底领导全国有血气者之行。某等虽在暮年，一息尚存，必随全国民众为执事后盾。"（《马相伯章太炎电慰冯玉祥》，《申报》1933年6月2日）这绝不是徒作虚言，而是这位为民族奋战一生的先驱者，在国难当头时刻真实心情的表露，且有确切事实可以证明的。

毋庸讳言，章太炎曾经反对"赤化"，反对共产党，但是，国难当头，他的态度开始发生转变。面对民族大敌，他主张只要是愿意抗日的，就是"友军"，就没有理由不接纳、不联合。在这件事上，他肯定做过认真思考，值得赞扬的是，他确实将民族大义置于第一位，真正以民族利益为重，不愧为一个具有崇高民族气节的政治家。"一二·九"运动爆发后，平津卫戍司令宋哲元对爱国学生实施镇压，章太炎立即致电给他，说学生们请愿，是出于救国之心，即使其中有加入共产党的，你只要问他现在的主张如何好了，何必管他平时主张什么呢？如果动辄扣上"共产党"的帽子加以镇压，抗战的民气又何能伸张？宋哲元只好复信"遵办"。上海的学生声援北平学生，前往南京请愿，车经苏州，章太炎自己不能亲往，也托人往车站慰问，对学生的行动深表嘉许和支持。

二

在此，我们还要做简要叙述的是，作为一代国学大师的章太炎，进入二三十年代后，又遭遇一个新局面，令他进退失据，这就是发生于20世纪第二个十年中后期的以提倡白话文、反对文言文为号召的新文化运动。如果说，他的好用生僻字和典故的古奥难懂的文体，他的被看作国学之命脉的古文经学和小学，在清末还因光复大业辉映出一抹亮色，那么，现在立于新时代的文化潮流之侧，就更显出守旧的灰暗了。几乎大多数的大学者，在时代转折点上，面对新崛起的文化潮头，都会本能地做出拒绝和对抗的反应，这在根本上就是由于他们所据以树立权威的"范式"，与后者不能兼容——后者咄咄逼人的架势，分明造成对其安身立命基础的威胁。

笼统地说章太炎反对白话文并不确当，他在日本期间就写过白话文，而且出过一本白话文文集，然而，在新文化运动兴起后，他也确实嘲讽过一些提倡白话文的人不懂汉语言的博大与流变。他坚持不懈鼓吹"国学"，发起成立"亚洲古学会"（1917年），也办过宣扬"国粹"的《华国》月刊（1923年），还应邀在上海连续主讲国学（1922年），而这一切，都不能起到对旧文化力挽狂澜的作用。

晚年的章太炎，知识更新和学说创新的能力锐减。然而，他未尝不深知一种学说、一门知识，如果不与现实发生某种联系，不发掘其"致用"的实际价值，便没有生命力，也无从弘扬光大。而作为一位终身为国事奔走的政治活动家，他也冀图在另一领域，同样对国家和民族的生存与发展有所贡献，这就是为什么在后来的讲学和著述活动中，特别强调"读史"和"读经"的现实意义的原因。

前面叙述中已提及，日军入侵我国东北，分明是赤裸裸的侵略行径，日本外交官在国际联盟会议上竟公然以强盗逻辑声称东北不是我国领土,在场的中国外交官一时无言以对。章太炎以极度气愤的心情,向人们痛陈学习和研究祖国历史与地理的重要,他说,如果展开地图,竟不知何地系我国固有,何地系现今尚存,何地已被外敌侵占,这国家前途岂不危险了吗?一国的历史正像一国的家谱,其中所载,尽是已往的事实。若一国的历史没有了,就可知道这一国民众的爱国心一定衰了。又说,不读史书,则无从爱其国家,有史而不读,是国家的根本先拔了。过去人们读史,注意一代的兴亡,现今,则要注意全国的兴亡,这才是读史的要义。

在他看来,与读史几乎具有同等重要意义的是读经。他曾做过一个有名的讲演,题目是《论读经有利而无弊》(1935年6月15—16日),他说,现在读经是"有千利无一弊也";有人说读经是顽固,他则争辩说,读经非但无顽固之弊,反倒是可以纠正现今一切顽固之弊。所有经籍的内容和意义,归纳起来:一是修己,一是治人。经籍散漫而繁多,在他看来,最精要的,不但能坐而言,还能起而行的,是《孝经》《大学》《儒行》《丧服》四种,其中特别是《儒行》,专讲气节,要提倡民气,强固国势,必须好好学《儒行》,即使日寇占领了中国领土,人民也决不向他们屈服。外来入侵者终究是站不住的。

章太炎的这些主张,上承多年前在日本倡导国学的宗旨,在运作上,也还是沿袭以前办国学讲习班或成立国学会的一套办法。1933年，苏州国学会成立，他曾列名参与，并在其中多有指导，终因与主事者志趣不合而自行另起炉灶，成立"章氏国学讲习会"。这个讲习会就在他的苏州新居锦帆路50号开班授课，据说有来自十九个省一百多人前来听。章太炎任主讲，每周三次，每次两小时，先讲《左传》，继讲《尚书》，口诵手写，引经据典，不但他的渊博学识和超常记忆力令学员极为佩服，而且，他诲人不倦的精神，以及在讲演中所宣示的爱国热忱，更具强烈感召力。

这已是他生命的最后一程，按说他当时年龄还不算太老，然而，若是我们稍稍回首一下往事，当可知道他一生受苦、受罪太多，诸多磨折已反复伤损了他的身体，也就六十多岁，便罹患许多疾

苏州锦帆路50号章太炎晚年住地

病，尤以鼻衄为最重，渐渐又转为鼻癌，发作时出血不止，还伴有气喘，常常讲课不得不中断。最后一次讲课那天，未能进食，夫人劝他不去上课，他说："饭可不食，书仍要讲。"

终于，死神阻挡了这位刚直、倔强的老人的去路，他溘然辞世了。

生前，他面示亲友的遗言，一是："设有异族入主中夏，世世孙孙毋食其官禄。"一是："要把国学讲习会办下去。"

这是这位大师寄予国族最炽热的情怀与心愿。

三

关于他身后哀荣，这里不拟备述，所可略略提及的是，对这位"民国元老，国学泰斗"，国民党当局发布了《国葬章炳麟令》（因战事，"国葬"未能举行），其令曰：

宿儒章炳麟，性行耿介，学问渊通。早岁以文字提倡民族革命，身遭幽系，义无屈挠。嗣后抗拒帝制，奔走护法，备尝艰险，弥著坚贞。居恒研精经术，抉奥钩玄，究其诣极，有逾往哲。所至以讲学为事，蔚然儒宗，士林推重。兹闻溘逝，轸惜实深！应即依照《国葬法》，特予国葬，生平事迹存备宣付史馆，用示国家崇礼耆宿之至意。此令！

查"中华民国"这名称，还是源自章太炎的文章《中华民国解》，而后来的"中华民国"，却将他列在"黑名单"上予以"通缉"。毕竟，章太炎学问品行，举世仰止，对他的去世，"中华民国"不能无所表示，此《国葬令》肯定了他的学问，肯定了他抗拒帝制和护法，却回避了他作为民国先驱的开国勋绩——只将他归之于"儒宗"和"耆宿"，总之，是一个比较特别的老文化人罢了。在对他身后的褒扬中，"民国"还未忘怀久远的宿怨。这也就罢了，一纸"皮里阳秋"的《国葬令》，总算对世人做过交代。当时唁电、挽联很多，其中有弟子钱玄同所撰的一副长联，值得在此一录，联曰：

　　缵仓水、宁人、太冲、薑斋之遗绪而革命，蛮夷戎狄，矢志攘除，遭名捕七回、拘幽三载，卒能驱逐客帝、光复中华，国土云亡，是诚宜勒石纪勋，铸铜立像

　　萃庄生、荀卿、子长、叔重之道术于一身，文史儒玄，殚心研究，凡著书廿种、讲学卅年，期欲拥护民彝、发扬族性，昊天不吊，痛从此微言遽绝，大义无闻

　　太炎先生的学问渊源、事业勋劳乃至思想、操行、志向，大抵概括于此了。

位于杭州西湖边的章太炎之墓 作者 摄

新中国成立后,政府对他的后事未尝轻忽:他的灵柩由苏州寓所隆重迁葬于杭州西湖南屏山下,民族英雄张苍水的墓侧,并常设纪念馆,供后人世世代代瞻仰和缅怀。

外一章　鲁迅与章太炎

一

前面在章太炎生平叙述中，我们已在一些地方提到鲁迅与章太炎的关系，有的是述及他们之间的过从与情谊，有的是前者对后者的看法与评价，下面想更详细、深入地谈一谈他们的关系。

很显然，这是因为这两个人的地位很特别，看上去就像两座对峙的山峰——一个是提倡新文化、反对旧文化的新文化运动的主将，一个是所谓旧文化阵营中泰斗级人物，他们之间又曾有一段师生关系。从迄今为止的社会影响看，鲁迅要大于章太炎，而从中国近现代史看，章太炎则是一个不容忽略的重要人物，他与一般学者不一样，他是推翻清朝王朝的革命先驱，在民国初年政坛上风云奔走，卓有声望。他二人去世只隔半年左右，章先鲁后，鲁迅为章氏写了悼念文字，凭借他的文章巨大传播力，他对章氏的评价也影响深远。因而，比较详细地检视他们之间的关系是有意义的。

二

章太炎生于1869年，鲁迅生于1881年，章氏比鲁迅要大十二岁，大约是半代人之差。

章氏生于浙江余杭，鲁迅则生于浙江绍兴，两地相距不远，几可称之为同乡，也即是说，他们的青少年时代，有大体相同的自然和社会生活环境。

就家庭环境而言，也较相近。章太炎的祖父、父亲都是读书人，走过科举的路，有过不大的官职，家道还是比较从容的。鲁迅的祖父、父亲也都在科举中取得一定功名，祖父还做过清朝不大不小的官，到他这一辈，家境虽已近于败落，终究也还是大户人家。因为有这样的家庭背景和经济条件，他们从童年起就能上私塾，接受较好的教育，只不过由于志趣不同，各自在学习方向和内容上存在差异。章太炎虽也学习科考的"场屋之文"之类，却很早就被教以要通过文字、音韵与典章制度等的求证来读经，并在决定不参加科举考试后，沿着这个方向继续走下去，到经学大师俞樾门下深造，于"诂经精舍"苦学八年，成为一个颇有造诣的古文经学学者。而鲁迅则不然，他在私塾中虽也学"四书五经"之类，甚至为准备科举考试学八股文、试帖诗，读书兴趣却在各种杂书上，诸如《山海经》《毛诗品物图考》以及许多绣像本小说、野史杂说等，接触到更广泛的传统（包括所谓"大传统"

和"小传统")文化资源,这是章太炎所没有的。

  应该说,他们二人年龄虽相差十二岁,这个时期中国社会发生许多大事,时代风云变化太快,把他们的距离拉得很大。1898年戊戌变法失败,鲁迅处于生活困顿中,不得已"走异路,逃异地",到清政府办的南京水师学堂就读,那时,章太炎就已经走出书斋,到上海《时务报》从事变法革新的宣传了。此时,鲁迅虽在家庭的没落途程中看到一些世人的真面目,感受到时世的不幸,也有对新学的向往,而对动荡不安的时局还是比较懵懂的,即在这一年,他还参加了科考。1902年,他从矿务学堂毕业,又被清政府选派作公费留学生赴日本。这一年春天,章太炎也在日本横滨登岸——他不是来留学,而是因涉嫌反清上了黑名单,受到追捕,前来避难。这一次,他在日本逗留时间不长,却有一个大举动,便是发起举行"支那亡国二百四十二年纪念会",公然打出反清旗帜,引起清政府极大恐慌,他也因此在留日人士中声名大震。鲁迅刚踏上日本的土地,他需要为适应日本生活和学习做准备,在弘文学院完成二年预习之后,进入仙台医专。到1906年,他决定弃医从文,来东京学习德语,从事翻译与写作。虽然,之前他在东京也曾"赴会馆,跑书店,往集会,听讲演"(《因太炎先生而想起的二三事》,《且介亭杂文末编》)已经感受到革命风潮的激荡,有过剪辫的大胆行动,并以"我以我血荐轩辕"的诗句自誓,但还是不及此时受到战斗空气熏染更深,鼓舞更力,在此，他眼界大开，广纳新潮，奠定了他一生为改变中国命运而奋斗的思想基础。

他曾经如此回忆当时的情形：

在东京的客店里，我们大抵一起来就看报。学生所看的多是《朝日新闻》和《读卖新闻》，专爱打听社会上琐事的就看《二六新闻》。一天早晨，辟头就看见一条从中国来的电报，大概是：

"安徽巡抚恩铭被 Jo Shiki Rin 刺杀，刺客就擒。"

大家一怔之后，便容光焕发地互相告语，并且研究这刺客是谁，汉字是怎样三个字。但只要是绍兴人，又不专看教科书的，却早已明白了。这是徐锡麟，他留学回国之后，在做安徽候补道，办着巡警事务，正合于刺杀巡抚的地位。

大家接着就预测他将被极刑，家族将被连累。不久，秋瑾姑娘在绍兴被杀的消息也传来了，徐锡麟是被挖了心，给恩铭的亲兵炒食净尽。人心很愤怒。有几个人便秘密地开一个会，筹集川资；这时用得着日本浪人了，撕乌贼鱼下酒，慷慨一通之后，他便登程去接徐伯荪的家属去。

照例还有一个同乡会，吊烈士，骂满洲；此后便有人主张打电报到北京，痛斥满政府的无人道。会众即刻分成两派：一派要发电，一派不要发。(《范爱农》，《朝花夕拾》)

鲁迅是主张发电的,在这些人中,也是属于比较慷慨激昂的,这是1907年7月间的事,这时候,章太炎正在东京担任同盟会《民报》主编,鼓吹反清革命,与改良派论战,在舆论界影响很大,鲁迅曾如此记述:

青年鲁迅,在东京期间曾为章太炎弟子

> 我的知道中国有太炎先生,并非因为他的经学和小学,是为了他驳斥康有为和作邹容的《革命军》序,竟被监禁于上海的西牢。……一九〇六年六月出狱,即日东渡,到了东京,不久就主持《民报》。我爱看这《民报》,但并非为了先生的文笔古奥,索解为难,或说佛法,谈"俱分进化",是为了他和主张保皇的梁启超斗争,和"××"的×××斗争,和"以《红楼梦》为成佛之要道"的×××斗争,真是所向披靡,令人神旺。(《关于太炎先生二三事》,《且介亭杂文末编》)

可以看到,这个时期他受到当时革命思潮激荡最具强度,而这与章太炎以及同盟会机关报《民报》的影响无疑有直接关系。在这个阶段上,章太炎可说是他的一位精神导师,也是因为这个关系，他怀着一种崇仰的心情去《民报》社听章氏讲"小学"（文字、音韵），讲文史，在名分上确立了二人的师生关系。诚然，鲁迅后来表示他其实对章氏的专长"小学"兴趣不大，而在当时，他对师教也未尝不倾心和遵从。有人回忆，他当时写的文章中，多用古字与生僻字，即与章太炎的主张与偏好有关（在他后来购藏的书单上，还有若干文字、音韵类的古籍，在厦大授课也有"文字/音韵"一门课）；鲁迅的文风上，能看到章太炎影响的诸多印痕。他自述早年曾受严又陵的影响，"以后又受了章太炎先生的影响，古了起来"（《集外集·序言》）。章太炎在《革命军序》里从民族革命需要出发，提倡一种"跳踉搏跃"，似"雷霆之声"的战斗文风，对鲁迅也是一种启发，"其鼓吹革命的文字，尤读之使人惊心动魄"（沈瓞民：《回忆鲁迅早年在弘文学院的片断》），就是这种主张的实践。此外，对魏晋文章，鲁迅和章太炎有共同的爱好。章太炎自称他"三十四岁以后，欲以清和流美自化，读三国、两晋文辞，以为至美，由是体裁初变"（章太炎：《自述学术次第》）。他后来的文章风格"本之吴魏"，博而能约，清远、闳雅，擅长析理。鲁迅也受魏晋文章浸润甚深。他偏好魏晋文章，不能说由读章太炎文章肇始，而似后来那样专注、投入，则与章太炎的影响不无关系。

另外，鲁迅的治学方法与章太炎也有师承关系。倘若说，鲁迅后来在辑佚、校勘、考证、目录学等方面的功力，与所谓"清学"有一定关系的话，其中介环节，当为章太炎。章太炎所讲"小学"内容本身，鲁迅真正用得上的不多，而章太炎的治学方法，他则接受得不少。章太炎十分重视治史，并以之归于经世致用，鲁迅也主张治学先治史，这是对清初学风的继承；另一方面，鲁迅在辑佚、校勘、辨伪等方面所取实事求是的科学态度，又与乾嘉学派、与章太炎所常标榜的"无征不信"的态度颇为接近。当然，鲁迅并未堕入"奴才家法"的窠臼，也未承袭章太炎那一套由朴学，而史学，而文学，而玄学的次序，以及他的经古文学派的衣钵。他有所吸取、继承，也有所突破、发展，重在创新，这一点，与清学创始人顾炎武"贵创"的精神很一致，而对于顾炎武的治学态度和方法，章太炎又是为之心仪并鼓吹甚力的。

特别要提出的是，在文化问题上，这一时期，鲁迅与章太炎一样，都反对全盘否定中国固有文化的民族虚无主义和醉心西风的欧化主义观点。章太炎曾指责"只佩服别国的学说，对着本国的学说，不论精粗美恶，一概不采"，是要不得的"偏心"（《论教育的根本要从自国自心发出来》），鲁迅也批评对本国的"成事旧章"，"咸弃捐不顾"（《文化偏至论》）的做法，两人立场颇为接近。

鲁迅到《民报》社听章太炎的课次数并不多，这一段时间也不长，后来，章氏还邀请他和周作人去随梵师学梵文，他也未去。1909年8月，他就回国了，但他对与章太炎建立的师生关系，是铭记于心的，章太炎因《民报》被禁案拒交罚金，罚服劳役，还是鲁迅与朋友们凑钱，将他解救出来的。

这是他二人关系的第一阶段。

三

第二阶段是章太炎在北京期间。

1912年12月22日：与许寿裳一起"赴贤良寺见章先生，坐少顷"。这是章太炎第一次进京时。这个时期，鲁迅正在北京教育部供职。

而后，章太炎1913年8月再次到京，住共和党总部，即被袁世凯政府布控，不久，因大闹总统府被押禁于城南龙泉寺，1914年获准在钱粮胡同赁屋居住，可会客与有限制外出，实为"幽禁"。

《鲁迅日记》中有过如下记载：

1914年8月22日："午后许季市来，同至钱粮胡同谒章师，朱逷先亦在，坐至旁晚归。"

9月27日："星期休息。上午得沈尹默、䣂士、钱中季、马幼渔、朱逷先函招午饭于瑞记饭店，正午赴之，又有黄季刚、康性夫、曾不知字、共九人。"

1915年1月31日:"午前,同季市往章先生寓,晚归。"

2月14日:"午前往章师寓,君默、中季、逷先、幼舆、季市、彝初皆至,夜归。"

5月29日:"下午,同许季市往章师寓。"

6月17日:"下午,许季市来,并持来章师书一幅,自所写与;又《齐物论释》一册,是新刻本,龚未生赠也。"

查章氏书赠鲁迅一轴为:"变化齐一,不主故常,在谷满谷,在坑满坑。涂郤守神,以物为量。书赠豫才。章炳麟"(见《文艺报》1956年10月号影印原件),系录《庄子·天运》以赠。

9月26日:"往钱粮胡同吊龚未生夫人,赙二元。"

从日记看,鲁迅自此之后,即再无见章太炎的记载,稍后,曾有一次,偶遇龚未生,即章太炎女婿,谈起章太炎:

1916年12月9日:"杭车中遇未生,言章师在外亦颇困顿。浙图书馆原议以六千金雇匠人刻《章氏丛书》,字皆仿宋,物美而价廉。比来两遭议会质问,谓此书何以当刻,事遂不能进行。国人识见如此,相向三叹。"(《致许寿裳》,1916年12月9日,《鲁迅书信集》第13页,人民文学出版社,1976)

总起来看，鲁迅之于章太炎，执师生之礼亦恭，但两人关系的密切程度，感觉上或有逊于章氏的其他弟子，前去看望章太炎，大抵都是随他人（许寿裳等）一起，并无其他主动行为。有人说，鲁迅在章氏被幽禁期间，曾积极营救，在章氏绝食时，苦苦哀求，劝其进食，似都无足够材料证实（较多的回忆似是说马叙伦等劝其进食有效）。

如果说他们之间关系看上去不那么密切，也可考虑有诸多因素。近一点说，章太炎是袁世凯的反对派，是被管控的重要人物，以鲁迅当时在教育部供职的身份，对他会有一定限制。远一点说，在东京期间，他们的关系就不十分密切，鲁迅固然因崇仰章氏的革命精神而去听他讲课，却对他讲的东西兴趣不大，或想法不同，如在谈到文学时，他与章氏意见就有相左之处。许寿裳谈到，有一次，章太炎问及文学的定义如何，鲁迅答道："文学和学说不同，学说所以启人思，文学所以增人感。"章太炎听了说："这样分法虽较胜于前人，然仍有不当。"鲁迅默然不服，认为章太炎诠释文学，范围过于宽泛。（许寿裳：《亡友鲁迅印象记》）对鲁迅这个回答，章太炎终竟难释于怀，在后来写的《文学总略》一文中特别提出："或言学说、文辞所由异者，学说以启人思，文辞以增人感，此亦一往之见也"（《国粹学报》第5号，1910年5月），表明他们在这个问题上观点是有分歧的。此仅一例，其他思想上的歧异也还有一些,都会多少拉开一点他们之间的距离。

四

第三阶段是自1916年至1936年,长达二十年,即使是同在一城(上海),也再未见面。

这期间发生了"五四"新文化运动,鲁迅成为这一运动的主将,声名卓著。而章太炎则在南方联络各地力量,与盘踞北京的北洋军阀政府斗争。章氏是有全国影响的重要人物,其相关信息,媒体上不断披露:他随孙中山南下,担任南方大元帅府秘书长,又受命前往西南联络唐继尧以及其他地方实力派,跋山涉水,历经艰辛,后又通电反对张勋复辟,拒绝参加段祺瑞的善后会议,痛斥曹锟贿选,等等,鲁迅想必都能获悉,但鲜见他有评论。大约在1924年、1925年顷,就开始看到他涉及章氏的言谈和一些批评。例如,1924年他在《又是"古已有之"》一文中写道:

> 太炎先生忽然在教育改进社年会的讲坛上"劝治史学"以"保存国性",真是慨乎言之。但他漏举了一条益处,就是一治史学,就可以知道许多"古已有之"的事。

这番话不算是对章氏的直接批评,它主要针对的,还是中国历史上一直存在的文化专制主义，因为读史并不只看到"国粹"之类"美妙"的东西，也不能借此"保存种姓"，还能让人看到更多应该批判和荡除的"坏种"，与章氏的本意相违，也可以看作是对章氏文化保守主义的婉转批评。

1925年，他在《补白》一文谈到章太炎说：

> 民国元年章太炎先生在北京，好发议论，而且毫无顾忌地褒贬。常常被贬的一群人于是给他起了一个绰号，曰"章疯子"。其人既是疯子，议论当然是疯话，没有价值的了，但每有言论，也仍在他们的报章上登出来，不过题目特别，道：《章疯子大发其疯》。有一回，他可是骂到他们的反对党头上去了。那怎么办呢？第二天报上登出来的时候，那题目是《章疯子居然不疯》。

中年鲁迅

这个地方是讲一个故实，拿来揭露中国文明中一个"老例"——"凡要排斥异己的时候，常给对手起一个诨名，——或谓之'绰号'"，并指出这种手段不只是讼师有，其他人也有，而且，还有"虽覆能复"的各种阴谋，必须提防。这里引章太炎被人称"疯子"为例，偏于中性。

这以后有很长时间，未见鲁迅再谈到章氏。

直到1933年，就见鲁迅在《趋时和复古》(《花边文学》)中一文写道：

> 这并不是半农先生独个的苦境，旧例着实有。广东举人多得很，为什么康有为独独那么有名呢，因为他是公车上书的头儿，戊戌政变的主角，趋时；留英学生也不希罕，严复的姓名还没有消失，就在他先前认真的译过好几部鬼子书，趋时；清末，治朴学的不止太炎先生一个人，而他的声名，远在孙诒让之上者，其实是为了他提倡种族革命，趋时，而且还"造反"。后来"时"也"趋"了过来，他们就成为活的纯正的先贤。但是，晦气也夹屁股跟到，康有为永定为复辟的祖师，袁皇帝要严复劝进，孙传芳大帅也来请太炎先生投壶了。原是拉车前进的好身手，腿肚大，臂膊也粗，这回还是请他拉，拉还是拉，然而是拉车屁股向后，这里只好用古文，"呜呼哀哉，尚飨"了。

这篇文章，后来被人举证为鲁迅对章太炎做过尖锐批评。诚然，批评的意思是有的，不过，是与康有为、严复等合起来举例，说明确有这样一些人，曾经"趋时"，后来成为"活的纯正的先贤",被当权者利用,开时代的倒车了。这里有一个细节,"孙传芳大帅也来请太炎先生投壶",有人为之订正,说章太炎那天因未赶上火车,实未曾参与"投壶"。从鲁迅的文字看,他应该是注意到的,所以,他只说是孙传芳来请,并未说章太炎参与了。此事章氏确乎是应允了的,而且,章氏次日赶到苏州,也就任了修订礼制会会长,并发表了演说。此事发生在1926年8月,时隔七八年,鲁迅仍拿出来举例,说明他对此印象很深。不过,如果考虑到章氏此时正现身抗战阵营,接连发表著名的"二老宣言""三老宣言",奔走号召抗日救亡,仍把他看成是由"趋时"而"拉车屁股向后"的典型,这个批评就未免有点失当了。

接着,在1935年,鲁迅对章氏又有一次较为强烈的抨击,即是他以"越丁"为名发表的《名人与名言》,此文阐明一个道理:"应该将'名人的话'和'名言'分开来的,名人的话并不都是名言",甚至"多悖",这是很对的,确是人们正确评价社会言论的一条准则。它所针对的,则是章太炎的一段言论:

> 太炎先生的话是极不错的。现在的口头语,并非一朝一夕,从天而降的语言,里面当然有许多是古语,既有古语,当然会有许多曾见于古书,如果做白话的人,要每字都到《说文解字》里去找本字,那的确比做任用借字的文言要难到不知多少倍。然而自从提倡白话以来,主张者却没有一

个以为写白话的主旨,是在从"小学"里寻出本字来的,我们就用约定俗成的借字。诚然,如太炎先生说:"乍见熟人而相寒暄曰'好呀','呀'即'乎'字;应人之称曰'是唉','唉'即'也'字。"但我们即使知道了这两字,也不用"好乎"或"是也",还是用"好呀"或"是唉"。因为白话是写给现代的人们看,并非写给商周秦汉的鬼看的,起古人于地下,看了不懂,我们也毫不畏缩。所以太炎先生的第三道策,其实是文不对题的。这缘故,是因为先生把他所专长的小学,用得范围太广了。

提倡白话文是"五四"新文化运动的一项重要内容,到鲁迅写这段话时,白话文已在全国通行,他自己也曾说过:"不过白话文却渐渐风行起来,不大受阻碍"(《无声的中国》),这里已不存在扫除障碍的问题。章太炎早在新文化运动之前就写过白话文的文章,晚年举办国学讲习班,讲授小学,强调即使主张白话文,也要了解语言文字发生原由,这个意思也没有大错,鲁迅的批评直指他忘乎所以,逾越专业范围,出言就不免太重:

社会上崇敬名人,于是以为名人的话就是名言,却忘记了他之所以得名是那一种学问或事业。名人被崇奉所诱惑,也忘记了自己之所以得名是那一种学问或事业,渐以为一切无不胜人，无所不谈，于是乎就悖起来了。

诚然，章太炎之得名，或者说，在某一个阶段，他的专业研究方向是"小学"，但正如我们前面所概述的，他的学问绝不只在"小学"，兼及的范围十分宏博——这有他的证古论今的大著《訄书》（后为《检论》），以及《国故论衡》《齐物论释》等一系列著作为证，而且，他关于白话文与古代文字、音韵关系的言谈也正在其"专业"领域，应非妄谈。随即，批评者也感到有些不合适，文末特地说道："我很自歉这回时时涉及了太炎先生。但'智者千虑，必有一失'，这大约也无伤于先生的'日月之明'的。"

对于章太炎这样一位功业、道德、学问都受人敬仰的自己的老师进行批评，鲁迅不是没有一些犹豫的，1933年6月，他在致友人的信中说：

> 古之师道，实在也太尊，我对此颇有反感。我以为师如荒谬，不妨叛之，但师如非罪而遭冤，却不可乘机下石，以图快敌人之意而自救。太炎先生曾教我小学，后来因为我主张白话，不敢再去见他了，后来他主张投壶，心窃非之，但当国民党要没收他的几间破屋，我实不能向当局作媚笑。以后如相见，仍当执礼甚恭（而太炎先生对于弟子，向来也绝无傲态，和蔼若朋友然）。自以为师弟之道，如此已可矣。

(《致曹聚仁》，1933年6月18日夜，《鲁迅书信集》第380页）

写这封信的时候，还未写《趋时和复古》(作于1934年8月13日)，但该文涉及的关于章氏由"趋时"倒退至主张"投壶"，他是深以为非的，这个思想早存于心中，并决心"师如荒谬，不妨叛之"。也不妨说，有些话是他早就想说，但有碍于对师道的顾虑而未说，现在终于一吐为快了——《趋时和复古》及《名人与名言》都是在这个思想背景下写出的。

这些文字不知太炎先生看到没有，想来多半没有，那时他正忙于为抗日奔走呼号，又在苏州办国学讲习班，一生又不知被在报刊上评说过多少，大约是不会去注意这个批评的。他年事已高，其他章门弟子也不会去通风报信，拿这些文字去烦扰他。

时隔不久，1936年6月14日，章氏在苏州溘然长逝，章门弟子自有一系列哀挽、吊唁活动，鲁迅未现身，但他心里还是对章氏满怀悼念之情的，在给挚友许寿裳的信中说：

得《新苗》，见兄所为文，甚以为佳，所未敢苟同者，惟在欲以佛法救中国耳。

从中更得读太炎先生狱中诗，卅年前事，如在眼前。因思王静安没后，尚有人印其手迹，今太炎先生诸诗及"速死"等，实为贵重文献，似应乘收藏者多在北平之便，汇印成册，以示天下，以遗将来。故宫博物馆印刷局，以玻璃板印盈尺大幅，每百枚五元，然则五十幅一本，百本印价，不过二百五十元，再加纸费，总不至超出五百，向种种关系者募捐，当亦易集也。此事由兄发起为之，不知以为何如？

又云：

与革命历史有关之文字不多，则书简文稿册页，亦可收入，曾记有为兄作《汉郊祀歌》之篆书，以为绝妙也。倘进行，乞勿言由我提议，因旧日同学，多已崇贵，而我为流人，音问久绝，殊不欲因此溷诸公之意耳。(《致许寿裳》，1936年9月25日，《鲁迅书信集》第1042页)

（按：《新苗》一文，指许寿裳1936年9月在该刊第8期发表的《纪念先师章太炎先生》。）

将悼念先师的深厚之情立即付诸实际行动，这是很令人感动的，但特别叮嘱"乞勿言由我提议"，原因是与旧日同学，已分属不同阵营，情断交绝，态度也十分坚定。旧日同学所举行的悼念活动，他也一概不参加。

写此信后未数日，1936年10月9日，他即抱病写了名文《关于太炎先生二三事》。这篇文章后来脍炙人口，其中有些金句，又是盛赞太炎先生的，如："考其生平，以大勋章作扇坠，临总统府之门，大诟袁世凯的包藏祸心者，并世无第二人；七被追捕，三入牢狱，而革命之志，终不屈挠者，并世亦无第二人：这才是先哲的精神，后生的楷范"等，是对太炎先生革命生涯与人格风范的经典概括，对后世研究与评价章太炎具有巨大的指导意义，以其深度与影响而言，比起章氏其他弟子的纪念诗文不知高出多少。

然而，此文涉及对章氏的全面评价，也不是没有可以讨论之点。其最主要者，是对章氏1916年后的从政生涯基本未提，只以"太炎先生虽先前也以革命家现身，后来却退居于宁静的学者，用自己所手造的和别人所帮造的墙，和时代隔绝了"一句带过，而实际上，章氏后来初心不改，很长时间一直在从事与袁世凯、与帝制余孽、与北洋军阀政府的艰苦斗争，期间虽或有稍显消沉的时候，随后，又锐意进取，对当时政局发挥显著影响。他倡议"联省自治"，共抗"北廷"，其主张或可争议，而在当时确是一件大事，为全国瞩目。真正"退居于宁静的学者"，乃是1927年被国民党上海党部作为第一名"著名学阀""通缉"之后的事，这显然不是他主动"退居"。即使如此，也未能阻止他继续发声，尤其是"九一八"事变之后，他再以民意领袖现身抗日阵营，事实证明，他并未"和时代隔绝"。鲁迅对章氏评价的这一缺失，也同样影响于后来对章太炎的认识与评价，不能不说令人遗憾。

此文写后，鲁迅意犹未尽，又于17日再写《因太炎先生而想起的二三事》,文未完而人已逝,是他的绝笔。

五

鲁迅对太炎先生评价之失,当然不是无心之失。在《关于太炎先生二三事》一文中,另一个主题即是认为章氏后期倒退,"粹然成为儒宗",作为主要的例证,是他编订旧作,删除了一些具有战斗性的文章:

> 但革命之后,先生亦渐为昭示后世计,自藏其锋铓。浙江所刻的《章氏丛书》,是出于手定的,大约以为驳难攻讦,至于忿詈,有违古之儒风,足以贻讥多士的罢,先前的见于期刊的斗争的文章,竟多被刊落,上文所引的诗两首,亦不见于《诗录》中。一九三三年刻《章氏丛书续编》于北平,所收不多,而更纯谨,且不取旧作,当然也无斗争之作,先生遂身衣学术的华衮,粹然成为儒宗,执贽愿为弟子者綦众,至于仓皇制《同门录》成册。

写完这一节后数日,他又写道:

> 但先生手定的《章氏丛书》内,却都不收录这些攻战的

文章。先生力排清虏,而服膺于几个清儒,殆将希踪古贤,故不欲以此等文字自秽其著述——但由我看来,其实是吃亏,上当的,此种醇风,正使物能遁形,贻患千古。(《因太炎先生而想起的二三事》)

这里牵涉到对章氏的学术认识和评价问题。确实,梁启超在《清代学术概论》中曾称:"在此清学蜕分与衰落期中,有一人焉能为正统派大张其军者,曰余杭章炳麟",似乎章氏在所谓正统"清学"中正是一位担纲中流砥柱的人物,其实,这是可以讨论的。章氏叙述自己的学术经历说:"少时治经,谨守朴学,所疏通证明者,在文字器数之间;虽尝博观诸子,略识微言,亦随顺旧义耳。遭世衰微,不忘经国,寻求政术,历览前史,独于荀卿、韩非所说,谓不可易。"(《菿汉微言》)他的学术专长在"小学",亦即"清学"中之"显学",却不为正统"清学"所囿——他不但治"小学",也精研诸子(尤其是庄子,中年写的《齐物论释》是他最得意的研究成果),通达历史(曾计划写作《中国通史》)。章氏后来做学问的一大特点就是"不忘经国,寻求政术",这使他远超于所有清儒之上。前面介绍过,他早年所写作的《訄书》(后改订为《检论》),力图从思想、哲学、政治、经济、文化、教育、法律、民族、宗教各个方面探讨中国社会问题,并融汇西学,构建一个极为庞大的体系,这是前人所未有做过的事情,因而赢得

"中国近代卢梭"之誉。他虽然也认为"学说和致用的方术不同",不能以"致用"作为衡量学术价值的标准(《论教育的根本要从自国自心发出来》)。却也十分看重学术对于"经国"的作用,他堪称是中国向近、现代国家转折之际,致力于打通传统学术与社会革命联系的第一人,一直极力提倡用国学激发爱国主义,服务于当时的革命目标,并试图将中国自古以来最重要的思想学术——经学与诸子的精义(以小学为工具)与现代世界打通,推动中华民族在保持种性的同时,向现代转型。虽然他的思想相当芜杂,文字也过于古奥,不能广为传播,但这种实践却是有前进意义的。他后期在编订《检论》时,将原收入《訄书》中若干时论文章《客帝匡谬》《分镇匡谬》《解辫发》等拿掉,绝不是立场后退,自悔少作,主要还是从全书内容的逻辑性和体例的一致性着眼,而这些文章作为反清革命文献的存在价值,既不会被抹杀,也不会被忘记。做这件事时,他正在与袁世凯的迫害与利诱进行不屈不挠的斗争,显然不能以此作为他政治上、思想上倒退的表征。

作为这一批评的另一例证则是"仓皇制《同门录》成册",这里多少透露了造成鲁迅与章氏关系发生转折,还有其他一些人事因素。

章氏平生传授学术,以其声望之隆,不同时期都有一些人投其门下。1932年,章氏曾制定一个《同门录》,其中收录了多少人,说法不一,有说二十二人的,也有说是五十多人的,漏了不少人，章氏记忆肯定有误，后来又补录了一次（但还不是 1936 年的那一份国学讲习班的名录），然而，这个《同门录》里还是没有周树人（鲁迅）。倘说是他忘记了，不大可能，估计极大可能是有一个门派的标准，即认为他后来的专业领域已与章门学术无关了（将他排除在外，用老话说，是"逐出门墙"）。这件事似无钱玄同参与（据钱的日记说，他见到这个名录，亦以为不当），而鲁迅则认为极有可能反映了钱玄同的意见，或是钱玄同撺弄的结果——他与钱的矛盾早已表面化，1929 年他回京省亲时，偶遇钱玄同，钱对他语带讥刺，即引起他极大不快。上引他致许寿裳信中所说"因旧日同学，多已崇贵，而我为流人，音问久绝，殊不欲因此溷诸公之意耳"，即有所指。无论制定《同门录》有无钱玄同参与，此事对鲁迅刺激较大，这就是为什么他在悼念文章中要特别提出"先生遂身衣学术的华衮，粹然成为儒宗，执贽愿为弟子者綦众，至于仓皇制《同门录》成册"的缘由。

又如章氏与章士钊的特殊关系。众所周知，章士钊与章太炎有"金兰之交"，章士钊称呼章太炎向来是称"吾家伯兄太炎"，二人关系历史久长，十分密切。章士钊办《甲寅》月刊，章太炎被列为撰述人，不过，月刊出刊时，他正在幽禁中。1925 年，章士钊又将《甲寅》改为周刊，章太炎时在上海，很难参与其事。北平女师大学潮，鲁迅与章士钊有过一场激烈的交手仗，以致有

"老虎总长"之称的章士钊将鲁迅免职,虽无证据表明章太炎插手其事,然二章这一层关系的暗影,似也难以抹去。有这样一些背景,也就不难理解他们之间关系为何逐渐产生疏离。

诚然,鲁迅与章太炎关系的转折发生在"五四"新文化运动的时代背景下,也不可避免地打上时代印记。新文化运动提倡新文化,对应的是反对旧文化,含反对文言文、反对旧文学等。之所以有论者会把章氏放在新文化运动对立面的旧文化阵营,归之为"醇儒",乃至"儒宗",主要还是因为他所具国学大师的身份,他精研国故,擅长写文言文,并确实曾经站出来申言写好白话文要先有文言文基础,也曾号召读经、读史,并亲自设坛讲授国学。然而,由于他长时间从事国内上层政治活动,主要注意力不在文化运动上,他也不是当时新、旧文化冲突的主要代表人物。他之传授国学,可溯自羁留东京时期,就其治学专业而论,亦是职分所在。当年章太炎与他的业师俞樾也曾有过一场"师如荒谬,不妨叛之"的著名冲突,但此冲突不是彼冲突,俞樾是站在维护大清王朝立场上斥责章太炎叛逆,声称不允章氏再进其门,是政治立场的尖锐冲突,而鲁迅与章太炎则不是这样的冲突,在国内政治问题上,他们都是反对北洋军阀政府统治和国民党专制统治的,且都是国民党通缉的"反动文人"。在文化问题上,更具体地说,在白话文问题上,虽有一定意见分歧,却从未见章氏对鲁迅有何表态或回应。这也就是如同鲁迅所言:"而太炎先生对于弟子，向来也绝无傲态，和蔼若朋友然"，这正是章氏令人尊敬的师德。

从另一方面看，"五四"新文化运动的健将们所反对的旧文化，更具实质意义的，还是在宗法社会的伦理道德、礼教制度，是维护君权专制，压迫民众，摧残人性的"三纲五常"一套规则、秩序，这些是旧文化最核心、最具代表性的部分。从这个意义上说，章太炎并不属于这种文化的代表人物，或有力的主张者，甚至于他在某些时候还是一位博识、睿智的批判者。且不说他在辛亥革命后以其言论与实践已证明他接受了民主与共和的理念，在对待孔子和儒家的态度上，虽然他一生中或有些变化，而反对建立孔教，对孔子和儒家持一定批判立场，却是一以贯之的。这里需要厘清的，是所谓旧文化与传统文化的关系，传统文化涵括君权专制社会主流文化和非主流文化，一朝将传统文化标签为旧文化，都在打倒之列，包罗的东西不免太多。我们不能简单地将传统文化都等同于新文化运动所反对的旧文化。一百多年来，事实证明，传统文化的许多东西是不能一棍子打倒的，也不可能从中国人的生活中退出，反而有些东西还要用心保存，发力弘扬。

必须看到，章太炎与鲁迅作为中国现代文化史上两位大家，术业有专攻，彼此有一些意见分歧，但他二人又同时都是伟大的爱国主义者，尤其在研究和评价章氏时，更不能轻忽这一点。我们在前面曾经讲到，他一人而兼"两面"，既是革命先驱，又是国学泰斗,为历史上所罕见。作为学者,他学问宏博、纯谨,而作为革命家,他由投身反清革命、反袁斗争、护法运动,直至抗日救亡,一直大节不夺,这也都是极为难得的,值得后人永远作为楷范。

后　记

　　我最初接触到章太炎的生平与思想，还是在写作博士论文《鲁迅文化思想探索》的时候，其中有一章谈到鲁迅与他的这位老师的关系，那时，实际上还顾不上稍稍深入，率尔命笔，回首去看，是很令人汗颜的——这已是几十年前的事了。这个遗憾绵延到后来，就促成了我稍微系统一点读一些章太炎的文章和有关他的书，并有心把自己所获的一些心得表达出来，于是，写了一本《太炎先生》。本来，弄弄文学的人，是可以写一本"历史（人物）小说"什么的，比较符合专业特色，我却又向来不以这类小说为然，总觉得以想象掺和史实，是对历史的冒犯，在小说体裁中，真实存在过的历史人物被揉捏太多，无论如何涂抹，都有违忠厚，所以我还是选择传记。历史人物传记的写作是历史书写的一部分，我自己很乐意于写一部这样的传记，借以亲近历史。

　　不觉离这本书最初写作和出版又已过去了许多年，因为出版社版权到期，中间也还有其他出版社的两个版本，这次重拾起来，做一番修订，大的更动并没有，然也还是要综核事实，行文周赡，因而不惜再费一些气力。毕竟学植不及，不尽人意者仍甚多，尤其因本书的重点在传主的生平、经历，对其学问与思想不能全面、深入阐扬，这也只能瞩望于方家了。

最后，还需要声明的是，为保留历史文献的客观原貌，对书中引录文字中未合今人规范者，亦未遽作更改，尚请识者鉴谅。

2022 年 9 月于北京

先哲：章太炎传
XIANZHE：ZHANG TAIYAN ZHUAN

图书在版编目（CIP）数据

先哲：章太炎传 / 金宏达著. -- 桂林：广西师范大学出版社，2024.12. -- ISBN 978-7-5598-7425-2

Ⅰ．B259.25

中国国家版本馆 CIP 数据核字第 2024YM9197 号

广西师范大学出版社出版发行

广西桂林市五里店路 9 号　　邮政编码：541004

　网址：http://www.bbtpress.com

出版人：黄轩庄

全国新华书店经销

广西民族印刷包装集团有限公司印刷

　南宁市高新区高新三路 1 号　邮政编码：530007

开本：640 mm × 920 mm　1/16

印张：24　　　　　字数：210 千

2024 年 12 月第 1 版　　2024 年 12 月第 1 次印刷

印数：0 001~5 000 册　　定价：88.00 元

如发现印装质量问题，影响阅读，请与出版社发行部门联系调换。